寻找法律的印迹（第三版）

A JOURNEY IN THE LAW (THE 3EDITION)

余定宇 著

法律出版社 LAW PRESS · CHINA

左图：西奈山上与上帝耶和华立约的摩西，荷兰画家Ferdinand Bol（1616–1680）创作于1662年。

下图：约书亚护送约柜通过约旦河，英裔美国画家Benjamin West（1738–1820）创作于1800年。

上图：基督面对着罗马总督彼拉多（Christ before Pilate），匈牙利画家Mihaly Munkacsy（1844–1900）创作于1881年。

左图：背负十字架的基督耶稣在去往刑场的路上（Christ Falling on Way to Calvary），意大利画家拉斐尔·桑西（1483–1520）创作于1516年。原作收藏于西班牙普拉多美术馆。

上图：伽利略面对罗马宗教裁判所的审讯（Galileo facing the Roman Inquisition），意大利画家Cristiano Banti（1824–1904）创作于1857年。

右图：法国国王路易九世亲自为平民们主持正义（Saint Louis Justice sous le Chêne），法国画家Pierre–Narcisse Guêrin (1774–1833）创作于1816年。

上图：网球厅誓言（Le Serment du Jeu de Paume），法国画家Jacques-Louis David (1748-1825）创作于1791年。

上页图：1789年5月5日，在凡尔赛宫召开的三级会议。法国画家Auguste Couder 创作于1839年。

上图：五月花公约，美国画家Jean Leon Gerome Ferris（1863–1930）创作。

下图：北美殖民地时代发生在纽约城的曾格案的现场绘画。

上图：德国议会大厦的玻璃穹顶下的议会历史展览厅，其顶端中心悬下一支漏斗状的玻璃柱子。
下图：议会全体会议大厅。

颂扬人类七种美德中的“正义美德”，意大利佛罗伦萨画派画家安东·弗朗西斯科（Anton Francesco dello Scheggia）绘画于1465–1476年。

上图：日本最高法院大法庭。下图：日本最高法院小法庭。

《法律的权威》，英国插画家Edmund J. Sullivan（1869–1933）创作。

寻找法律的印迹

目 录
Contents

地中海沿岸 法律的足印

古罗马废墟 法律的沉埋

英格兰原野 法律的重生

目录
Contents

4 Chapter 第四章

西欧风云
法律的蒙尘

5 Chapter 第五章

新大陆阳光
法治的成长

6 Chapter 第六章

环球法旅
法律的趣闻

导言：法律的内幕

> 本书的作用，是希望在普通公民的阅读范围内，最终为法学赢得一席之地。它将能引导起公众对法学的一种兴趣，而这种兴趣，最终，则必将会转化为我们社会走向法治的一种智慧。
>
> ——作者

在远古，回望地球，人类的祖先，还只是一群奇异而多毛的怪物。他们日日艰难地、困苦地，然而又总是人人自由地、平等地，游荡在同一个天空下。

经历过几百万年的艰难进化岁月，在极端严酷的生存竞争之中，这些昔日的野蛮人，一直在不停地挣扎着学做“人”。一代又一代，他们除始终坚持了那种“自由平等”的天性外，同时，也渐渐地学到了“公平”、“正义”这两个社会和谐的最高准则。于是，年复一年，日复一日，在这些早期的人类中间，其实，就已经创造出了一种我们今日称之为“法律”的东西。

问世间，法是何物？法其实是一种“公平正义的行为习惯”。原始人在漫长的共同生活、共同进化的过程中，无可避免地产生出了许多诸如爱心、同情、诚实、公平以及权利、义务、秩序、正义等情感品质和风俗习惯。这些人类所特有的最可宝贵的情感习惯，无论在过去、现在或者将来，都是一切人群普遍尊崇的行为准则，都是人类大厦一些最永恒的支柱。正是缘于这种高尚的情感习惯，这群半人半兽似的怪物，才能有效地维持社会的和平与秩序，保障族群的进化与繁衍，从而，令一切文化科学乃至法学的进步，得以绵绵而生。亦正由此，这些原始人类的后代，才得以大步跨出荆棘从生的丛林，渐渐地，所向披靡地发展成这个星球上最成功的一群。

但不幸，在人类这些高贵的好习惯不断发展的同时，另一些截然相反的坏习惯，例如，恃强凌弱、统治他人，掠夺他人、奴役他人，把自己的意志强加于他人等不良欲望，也相伴而生。5000年前，亦即在人类开始进入阶级斗争、阶级压迫时代的时候，这些仅对少数人有利的坏习惯，被一小撮统治者们用法典的形式，及监牢、铁链、皮鞭和大刀，强加给了全体的民众。从这时候起，法律的殿堂，便开始蒙污。

5000年来，在阶级社会里，人类的法律与人类的历史一样，都变成了一种文明与野蛮、“好习惯”与“坏习惯”并存的奇怪混合物。但“公平正义”消失了吗？没有。推开一道道神秘的法律之门，我们可以清楚地看道：一部漫长的世界法律史，其实，便正是一部“好习惯”与“坏习惯”的漫长战争史，也是一部“天理人权”与“统治阶级意志”的激烈抗争史。无可否认，法律的这种二重性一直延续到今天，而这场残酷的战争也一直持续到今天。但今日，历经50个世纪的艰难血战，回首前尘往事，我们终于可以欣喜地发现：“公平正义”的理想之光，已重新照亮了许多国家的法律殿堂。而那些违反“公平正义”、践踏“自由平等”的“坏法律”和司法“坏习惯”，亦正开始在全球的范围内渐渐败退。

再问世间，法是何物，直教人生死相许？法，其实便是“自然天理”，法，就是“自由平等”。法起源于人类的“行为习惯”，而法的本质就是“公平正义”。所以，一切法律的故事，其实，便都应是关于“公平正义”的故事，而不应是关于刑罚镇压、铁窗与镣铐的故事；都应该是人类“自由平等”的故事，而不应是人类的专制与压迫的故事。5000年来，对“自由平等”和“公平正义”的热切追求，已成了全人类最共同的梦想，而那些世界各国世代流传的所罗门、包青天、安提戈涅、苏格拉底等人为追寻正义而不屈不挠的经典法律故事，那些公平正义如何终于在最后取得了胜利的无数个精彩法律故事，无形中，便已成为一座座记录着人类前进足迹的里程碑。

有一位法学家曾经说过："法律的目的不是要废除或限制人民的自由，而是要保护和扩大人民的自由。"有一位法学家也曾经讲过："法律是人类最伟大的发明。别的发明让人类学会驾驭自然，而法律的发明，则令人类学会如何驾驭自己。"

今时今日，全世界的法治潮流，已化作了一阵阵拍岸的涛声。而中国人，在经历了整整一个世纪漫长而又痛苦的摸索之后，也终于又一次历史性地站到了一个法治时代的大门口。我们再也不能犹豫观望、左右徘徊了——中国的法律现代化进程要加速进步，中国的法制要与国际先进潮流接轨，这既是100多年来中国无数志士仁人为之苦苦求索、奋斗的一个强国梦，在今天，亦已经成了一个无可阻挡的历史趋势。当此时候，我们不妨再一次走出国门，再一次去睁开眼睛看世界，去到那天之涯、海之角，去追寻一下世界各国的法律故事，去探索一下人类古今的法治精神。

有人说，法学是一个大迷宫。但其实，法学是对人类灵魂的一种指引。只要你肯用心去看，肯用心去听，并懂得不时从这个迷宫里抬起头来，仰望一下星空，那么，你便会发现："自由平等"和"公平正义"的法学理想，是怎样恒久地照耀着人类历史的过去，而同样，它们亦会怎样恒久地照亮——我们这个伟大民族的将来。

楔子：神秘的足迹

370 万年前，非洲东部，坦桑尼亚境内，那座山顶终年积雪的乞力马扎罗山上，发生了一次猛烈的火山爆发。炽热的火山熔岩从四面八方奔涌而下，无情地摧毁了百里之内的一切事物和生命——包括山川、河流、森林、湖泊，还有，一切栖息在这里的飞禽走兽。今时今日，这座巨大的史前火山群遗址，已变成了塞伦盖蒂国家公园的一部分，公园里，厚厚的火山灰岩层下，大量埋藏着的动植物化石，至今仍在无声地记录着那一场远古的浩劫。

1976 年，一支考古队在此地的一个湖边，发现了一行神秘的足迹——人的足迹。那些足迹的化石，历经 370 万年的风风雨雨，至今仍完好地保留在火山脚下那一片火山灰岩层上。据考察，脚印是由三个直立行走的原始人所留下的——一男一女、一个小孩。三种大小不同的足印，由南向北，长约 50 米，渐行渐远，然后在湖边消失。从足印的长度来推算，男的身高最多只有 140 厘米，女的只有 120 厘米，比现代人的身高要矮得多。

足迹震惊了世界。如果这些足迹真的是人的脚印的话，那么，人类历史的起源，就将无可争辩地往前整整推进了 200 万年！

这些神秘的足印也引发了人们无穷的遐想：在那场遥远的浩劫后，非洲的天幕下，为何会出现了三个半人半兽似的小矮人的身影？他们或许是此地的匆匆过客？又或许是那场灾劫的唯一幸存者？总之，在一缕缕劫后的余烟和那一派史前的死寂之中，他们确曾在此地徘徊过。或许，他们曾悲哀地对望过一眼，然后，无可选择地黯然离去，艰难、迷茫地重新踏上了他们的命运旅途。而在他们的身后，那厚厚的火山灰泥泞上，无意中，便留下了一行深深的足印。

他们从何处来？又要往何处去？夕阳西下，满目疮痍，在那一片万古的蛮荒里，这一家三口的结局又将会是如何？这一切的一切，现代人都是无法知晓的了。但人们所能知道的是：早在370万年前，人类的历史便已经开端。而在非洲的一片荒野地上，有三个小矮人，曾留下过一行地球上最伟大的脚印。

有了人，就开始有了人类的历史，就会慢慢地开始有人类法律的故事。所以，我们的世界法律之旅，第一站，便打算从非洲开始。

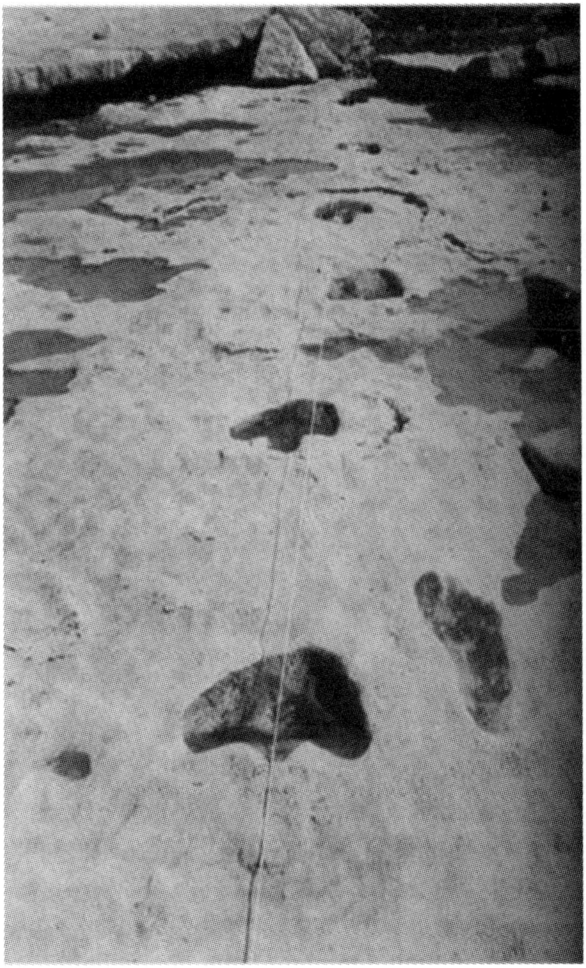

—考古发现的远古人类脚印和不知名的动物脚印。

第一章

CHAPTER 01

地中海沿岸
——法律的足印

在远古，在地中海沿岸，在欧亚非三洲的交汇处，人类早期文明的足迹绵绵不绝。从古埃及、古巴比伦的神秘文字，到耶路撒冷、古希腊的断墙残壁，有许多古代法律的故事，在荒草斜阳中隐隐地展开……

尼罗河传说：小矮人的“权利”

人类的足迹最早从非洲开始。而法律的足迹，则可能最早自尼罗河畔一片野生的香蕉林开始……

在非洲中部，布隆迪南面的一座荒山上，默默地流淌着一条涓细的小河。谁能想得到，这条不起眼的小山溪，竟然会是那条汹涌澎湃、一泻万里的世界第一长河——尼罗河的起源？

在尼罗河源头的附近，是一片全未开发、遗世独立的万古洪荒。这里的野草竟有二三米高，原始森林里，巨木撑天，青藤蔽日，大象、犀牛、狮子、羚羊、河马和斑马自由自在地游荡，百花争艳，百鸟婉鸣，那种伊甸园般的景象，令所有到访者目醉神迷。

此地的丛林里，至今仍居住着一个叫“俾格米”族的奇特小矮人部落。男的身高在130厘米、女的身高仅110厘米左右。自古以来，他们就世世代代居住在这个世外桃源里，以狩猎捕鱼为生，从不知道有金字塔和埃及艳后，更不知道有东欧巨变、“9·11”和拉登。

但很奇怪，这些与世隔绝的小矮人们，却知道现代世界很流行的一样东西，那就是——“权利”。

我们的世界法律之旅，第一站，就远涉千山万水，来到了非洲腹地的布隆迪荒山里、尼罗河源头的纪念碑旁。20世纪之初，德国的人类学家谢贝斯塔在来东非大裂谷探险时，就曾经在此地遭遇过一段十分有趣的经历：某日，他们一行人在此地附近的河谷里跋涉了大半天，又渴又累之际，眼前却神话般地出现了一片挂满金黄色果实的香蕉林。正当他们兴高采烈地想饱餐一顿之时，突然，有一

19 世纪英国探险家在非洲苏丹见到的俾格米人（前排那些矮个头的成年人）和非洲土著人（后排高个子成年人）。

个尼格罗人（非洲黑人）冲了出来，愤怒地对他们大叫大嚷。经向导翻译，原来，这黑人叫嚷的始终都是同一句话，那就是——“只有俾格米人才有权利从这里摘香蕉！”

据说，在这片与世隔绝、万古蛮荒的原始丛林里，突然听到“权利”二字这样充满现代意味的法律话语，当时，确曾令这一班西方人吓了一大跳。他们连忙道歉并作出赔偿，之后，又十分好奇地向主人提出了一个问题：为什么只有俾格米人才有摘香蕉的“权利”？

于是，从那个尼格罗人的口里，他们听到了一个神奇的传说。

很古很古的时候，一个俾格米人在森林中游荡，同行的还有一个尼格罗人。有一天，他们来到黑猩猩的村庄里，在那儿，他们生平第一次见到了一片香蕉林，林子里，到处结满了金黄色的香蕉。起初，他们以为这果实有毒，不敢吃。然而，聪明的尼格罗人却怂恿俾格米人去尝尝它的味道如何。所以，勇敢的俾格米人便吃了一些，觉得味道是可口的。尽管这样，尼格罗人还是不敢吃。到黄昏睡觉时，多疑的尼格罗人相信他的同伴夜间必将中毒而死。次晨他看到俾格米人还活着，非常惊讶，这时候，他才敢壮着胆子去吃这种新的水果。

▍绘画：尼罗河风光，德国画家 Werner Carl-Friedrich（1808~1894）创作。

尝了一口，他便发觉味道很好。于是，两人都想把香蕉在他们家的附近种植起来。俾格米人拿了一些果实，而聪明的尼格罗人则拿了一些嫩芽，两人回家了。矮小的俾格米人把果实埋在田野里，徒劳地等待着香蕉的成长，但香蕉烂在土壤中了。几个月后，当他来到尼罗河畔访问尼格罗人的村庄时，却突然发现了一片美丽的香蕉林，他大为惊奇。最后，俾格米人向尼格罗人叹了一口气，说："看来，自己不是一个好的种植者，继续从事狩猎打鱼可能要好得多。"他鼓励尼格罗人继续种香蕉，并说他有时要进来取一份。尼格罗人不解地问为什么？俾格米人理直气壮地回答："因为俾格米人是这种水果的发现者！而尼格罗人只是从他们那里才学会了吃这种水果的。"

自那时起，世代相传，全非洲的尼格罗人都知道了这条小矮人的"发现权"——俾格米人有权，在所有尼格罗人的种植园中摘香蕉！

这个黑人的故事讲完了，而那班探险家们却感慨万分。众所周知，正如细胞是人身体最基本的结构一样，"权利"这东西，是一切法律里面最基本的元素，也是现代一切法律与法学的基础。一向以来，中国的法学教科书里都盛行着一种传统的观念："法"起源于"刑"，而“刑”起源于“兵”——即起源于战争、起源于对敌人或战俘的惩罚镇压。但是，当今世界，许多法学家却逐渐认同了这样的一个观点，即法律的起源，可能是从人类的“本能”和“权利”开始，而并非从“统治阶级的意志”而开始的。不过，猜想归猜想。千百年来，在非洲，在这片人类生命最古老的发源地上，人们曾费尽心力，都很难找得到一片纸、一块碑、一座陵墓或一段铭文，有记录过古代法律活动的痕迹。然而当日，真是“踏破铁鞋无觅处，得来全不费工夫”。一群欧洲大陆的探险家们，竟然在尼罗河畔那漫山遍野的香蕉林里，发现了人类法律最原始的足迹——“权利”的足迹。从而，证实了法学家们这一个伟大的猜想。

或许，那些生活在中非密林里的俾格米族小矮人，就正是当年在乞力马扎罗火山脚下留下过足迹的那三个小矮人的后代？又或许，在这个貌似愚昧落后的民族的脑袋里，正潜藏着一种伟大的法学天赋？这一切，都还有待科学家、法学家们的考证。但人们可以证实的是，非洲这片荒蛮的土地，并不是什么“法律的沙漠”。在最早诞生了人类的这片沃土上，其实，自古以来，就一直有人类法律的萌芽在生长。

无独有偶，在中国贵州的一个少数民族之中，至今也保存着一种与非洲“小矮人的权利”几乎一模一样的传统习俗。原来，仡佬族是中国西南群山中一个非常古老的民族，而仡佬人，则是贵州的茫茫群山之中最早一批的原住民。有一首世代相传的民谣是这样唱的：“仡佬仡佬，开荒辟草”，十分传神地描述了贵州远古那一段荒蛮的丛林岁月，并生动地点出了仡佬族祖先对这片土地众所公认的“先占权”。因此，作为这片土地的主人，作为这种“主权”或“开发权”的体现，每年秋天，每逢农作物成熟的季节，仡佬人就会举办一场盛大的“吃新节”：节日期间，全体的仡佬人都会倾巢而出，到附近各个村庄其他各个民族的田地里，去采摘一大批最好的玉米、蔬果，来献祭给自己的祖先。而对这种传统的惯例，贵州各族的山民们，是见惯不怪，他们从无怨言、绝不恼怒，只是心平气和地把它视为仡佬人一种理所当然的权利。这一个事实是很耐人寻味的，那就是：中国的贵州和古老的非洲，虽然相隔遥远，但这两种习俗

绘画：印第安人分配打到的猎物 美国画家John Mix Stanley（1814~1872），原作收藏于美国辛辛那提艺术博物馆（Cincinnati Art Museum）。

却是如此的相似，而这两地山民们的“权利观念”，却也是如此惊人地如出一辙。此情此景，百思之下，便真的不能不令人发出一声深深的感慨：“天涯何处无芳草”！

有足够的证据表明：人类的法律并非是阶级斗争时代的产物。早在人类还处于丛林社会的时候，“权利”、“法律”的观念，就早已深深地扎根在世界各地的原始人头脑中了——据说，一个北美的印第安人假如在雪地上看到一头带箭的鹿，他不会把它扛回家去据为己有，而是会默默地守候在原地几小时甚至几天，等猎人返来后，再按习惯，平等地分享到他应得到的一份鹿肉。而又据说，一直到今天，澳洲的土著居民仍像非洲的黑人和贵州的山民们一样，懂得尊重别人的“发明权”、“发现权”或“知识产权”。如果他们觉得某一个部落表演的歌舞、面具、头饰很好看，而他们又很想在自己的表演中加以模仿的话，那么他们就会给该部落送去几十头猪和一大批谷果，请求该部落允许他们使用这些“著作权”。因破坏这些习俗规则而侵犯了别人“权利”的人，将会遭到严厉的惩罚——通常是部落把这些“犯罪”分子交出去，任由对方处置。印第安人可能会被猎人一箭射穿心窝，而澳洲土著则会被对方用长矛或“飞去来”刺入腿骨。

这就是原始人的“权利”，这就是原始人的“法律”。

从全球各地原始人关于“权利”的故事里，我们已清晰地看到了现代世界各国关于宪法、物权和版权法的先声。而现代法学的第一要义便是保障和发展“公民的权利”，所以，尼罗河畔这一片野生的香蕉林，以及香蕉林背后那一个遥远的传说，今时今日，仍时时令许多没有到过非洲的法学家们心驰神往。

法学链接

现代世界，许多法学家都倾向于赞同这样的一种观点，即认为：法律的起源，是源自于人类生活的本能。作为一个动物性的人，原始人的本能就是饮食男女、抚育后代。而他在日常生活中看见别人怎样做，他的本能就是想“我也有同样的权利像他们那样去做”。所以，早在人类的丛林时代，当那些貌似蒙昧的原始人为争夺食物、争夺配偶而发生打斗冲突的时候，为了维护社会秩序的安定团结，一种确定各个人的“权利”、“义务”而且符合“公平、正确”的做法，就会在人群中得到产生。久而久之，这些做法会演变成惯例、习俗，又慢慢演变成人们普遍遵从的行为准则，这样，“权利”、“正义”这两根人类大厦最重要的支柱便终于形成，而整个人类社会的秩序、法律就由此而产生。

金字塔遥响：农夫的“正义”演讲

这一节，我们的法律之旅，将从荒凉的尼罗河源头折返，然后，沿着这一条湍急的大河顺流而下，去到地中海的海边，去到埃及的首都开罗，继续寻找非洲古代法律的足印。

尼罗河，人类生命的摇篮，也是人类法律最早的摇篮。

这条世界第一的长河，像一条巨蟒一样，从非洲中部荒无人烟的热带雨林里曲折蜿蜒地缓慢爬出，然后，从一个又一个的悬崖高地上急泻而下，奔腾北去。一路上，它融汇了许多条支流，穿越过无边无际的原始森林、热带草原、峻岭峡谷和茫茫沙漠，流经了布隆迪、卢旺达、乌干达、坦桑尼亚、扎依尔、肯尼亚、埃塞俄比亚、苏丹和埃及 9 个国家，全程 6600 多公里，浩浩荡荡，流入地中海。在非洲大陆的最北端，在海与陆的交汇处，这条冲破无数艰难险阻的大河终于徐徐地吁了一口气，在此地低回顾盼，左右徘徊，冲刷出一片巨大而肥沃的三角形滩地。于是，就在这富饶美丽的尼罗河三角洲上，5500 年前，便崛起了世界历史上的第一个粮仓，也孕育出了人类历史上的第一个文明古国——埃及。

提起古埃及，人们都知道：那里有巨大的金字塔，有神秘的狮身人面像，有许多许多神秘的传说，还有许多许多神秘的——木乃伊。但很少有人知道，在 3000 年前或者 5000 年前，有一个普通的农夫，曾在金字塔下，留下了一篇关于“法律正义”的伟大演讲。

讲到法律，我们先把农夫的故事暂时放到一旁，来考察一个极简单的问题，即法律是什么？法的本质是什么？看起来，这个问题虽然极简单，但如果你拿这个问题去问全世界的法学家们，那么，估计十个法学家之中，便可能会给你八九种不同的说法。

今天已经土崩瓦解了的原苏联独裁政权的法学家们，很喜欢这样的一种说法，即法的本质，就是“统治阶级意志的体现”。按此逻辑，法律在他们手上，很自然就成为一种强加于人民的、对人民群众实行凶残的惩罚与镇压的工具。但这种“说法”人民不喜欢，所以，原苏联政权的一班统治者们便垮了台。

人民比较喜欢的一种说法是：“法即是公平、正义”。这一点，在古今中外不同肤色、不同信仰、不同语言、不同文化背景的人群之中，都是一种长久而热烈的期盼。而世界史上，第一次表达了这种人类普遍心声的人，据我所知，却不是什么法学家，而是一个普通的农夫。这个普普通通的古埃及农夫，虽然直至到今天我们也不知道他姓甚名谁，不知道他生活在哪一个朝代，但他所留下的极可能是人类历史上第一次关于“法律正义”的演讲，其声音，却穿越了数千年的时空，仿佛至今还回响在尼罗河畔的金字塔下。

据说，农夫的演讲词是记录在一幅古埃及的纸草上的。纸莎草，是尼罗河下游特有的一种植物，其形状酷肖一棵巨大的绿色蒲公英。古埃及人将它的茎心切片、浸泡，再像织草席一样纵横交错地连结在一起，压平，就制成了一幅纸草，可用来书写文字。可以说，纸草，是古埃及文明的一个象征。现今英语“纸”（paper）的一词，就源出于“纸草”（papyrus）这一名称。而20世纪，许多考古学家在埃及的金字塔和法老们的陵寝里，除发现了许多稀世的珍宝之外，还发现了大量的、写满了文学故事的纸草。这些珍贵的文物，一部分流入了英国的大英博物馆；而另一些，则珍藏在埃及的国家博物馆里。据学者们考察，其中的一篇文学故事里，给我们留下了一个可能是世界史上第一例的“民告官”的案例，一个用法律的正义去惩治贪官污吏的精彩故事。

在那遥远的古代，一位农民赶着几头驮满物品的驴从绿洲中来，半路上，他遭到一个税务官吏的勒索和抢劫。他向高一级的官吏报了案，并要求得到公正的对待，最后，他被带到了法老的面前。

绘画：古埃及菲莱岛上的伊希斯女神神庙的内景（Temple of Isis on the Island of Philae），无名画家绘画于 1838 年。伊希斯是古埃及的主神之一，也是最原始的女神，深受古埃及人民的崇拜。

法老对这宗小小的行政诉讼案本极不耐烦，但他对这位农民的口才印象很深刻，于是便延长了案件聆讯的过程，于是，他有幸听到了这位农民关于“正义的标准”的九篇不同的演讲。九篇冗长的讲词在此就不赘述了，总之，在痛斥了一番贪官污吏的腐败，高扬了一番“法就是公平正义”，不“依法治国”便将亡国等大道理之后，聪明的农夫没有忘记给国王一个台阶，因为非洲有一句古老的民谚说：“当财主老爷经过时，聪明的农夫会深深地鞠躬、暗暗地放屁。”他演讲的最后陈词如下：“伟大的法老王呵，你是孤儿之父，亡妇之夫，弃女之兄，丧母者之围裙。在这片土地上，您的名声高于一切公正的法律，您是慷慨的领袖，高尚的伟人，您明察秋毫，戳穿一切谎言，您就是正确。”农夫越赞扬越起劲：“您是天之舵、地之柱，您就是测量用的尺！舵永远正确，柱从不崩溃，测量之尺绝不犯错……”农夫聪明地用尽一切恭维的词语，去向法老表达一个“法即公平和正义”的法学真谛。他当然能赢，因为即使是一个黑社会的龙头大哥，也还喜欢别人赞扬自己“公正”的形象。最后，这位聪明的农夫终于打赢了这场官司，财物退还了给他，官吏则遭到了惩罚。

法律应该是公正的，法律应该是“公平”与“正义”，而不是统治者和执法的官员们可以随心所欲的胡作非为。这一点，在古埃及，从农夫到国王都深信不疑。

现在，我们终于来到了车水马龙的开罗。我们所站立的地方，就是开罗市中心最大的广场之一——解放广场，而埃及的国家博物馆就坐落在广场的另一侧。走近这座由一尊复制的狮身人面像守护着的世界著名博物馆，只见一座古老而巨大的石头殿堂在地中海的阳光下熠熠生辉。馆前空地上种满了两种古埃及文明的象征性植物——一种是莲叶，象征着古代的上埃及文化，另一种则是纸莎草，象征着下埃及王国的文明。走进博物馆一楼的大厅里，只见无数巨大的雕像和壁画，布满大厅四周。而二楼展厅则陈列着各种从历代法老陵墓里出土的工艺品、兵器、陪葬物、珠宝首饰、纸草书画及木乃伊。我们在陈列着纸草书画的展柜前徜徉了许久，却始终都找不到那一幅农夫的演讲词。博物馆的工作人员告诉我们，博物馆里，珍藏着各类出土文物共30多万件，而因场地限制，平时展出的最多

位于开罗解放广场的埃及博物馆。埃及博物馆是全国家最重要、也是最大的一家博物馆，也是世界上收藏法老遗物最多的博物馆。

只有6万件，还有大量珍贵的藏品无法让游客们看到，这的确是一件很遗憾的事。但记录着农夫关于“正义”演讲的那篇作品他们都知道，那幅纸草，至今仍珍藏在这个博物馆的某个地下室里，给非洲古代的法律文化和文明，留下了一个伟大的足迹。

当我们走出这座博物馆的时候，在非洲的阳光下，惆怅的心情很快便开朗起来。虽然，我们未能亲睹这篇农夫的演讲词，但我们却确实地知道：它就在这里。那种路遇不平，挺身而起，通过司法的途径去对问题寻求一个公平正义的解决方式的法治精神，从5000年前起至今，便一直不屈不挠地潜藏在这里。仅就其对人类文明影响的重要性而言，金字塔——那堆看起来很宏伟的石头，那幅看起来很美的风景，恕我直言，相比之下，那根本就算不了什么。

大地在我们的脚下，而世界法律的故事正无穷无尽地在我们面前展开。下一节，我们将走出非洲，去到地中海东岸的另一个文明古国——巴比伦。在那里，我们的世界法律之旅才真正开始。

巴比伦旧事：沙漠里的法典

> “我在这块土地上创立了法和公正，
> 在这时光里我使人们幸福。”
>
> ——古巴比伦《汉谟拉比法典》的卷首语

古埃及人虽然才华横溢，有良好的正义感和歌颂正义的良好口才，但他们在给世界留下了金字塔、狮身人面像、太阳历和一大堆写在纸草上的文学作品的同时，却实在是没有给我们留下太多法律活动的记录。文明人真正的法律故事，应该是起源于亚洲西部的古巴比伦人。因为此地，曾诞生了许许多多极其远古的关于人类如何制定法典的传说，并留下了一部人类历史上最古老、最完整的成文法典——《汉谟拉比法典》。

从埃及的首都开罗往东，经过以色列、巴勒斯坦、约旦进入伊拉克，穿越当今地球上最动荡不安、战火纷飞的这一大片地区后，我们现在就站到巴比伦的古城遗址上。眼前是茫茫的大漠黄沙，身边是一望无边的荒草残阳，和死一般的寂静。

大约在距今 5500 年前，与古埃及的文明同时，在此地的两条大河——幼发拉底河与底格里斯河之间的两河流域上，也曾经崛起过另一个世界文明古国——巴比伦。当时的此地，与尼罗河三角洲一样，也都是林木茂密，水草丰美，牛羊遍地，是世界另一个巨大的粮仓。虽然，在科技文化的成就方面，巴比伦人的建筑艺术、天文历法、数学、文字的成就与古埃及都同样辉煌，但巴比伦城最值得骄傲的一点，而令我们历尽艰辛都要踏上这块土地的那一个原因却是：此地，曾出现过一部人类历史上最早的成文法典。

历史知识链接

拉比

自公元前6世纪之后，以色列人便经历了一次又一次被屠杀、被灭国的辛酸命运。在这段烽烟变幻的动荡岁月里，在地中海三岸的犹太难民中，便出现了一大批被人称为“拉比”的犹太教大法官。他们常常对流散各地的同胞宣讲犹太教教义和道德教条、律令，并拥有对犹太教教义作各种解释的权力与权威，而从这些大法官的解释里面，便逐渐地产生出了一整套在犹太民族中口头流传的宗教法、道德法和民法的法律规条。

公元2世纪时，有些大法官担心这些口头流传的法律遗产会随着时光的流逝而渐渐失传，于是，他们便按照《旧约》圣经的形式，把《旧约》中的主要法律条文和他们历年收集、积累起来的各种口传法律规定都汇编起来，编纂成一部法典，称《犹太法典》，亦称《塔木德》。

这部法典，从公元166年开始收集资料至公元5世纪编纂成书，共历时300多年才告完成。它像《圣经》一样神圣，成为指导整个犹太民族走出2500多年战乱流离生活的精神支柱和行动准则。从这个意义上说，古代的“拉比”们，则可以说是犹太民族法律文明的引领者和守护神。

伫立在无边的荒草斜阳中，此地昔日的辉煌却不禁涌上了心头。

据说，公元前 2300 年左右，即距今大约 4300 年前，一支来自叙利亚草原的游牧民族进入了两河流域的南部，在苏美尔人残留下来的阿卡德王国的废墟上，建立了一个新的王朝——巴比伦王朝。几百年后，古巴比伦王国出现了一位西亚历史上最伟大的统治者——汉谟拉比王（巴比伦王朝的第六代国王，其在位时期约为公元前 1792~1750 年）。在他统治的几十年间，他建立了宏伟壮丽的古巴比伦城。据史载，当时城里有古代世界“七大建筑奇迹”之一的空中花园，城内有整齐的房舍街道，密集的人口，繁荣的商旅。在长达 1700 年的时光里，巴比伦城曾一直是世界上最大最繁华的城市。

从考古实物中人们发现，当时的巴比伦人已广泛使用文字，他们记录一切交易的契约、账单。在这个古城废墟里出土的陶土盘上，还记录有众多的法律报告和司法裁决书。正是这些古老的法律残片，

古巴比伦王国的《汉谟拉比法典》。

显示这里的古代，曾经是一个“法治”的国家。

但今天，这个曾经辉煌的文明古国却有一个悲惨的名字——伊拉克。古巴比伦城的遗址，便位于今天伊拉克首都巴格达——那座著名的《一千零一夜》之城以南 90 公里处一片荒凉的沙漠上。我们来到此地时，只看到一座在寒风中颤抖的荒城。一座崭新而带点儿俗气的城门，城门外架着重重的铁丝网，城门倒是有一个优雅的名字，叫作“伊斯塔女神”门。进入了这座城门，城里面只有一两条残破的街道，一座巴比伦城旧日的标志——狮子雕塑，数处断墙残壁和满城的荒草，昔日的古城风貌已经荡然无存。而那部大名鼎鼎的《汉谟拉比法典》，却早已流落到法国巴黎的卢浮宫中。今日的游客，只能在巴比伦城遗址内的一堵墙上看到几幅油画，其中的一幅画上，还可以依稀看到当年《汉谟拉比法典》的一点儿影子。

说起来，这部法典被发现的故事也颇为传奇。1901 年，一个法国的考古队员，在伊朗高原的沙漠里，无意中踢到了一块石头，即使是穿了一双大皮靴，他的脚趾也还踢得生痛。该名考古队员一怒之下，拿出铲子挖了下去，想看看这究竟是什么东西。这一挖，便挖出了一个旷世奇珍——一根黑色玄武岩的大石柱。

这根石柱已经断成了三截，但拼起来还是完整无损。柱高 2.5 米，直径约 50 公分。它的上部刻着两个人的浮雕像：一个庄严的神端坐着，右手握着一支权杖；一个人肃立着，伸出双手，准备接受权杖。在石柱的整个表面上，都刻满了密密麻麻的楔形文字，经专家考察，原来，那是 282 条古代的法律条文。原来，这就是那部湮灭在岁月长河里 2000 多年的、历史上曾声名赫赫的古巴比伦王国的《汉谟拉比法典》！

考古队的队员们欣喜若狂。当时，他们想尽办法，把石柱偷偷运回巴黎，然后安放在卢浮宫里。自公元前 500 多年波斯人攻占巴比伦城之后，可怜的《汉谟拉比法典》，在经历了城破被毁，被波斯人劫走，其后又丢弃在沙漠里的 2000 年厄运之后，才刚刚重见天日，却又要被迫再次流落异乡。

这条沙漠里的石柱，可以说，是人类迄今发现的世界上最早的成文法典。正是从这条神秘的石柱身上，世人才得以重新发现了巴比伦昔日的辉煌。

石柱上部雕刻的，就是汉谟拉比王从端坐的神手上接过法律的场景。《汉谟拉比法典》的一开首就是汉谟拉比庄严地声明：“我在这块土地上创立法和公正，在这时光里我使人们幸福。”

当然，不同时代、不同阶级、不同思想的人，对什么是“公正”和“幸福”总会有不同的看法。但是，谁又能否认，在汉谟拉比的这句声明里，其向世人表达出了一种超越一切时空，法律最本质的价值精神？

在这部《汉谟拉比法典》里，“商业法”占了很大的数量。一切关于销售、租赁、易货、贷款、抵押的交易按规定都要签订合同。从《汉谟拉比法典》里可以看到，世界史上最早的“劳工法”已开始出现。无论以何种形式雇工，工资都由法律规定，雇主不能少给一个钱。关于土地出租的法律看来相当进步——租金由双方同意的合同规定，若遇上天灾粮食歉收，法典规定：佃户可以推迟支付租金。这些规定倘能真的严格执行的话，那么，古代巴比伦农夫的日子，看来，便可能比数千年间一直受官府老财们催租逼债的中国农夫们要好过得多。

在这条石柱上，人类的“犯罪法”也第一次出现了：偷盗、诈骗、

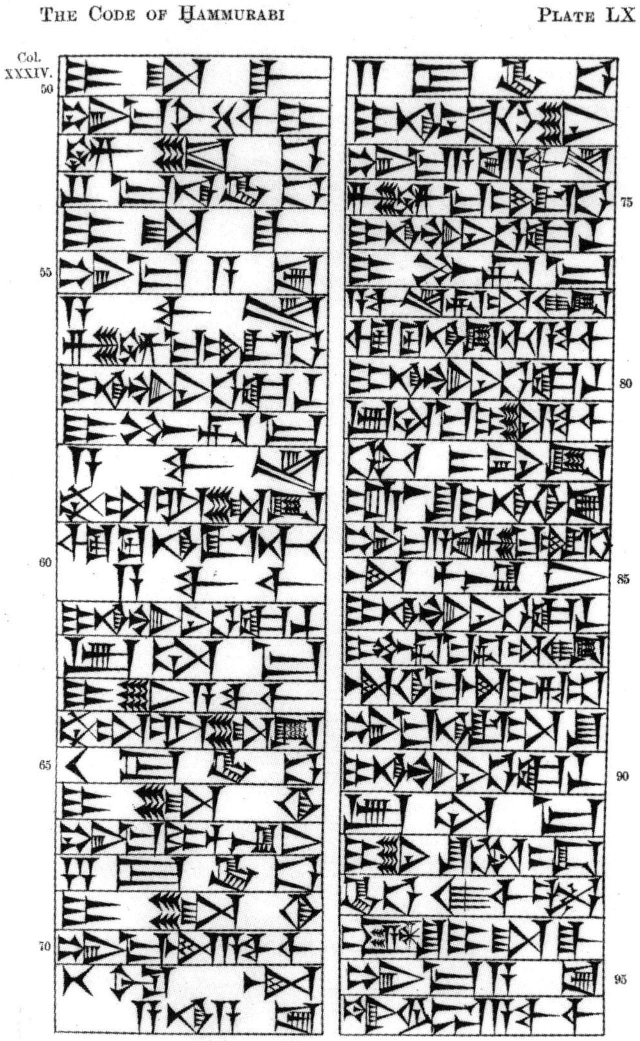

古巴比伦汉谟拉比法典碑身上拓下的法律条文。

卖假货、故意伤害或过失伤害都被视为对公众的冒犯，被视作犯罪行为，要受到严厉的惩罚。由于历史的局限，《汉谟拉比法典》对“刑法”公正的追求，基本上，仍停留在“以牙还牙、以眼还眼”的同态复仇的原始阶段，而且，同一罪行，对自由民和对奴隶的罚则也并非一律平等，但是，在那个遥远的古代，在那个人类历史的少年时代，谁又能用一种现代人的标准，来对这人类法治的第一步尝试去吹毛求疵呢？而真正值得赞叹的是：在这部古老的法典上，有许多现代“民法”的重要内容，如“家庭法”、“婚姻法”、“财产法”也开始产生了，例如：所有的子女（包括领养的子女），都有权平等地分享父亲的遗产。如果妻子疯了，丈夫有权再婚，但病人必须由他来赡养等。

短短的282条条文，却包括了现代的刑法、民法、商业法和劳工法、社会法等极丰富的内容，这便足以表明这一天才民族在法学上取得的杰出成就。

经过十多年的两伊战争、海湾战争的战火摧残，两河流域，如今已经是天不再蓝，水不再清。倘若汉谟拉比有灵，重临这片土地，他会惊讶地发现：除昔日壮丽的空中花园已化为一片沙漠、他亲手制定的法典石柱已流落他乡之外，他还会发现：这个昔日繁荣富强的“法治之国”，如今已变成了一个极度贫困落后的国家。随着萨达姆政权的上台、倒台和外国军事势力的入侵，此地的法律已再无“公正”，而人民也不再幸福。只有在那些堆积如山的、刻满了古代楔形文字的泥板上，他还可以依稀地读到，他的子孙们发出的一声声哀伤的悲叹——

“正义啊，我的女神，

你何时能重返这凄凉的故乡？”

法学链接

有许多书本称“乌尔纳姆法典”是世界上最古老的第一部成文法典，但对于这种说法，世界考古学界仍未能取得足够的、有说服力的实物证据来证实。因此，尽管人们不囿于成见、努力去追寻更多更早的法律源头的举动是值得称许的，但是在国际法制史学界未有任何一份权威报告来确证事实和改写历史之前，对这个问题，我们显然是应该采取一种较为严谨的态度。

西奈山传奇：神圣的“上帝之约”

“法律的制定是为人们享受和平的、有德行的生活所必需的。”

——13世纪欧洲神学家阿奎那

离开了荒草连天的巴比伦废墟，重返埃及，我们现在来到了著名的西奈半岛。

西奈半岛，就像一个巨大的倒三角形楔子，牢牢地钉楔在亚非两大洲的交汇点上——它北边是地中海，南边是红海，西边是非洲，东面是亚洲。就在这一片怪石嶙峋的沙漠上，却继《汉谟拉比法典》之后，又诞生了人类另一部伟大的法律——“摩西十诫”。

提起摩西，你会想起一个多灾多难的民族——犹太人。远古的时候，犹太人与阿拉伯人本来是一脉同根，共同生活在阿拉伯半岛的最南端。在距今大约5000年前，天性好动的犹太民族穿越了浩瀚的阿拉伯大沙漠，往北迁移，进入两河流域的乌尔城，与巴比伦王国的人民和平共处。但其后不久，因为宗教上的争执，偏激的亚伯拉罕，毅然率领族人又一次出走。他们满怀希望地往西方，向地中海东岸的“迦南之乡”——一块据说是上帝曾经许诺给犹太人的“应许之地”进发。谁知这一去，便开始了这个民族历时4000年的大流亡。

迦南，即现今的巴勒斯坦，是地中海东岸一片肥沃的新月形地带。在当地人的语言中，“迦南之乡”意即是“流淌着牛奶与蜂蜜的土地”。当地人热情欢迎这些犹太人，把他们称为“希伯来人”，意即是“渡河而来的人”。而这些希伯来人就在此地建立了一座“希伯伦”城。亚伯拉罕在这里生了一个儿子，而儿子又给他生下一个孙子。这个孙子名叫雅各，天生一身力大如牛的神力，据说，他曾在睡梦中与天神“以色”角力并获得胜利，故犹太人的上帝耶和华赐给他一个新名，叫“以色列”，意即为“战胜天神的人”。以色列生下十二个儿子，后来，这些子子孙孙们便发展为犹太人的十二个部落，遍布在约旦河、死海两岸的河谷平原里，从此，这里便崛起了一个叫“以色列”的国家。

从那时候起，犹太人曾有过一段短暂的幸福时光。但后来的历史却证明了：上帝亲自拣选给犹太人的这一片家园，却选得实在太不是地方——此地是一个欧亚非三大洲文明的交汇点，正位于一个古代世界的十字路口上。埃及人、亚述人、巴比伦人、波斯人、希腊人、罗马人，谁家强大起来，谁家的战车便都要从犹太人的房顶上辗过。大地一次又一次被践踏，城池一次又一次被焚毁，男儿一次又一次被屠杀，妇儿一次又一次被掳为奴隶。终于，在2000年前，这个国家被罗马帝国彻底毁灭，幸存下来的犹太人忍泪含悲，流散到全球各地。

又过了700年后，阿拉伯人才冲出沙漠，入住了这片荒城。

而发生在西奈半岛上的那一页悲壮往事，其实，只不过是这个流浪民族数千年苦难的第一个开篇。

传说还在雅各的时代，因战乱和饥荒，犹太人被迫离开了刚立足不久的迦南之乡，穿过西奈沙漠，迁徙到富饶的埃及。岂料，埃及的法老王拉美西斯二世想把这些外乡人贬为奴隶。他下令溺杀所有的希伯来男婴，强迫所有的犹太妇女都要嫁给埃及人，并改信埃及的宗教。经历了一段漫长的奴隶生活后，在民族英雄摩西的带领下，宁死不屈的犹太民族又一次开始了“胜利大逃亡”。他们扶老携幼，赶着牛马破车，烟尘滚滚地向着东方的故乡进发。在红海的岸边，他们打败了法老王的追兵，人困马乏，踏上了寸草不生的西奈半岛。这一切，都一字一血泪地记载在犹太人的史诗《圣经》里的第二章——《出埃及记》中。

“因为不屈服于奴役，所以他们选择了流浪。”这就是犹太民

壁画：西奈山上与上帝耶和华立约的摩西（Moses descends from Mount Sinai with the Ten Commandments），荷兰画家Ferdinand Bol（1616-1680）创作于1662年。

族4000年不变的性格。就在我们眼前这一片黄沙万里的不毛之地上，摩西带领他的族人们，在西奈的烈日下整整流浪了40年！据说某日，他们来到这座西奈山下（今天西奈半岛南端的卡瑟琳娜山），心力交瘁的摩西曾丢下人群，独自登上万丈的悬崖顶上，仰天祈祷，请求耶和华为他的族人指示一条正道。但耶和华却总不露面，摩西在山顶上静修了40昼夜，而山底下群龙无首的犹太人却早已发生哗变。有的人在大声痛骂摩西把他们带入了这个绝地，有的人在向一头金牛犊下跪祈祷，而有的人则在互相抢夺食物和水。等摩西下山时，整群犹太人已乱作一团。摩西一看，大发雷霆，他目光如电，长发飘飘地振臂一呼道："你们这班不信神的人呵，快丢弃你们的偶像吧！只因你们不信神，神才给了我们那么大的惩罚。刚才在山上，我们万能的神耶和华已与我订立了神圣的契约——只要你们今后能悔过自新，并能遵守神的十条戒律，神便会指引一条大道，引领以色列人回到那流香淌蜜的迦南之乡！"据说当时，随着摩西的喊声，天上奇迹般地闪电雷声隆隆大响，一只看不见的手——上帝之手，曾嗖嗖嗖地在西奈山的峭壁上刻出了这十条戒律，它们是：

一、除了耶和华之外，以色列人不可再有别的神；
二、不许雕制和崇拜任何偶像；
三、不许妄称耶和华的尊名；
四、当守安息日（星期六）为礼拜耶和华的圣日；
五、当孝敬父母；
六、不可杀人；
七、不可奸淫；
八、不可偷盗；
九、不可作伪证诬陷他人；
十、不可贪图他人的一切。

据说当时，以色列人先是目瞪口呆地看着这一切奇迹，继而是大声欢呼，热泪盈眶，感谢神在绝境之时并未丢弃他们。夜色苍茫，他们在西奈山岩下点亮火把，一遍又一遍，激动地诵读着这"摩西十诫”。次日天亮，汹涌的人群，又万众一心地紧跟着摩西的脚步，重新踏上了征途。

“摩西十诫”，既是希伯来人的经典法律，也是全人类最早的法律成就之一。一方面，它初步形成了犹太教的教规、教律与礼仪，规定出一些主要的宗教节日，并在此基础上，演绎出一整套指导犹太人 3300 多年社会生活的权威律法——《犹太法典》。另一方面，这部人类历史上的第二部成文法典（注：除“摩西十诫”之外，其余的犹太法令实际上都只是一部口传法律，它直至到公元 3 世纪才开始汇编为一部成文法典），也鲜明地体现出了平等的“人神契约”的思想。神既有被人民独尊的权利，也有要保护自己的子民的义务；而人既要有敬神的义务，却也有“神不佑我，我即弃之”的权利，而这神圣的契约一旦签订，则无论是人或神便都不能随意撕毁，谁要毁约，谁必遭到上天严厉的惩罚。可以说，这种“上帝之约”，正是 18 世纪欧洲法学家们的“社会契约”论的先声，也正是 3000 多年来，西方社会遵约守法、“重合同、守信用”等社会道德风气的一个深厚的渊源。

简简单单的十条约法，却对全人类的历史进程产生出了一种极其深远的影响。

离开西奈山后，摩西带领以色列人民继续前进，终于走出了这茫茫的西奈沙漠，最后，来到了死海附近。此时，这位年近八旬的老人，已衰老不堪。据说，他非常吃力地登上死海背后的奈布山顶，眺望着山脚下那波光粼粼的死海和约旦河，而那片“肥沃的新月”地带——迦南故乡，已赫然地出现在眼前。此时，摩西突然头晕目眩，一头栽倒在地上，心脏永远停止了跳动。历史记载这一年，是公元前 1237 年。

摩西的伟大之处，不仅在他为族人创立了一部伟大的法律，而且还在于他坚韧不拔地遵行了这种守法的精神。这位犹太民族的伟大领袖，至死都牢牢地信守着他对人民的契约和义务——在历尽一生的艰辛之后，他终于把以色列人带回到故乡的大门口。

耶城访古：所罗门的“智慧”

> “以色列人呵，你们要持公平如静静湖水，主正义如滔滔江河。”
>
> ——公元前8世纪犹太先知阿摩司语录

追随着摩西的足印，我们的世界法律之旅，来到了死海之滨这一片神奇的土地。

摩西死后，长期在沙漠中漂泊流浪的以色列人，终于又回到了他们的故乡——迦南。不过，现时占据了此地的腓尼基人，却已给这地方改了个名字，叫作“巴勒斯坦”。

据说，在进入巴勒斯坦境内的时候，以色列人家家都抬着一个木匣子。匣子里面，装着刻有“摩西十诫”的小石板——一份与上帝的契约，故称之为“约柜”。当他们重新定居下来之后，他们很快就依据这份“人神契约”的精神，发展起一整套完备的犹太教规和一部著名的《犹太法典》。于是，继《汉谟拉比法典》后，在亚洲，又出现了第二个“法治”的国家——以色列，而它当时的首都，就是那座夹在死海和地中海之间的千古名城——耶路撒冷。

现在，我们就来到了这座饱阅沧桑的古城里，来寻觅那昔日法律的故事。

“耶路撒冷”，迦南语的意思就是:“和平之城”。但颇为讽刺的是，从古至今，耶路撒冷，却实在与“和平”二字相去甚远。由于这里地处一个古代世界的交叉路口，列强争抢，宗教互攘，此地的战火，竟一直燃烧了差不多5000年！一座小小的、面积仅1平方公里的旧

古代画家笔下的约柜。

城，竟然同时矗立着世界三大宗教——犹太教、基督教、伊斯兰教多座金碧辉煌、至高无上的圣殿，这教这座古城，如何去承载这生命中无法承受的沉重？

“客来空吊古，悲泪落清笳”。我们此行的目的，是要来寻觅那法律的足印——所罗门王的足印。但没想到，历史之手，却兜兜转转地，依然把我们引领回那堵著名的“哭墙”面前。

相传，在距今近3000年的时候，以色列人中出现了一位著名的君主——所罗门王。所罗门的时代，是犹太民族有史以来唯一的繁荣富强的黄金时代。他曾用了七年的时间，为耶和华建造了一座壮丽无比的大神殿，这座神殿的位置，就坐落在今天耶城东北角的圣殿山上。据历史记载，这座圣殿高踞山巅，坐西朝东，气势十分雄伟。神殿大门和所有的廊柱、天花、门窗全部镶金，灯具、祭器和供奉“摩西十诫”的约柜也全部用纯金制造。神殿外边的院子里，有 100 个种满莲花的金边水池。神殿落成之日，盛大的庆典持续进行了两个星期！而所罗门，就日日来到这神殿里，在橄榄树的浓荫下，为全国臣民主持正义，开庭审理各类案件。

据说，所罗门在继位之初，就曾虔诚地向上帝祈祷，希望上帝能赐予他当一个好国王所必需的品质。于是，耶和华便拿出了四样东西给他挑选。所罗门从“长寿”、“财富”、“复仇”、“智慧”中挑了“智慧”，于是，上帝便赐给了他一个谨慎而又聪明的心灵。从此，所罗门断案之神能，破案之智慧，裁判之公正，在西方历史上留下了许多佳话。

下面这一个故事，就是 3000 年前发生在此地的一个经典的法律故事。

据说，有一天，所罗门端坐在大神殿里的审判席上，有两个妇女抱着一婴儿上殿来，哭哭吵吵地向他陈述一个案件。其中一名妇女甲指着另一妇女乙说：她们二人，住在一起待产。她（甲）生下一个男婴的第三天，而她（乙）也生下了一个儿子。

当晚，妇女乙不慎把自己的孩子压死了。惊痛之余，妇女乙竟然趁夜深人静偷偷把两个孩子掉了包。妇女甲醒来发现怀中孩子已死。惊魂甫定后，仔细一看，她才发现，这死婴并不是自己亲生的儿子。

妇女甲陈述未完，妇女乙就激动地向所罗门抗辩道：“不！她说的是假话！死去的才是她的儿子。”而妇女甲则更激动、更大声地说：“活着的是我的儿子！我的儿子……”

二女争子，吵得不可开交。这件天字第一号的奇案，一时间，也难住了所罗门。

在所罗门生活的那个时代，医学上还未发展到验血认亲、DNA 亲子鉴定的地步，而本案又丝毫没有其他的人证、物证可供参考。只见所罗门沉思良久，突然睁开眼睛，发出一个简短的命令：“拿剑来。”

甲乙二女大吃一惊，拿剑来干什么？所罗门说：“把婴儿切成两半，一人一半。”此时，妇女甲失声痛哭道：“国王呵，把孩子给她吧，我宁可不争了，请不要杀孩子！”而妇女乙则恶狠狠地说：“好呵，我既不能得到，她也不能得到，干脆一刀两半，把孩子杀了吧。”

此时，真相大白。按人之常情，只有亲生母亲才会委屈自己，来保存孩子的性命，于是，所罗门作出了一个千古传诵的判决：把孩子交给妇女甲，她才是真正的生母。而狠毒的妇女乙，则受到法律应有的惩罚。

这个英明判决在世界各地流传了将近3000年，使所罗门成了西方世界妇孺皆知的一个司法正义的守护神，其名声，甚至远远超过我们中国的包青天。当然，如果用现代法治的原理和观点来看，所罗门这一司法行为显然是大有问题的。他首先是触犯了法律，即违反了“摩西十诫”里“不可妄杀人”这一条；其次，他的恐吓之所以能产生这样大的戏剧性效果，则全因为妇女甲乙以及全体以色列子民都知道，他手上确实有“切开婴儿”而无须经任何司法程序批准的权力。这种“法治”，其实还是一种“权力至上”的“人治”，充其量，它只是一种“形式法治”，而远非我们今天所追求的那种“法律至上，连国王也不得违反”的“实质法治”。但在那个遥远的古代，在那种完全没有事实证据的情况下，作为一个能积极创造破案条件、克服困难、去实现司法公正的审判官，所罗门的智慧，确实是值得千秋万世的景仰。

但今时今日，这座所罗门曾坐堂审案的犹太教第一圣殿究竟在哪里？我们在圣殿山上徘徊多时，却找不到它的影踪。一问人，却被告知，原来，它的废墟就在那堵举世闻名的“哭墙”下。原来，在所罗门死后344年，巴比伦国王尼布甲尼撒二世率领他的铁骑攻陷了耶路撒冷。他们用一把火烧毁了壮丽的大神殿，从此，繁华一时的耶路撒冷，就变成了一片被烧焦了的废墟。后代的犹太人，把遍地的乱石重新拾起，在原地砌成了一堵墙，并在此地重建了第二圣殿。岂料，数年之后，第二圣殿又被罗马人一把火烧毁，而留下来的，仅仅剩下了这一堵墙。犹太人年年月月到此地缅怀过去，禁

绘画：所罗门的审判（The Judgement of Solomon），佛兰德画家 Antoon Claeissens（1536–1613）创作于 1605–1613 年，作品陈列于比利时布鲁日市政厅内。

不住悲从中来，个个放声痛哭，因而，这堵墙便又被名为“哭墙”。

我们伫立在这堵“哭墙”的面前，凝视着那一块块历尽沧桑的古老岩石，我忽然觉得，这岩石是一本本厚重的历史书。它不仅记录了犹太民族那沉甸甸的数千年苦难史，而且在它的背后，还记录了，那大神殿里曾经发生过的一个个经典的法律故事。

的确，从古到今，犹太人都是一个极其杰出的天才民族。但平心而论，在造成了这个民族数千年惨剧的种种因素里面，难道，除了“上天不公”这 4 个字之外，就完全没有一星半点需要犹太人自我反省的地方？讲实话，作为一个旁观者来看，从犹太人的始祖亚伯拉罕捣毁了别人的神像、与别的种族、宗教不共戴天及愤而出走乌尔城的偏激行为中，从那一刻开始，冥冥中，不就注定了这个民族4000年坎坷而悲惨的流浪命运？虽然，后代的犹太人中，代有摩西、大卫、所罗门、耶稣、爱因斯坦、马克思等伟人辈出，但“天妒英才”，积重难返，这个民族却始终摆脱不了那一种由性格决定的命运。因此，今日，为了避免这命运的悲剧重演，为了各个民族包括犹太民族自身的自由和幸福，也为了让耶路撒冷真正变为一座“和平之城”，以色列人，是否应该开始考虑一下：究竟怎样去改变一下自己的性格？而同时，也是否应该开始研究一下——与各种不同的文化、宗教、种族的共存之道？

当然，这些，都已是我们法律之旅的题外话了。

法学链接

中国古代也有一位大名鼎鼎的“司法正义守护伸”——包青天。千百年来，中国的文学史上也曾广泛流传着一个与“所罗门故事”几乎一模一样的包公破案故事——《灰阑记》。故事中，美丽善良的青楼女子张海棠被迫嫁给马财主为妾，并生下了一个儿子。但不久，那位凶悍的马夫人竟然毒死了马财主，并向官府行贿，诬告了张海棠为杀人凶手，还将她的儿子强行抢去，说为己生，以谋夺马家财产的继承权。正当张海棠被贪官污吏投入黑牢、严刑逼供之时，她幸运地遇到了包公来查案。

包公听罢案情，略一沉吟，就命人用草灰在公堂的地面上洒了个大圆圈，并将那小孩儿放入圈内，然后对二女说：“谁能最先把这孩子拖出圈外，这孩子就判给谁。”于是，马夫人就抓住小孩儿一只小胳膊，狠命地往外拽。而张海棠因怕伤害了儿子，又想拉，又眼泪汪汪地不忍强拉。于是，真相大白。一直冷眼旁观的包大人，当场就作出了一个传颂千古的英明判决：将孩子判归张海棠。而马夫人因阴谋败露，与一干贪赃枉法的贪官污吏一起受到了法律的严惩。

雅典寻踪：众神不知何处去

> “法官应该是严肃的、公正的和清廉的。他们不应受贿赂，不贪求私利，只是全力保护这城市所有人民的权利。”
>
> ——古希腊女神雅典娜对雅典法官的告诫

离开巴勒斯坦后，我们的世界法律之旅开始离开亚洲，进入了欧洲。

与地中海东岸的以色列隔海相望，在碧波万顷的爱琴海畔，一个古老的国家——希腊，以其璀璨的文化、绮丽的风光，每年吸引了世界各地万千的游人。

大约距今3300年前，希腊人，便开始出现在世界历史的微光之中了。遥想当年，一群来自亚洲伊朗高原的雅利安人赶着牛群、踏着崎岖的山路来到此地时，这群野蛮人，曾一把火，将原有的文明夷为一片废墟。然后，他们围着篝火喝酒跳舞，欢乐地听盲人歌者弹唱他们祖先或自己的英雄故事。有一日，面对着此地终年蔚蓝的天空和温柔的海水，他们忽然再不想到处流浪了，于是，在这片文明的废墟上，他们又重新建立了一个文明，而这个糅合了雅利安人的自由奔放和爱琴海的浪漫优雅的新国家，其名字就叫作——希腊。

在此后的数百年里，随着巴比伦、以色列的相继衰落，世界法律的故事也渐渐地移到了地中海的北岸。现在，我们就踏在希腊首都雅典城的大街上，像当地人一样悠闲地漫步，细细品味这个城市昔日的荣光，同时，又追寻着人类法律在此地的足印。

我们今日的目的地是雅典的卫城。

历史知识链接

复仇三女神

据《希腊神话》的记载："复仇三女神"是黑夜的女儿。她们都年纪老迈，但却身躯高大，眼睛是血红的，而头发上则爬满了毒蛇。传说中，她们时时一手持火炬，一手执一条由毒蛇拧成的鞭子，去四海奔波追击逃犯，无论是犯了"伪证罪"、"伪誓罪"或"谋杀罪"的人逃到哪里，她们都穷追猛打不放。犯罪之人既找不到避难所，也得不到片刻的休息，而三女神则吮吸他体中的鲜血，直至他只剩下一个干枯的影子时，"复仇三女神"才把他带到地府里去，让他沉沦在永生都无法解脱的痛苦中。

而颇为讽刺的是：因为惧怕这些"从不宽恕"又"不可和解"的女神们，希腊人便将她们的名字称为"欧墨尼得斯"，意思为："优雅的女神"或"慈悲的女神"。

雅典卫城，建造在雅典市中心一座海拔150多米、三面均是悬崖峭壁的山冈上。山脚下是一丛丛的绿树簇拥，而山顶上是清一色的白色大理石建筑。眼下，沿着陡峭的山路和一排排精美的石柱，

绘画：位于雅典卫城的帕特农神庙（Acropolis at Athens），画家是 Leo von Klenze。

我们正随着一群游客向山上攀登。

穿过卫城残破的山门，你会看到右边峭壁上有座无翼胜利女神神庙，再往前几步，则是那座名闻遐迩的六仙女廊柱神殿。穿过遍地的断柱残石，到了山顶，帕特农神殿就像一个巨大的神话赫然出现在游客的面前。这座巍峨壮丽的神殿，是雅典人在2500年前为供奉该城的守护神——宙斯之女、太阳神之姊、战神和智慧之神兼大美人——雅典娜而建造的。它器宇轩昂，顶天立地，全部用白色的大理石筑成，48根粗大挺拔而又线条简洁流畅的多利安式立柱直指苍穹。苍穹上，是永恒湛蓝的天幕，而石柱间，则是千年不灭的天风海涛。游客到此，无不对这庄严壮丽的景象肃然起敬。

伫立在巨大的帕特农神殿面前，有人惊叹，有人畏怯，有人兴奋，有人沉思。而此时，一个关于雅典娜的故事却悠悠然涌上了我的心头。传说在2000多年前，智慧的雅典娜就曾在这座神殿前主持审判过一宗惊天的奇案。以这件案件为开端，雅典城从此便开始有了一整套法庭的司法制度。而希腊人，则据说从这里开始，学会了什么叫“正义”和“公平”。——

那个精彩的法律故事是这样的——

据《希腊神话》的记载，在那场千里迢迢、木马屠城的特洛伊战争胜利后，希腊联军的统帅阿加门农凯旋回宫的第一夜，便被他的王后与情夫用利剑杀死在自家的浴缸中。阿加门农的幼子长大后，手刃了自己的母后和继父。他杀的虽然是两个有罪的人，但复仇三女神却对这个“不孝”的年轻人穷追猛打，誓要将其绳之于法。阿加门农的儿子——俄瑞斯泰斯被追得走投无路，最后逃入了帕特农神庙，悲声痛哭，请求雅典娜为他主持一场公正的审判。

于是，在这座庄严的殿堂里，演出了人类法律史上最动人心魄的一幕——雅典娜沉默深思良久，最后，她作出了一个明智的决定：“对这件奇特而复杂的案子，我将召集人间的法官们来共同进行审判。”

审判日的清晨，雅典娜走出了帕特农神殿，来到卫城对面的战神山上。原告、被告双方已准时到达，雅典娜所选出的法官、公民陪审团亦全部到齐，太阳神阿波罗作为辩方证人、辩护代理人，亦已到庭。而战神阿瑞斯及奥林匹亚山上的众神，则作为旁听者，云集在卫城山顶上的帕特农神殿外面。一干人神，在高高在上的帕特农神殿的注视下，开始了一场创世纪的审判。

当第一缕阳光照到浓绿的橄榄树顶上时，雅典娜庄严地宣布开庭。第一个程序，是复仇女神们向法庭提出她们的控告："你，俄瑞斯泰斯，我们代表正义而所控告的人，请回答我们，你是否杀害了你的母亲？"

"我并不否认。"面无人色的俄瑞斯泰斯低声地回答。

"你怎样谋杀的呢？"

"我用利剑刺入她的脖子。"

"你受了什么人指使或教唆？"

"我受了神谕的指示要为父复仇。阿波罗可以为我作证。"

第二个程序是太阳神出庭为被告人作证，以说明被告人的无辜。第三个程序是双方辩论。最后一个程序是双方的最后陈词。复仇女神中最年长的那位代表在陈词中反复强调一个观点，即王后杀死的仅仅是一个丈夫而不是一个有血亲关系的人；而被告人，却是杀死了自己的亲生母亲。二者相比较，被告人更应受到法律的严惩。而阿波罗的陈词却正好相反，他强调王后进行的是一场"蓄意谋杀"，而被告人只是履行了他复仇的义务。最后，复仇女神说："我们已经发出箭袋里所有的箭了。现在，我们静候法官们的判决。"

这时，雅典娜从首席审判官的高座上缓缓起立，开始发言。她以一种神圣的威严向所有的人们说："雅典的公民们，听着我——你们城市的守护神对你们说的话。今天，你们第一次被召集来审判一宗杀人的案件。今后，在战神山上，你们将永远保留这种我为你们创立的法庭，用来裁决和防止雅典人民的犯罪。法官们，记住你们曾经宣誓效忠于法律！现在，请在这钵子里投票，来解决这宗困难的案件。"

法官们都默默地从座位上站起来，鱼贯地走到法庭中间一块空地的正中。每个法官的手里都被分到了两颗石子——一颗黑，一颗白；黑的代表有罪，白的代表无罪。而法官要做的事，就是根据自己的判断，去选择其中一颗投入钵中。当所有的法官都投过票后，点算结果，不偏不巧，黑白二石的数目刚好相等。这时，首席审判官雅典娜开口了："公正的复仇女神们，雅典人民是尊敬你们的，今天，雅典法官的投票也是公正的。被告人在两种神圣的义务（为父复仇和孝敬母亲）中被迫作了一次选择，就像法官们刚才也作了一次选择那样，无论他选择的是哪一种正义，他都只能放弃其中的另一种。因此，在作出最后的裁决之前，我想对你们说的一句话就是：慈悲一些吧，你们这些不可和解的女神。不要一味沉浸在复仇里，而忘记了对人类的怜悯。现在我表态……"雅典娜缓缓步入场中，高高举起一颗白色的石子，投入钵子里。然后，她庄严地宣告："由于多数票的决定，我们宣告俄瑞斯泰斯——无罪！"

据说当年，战神山上、帕特农神庙的内外响彻了欢呼。经过短暂的抗议，最后连复仇女神也心悦诚服地接受了这个判决。

今时今日，圣地初临，我们也忍不住要从心底里发出一声赞叹。站在卫城高高的山顶上，俯瞰雅典，夕阳西下，金光迷离，但众神不知何处去，留下给雅典城的，是一种千年的庄严。

其实，神话传说往往是可信的。神话往往是社会生活的一种反映。与人们熟知的法老王、汉谟拉比、所罗门甚至中国的包青天等"明君贤相之治"相比，古希腊的"民众参与、平等诉讼"的法律之治，已无疑地显示出，人类文明，已进步到了一个新的里程。

暮色苍茫之际，我们离开了帕特农神殿——这座世界法律史上的丰碑。

法学链接

从这宗神话记载的案例里看，雅典当时，已完全具备了现代法庭制度的全部要素——有原告，有被告；有检控官，有辩护人；有陪审团，有合议庭；有严格的司法程序，有公正的法官；有双方平等的诉讼辩论、理据交锋，更有实事求是、从天理人情中苦心权衡出法律正义的法官"自由裁量权"。这一套由雅典人首创出来的司法规则和刑法学思想，曾深深地影响了全欧洲乃至全世界 2500 多年。

法律的天问：勇敢的安提戈涅

> “所谓法治，应包含两重意义：已成立的法律获得普遍的服从，而大家所服从的法律又应该是本身制定得良好的法律。”
>
> ——亚里士多德：《政治学》

在雅典游览的时候，我发现，雅典的建筑师们非常善于为他们的建筑物选择地点。在陡峭的海岬上，在山岩的顶端，在悬崖之下的山坡上，无论是建造神殿或露天剧场，仿佛都是大自然专门为了这座建筑物而准备的一个绝好地方。

我们现在就站在卫城山麓下那座著名的露天大剧场上。这座以酒神的名字来命名，叫狄奥尼索斯的大剧场就像一把巨大的折扇，依着卫城的山势逐渐升高展开。它高达20层的观众席上部，连接着一片环状的丛林，丛林一直延展到一片连绵的峭壁之下，而百尺的峭壁之上，就是上篇我们提到的气势高贵、君临一切的帕特农神庙。观众席前面，像一个圆形被切去了1/4的场地便是舞台，舞台上铺满了一块块整齐的大理石。虽然，这座建于公元前5世纪的大剧场今日已变为一地乱石的废墟，但你站在舞台的中央，向地下扔一枚硬币或者轻拍一下手掌，坐在最高一排的观众，也还能清楚地听得到清脆的声音。

作为欧洲的文明古国，古希腊的戏剧艺术成就尤为辉煌。早在2400多年前，戏剧表演便已在古希腊十分盛行。各个城邦每年在庆祝葡萄丰收的时候，都要举行盛大的感谢酒神的戏剧节。2000多年前，埃斯库罗斯、索福克勒斯等著名的剧作家，便都曾在这个剧场上演出过他们的名剧。今日游客到此，闭目遐想，当年一队队头戴葡萄藤、葡萄串花冠的雅典少女，在此地载歌载舞，然后再鱼贯上山，到卫城山顶上的帕特农神庙，向此城的守护神——全能的雅典娜和笑眯眯的大胖子酒神狄奥尼索斯献祭的盛况。

但我们今日此行的目的，是来寻找法律的故事而不是来考察戏剧。不过，下面要讲述的这一个法律的故事，恰好又与剧场有关。

说起来，古希腊对世界文明的贡献，除了无与伦比的建筑、雕塑、诗歌、戏剧、奥运会之外，其实最大的影响，还是在“民主政治”和“自然法学”学说。早在公元前 500 年，古希腊就有了庞大而完备的商业法体系，不过，那主要是从对巴比伦人的学习中得来。对法律的起源，希腊人坚定地认为法律源于神授，从这里，你可以看得到巴比伦人和希伯来人的浓厚影响。但雅典人最独特的发明，就是保留了自己的祖先——那些赶着牛群到处游荡的雅利安人祖祖辈辈的一个传统信念——“一切权力来自部落大会”，因此，古希腊，就成为世界历史上第一个把“一切权力来自人民”这句伟大真理写入法律的国家，而现代世界各国的宪法，也由此得到了一个共同的灵魂。孙中山先生曾把这句话翻译成中文，那就是——“主权在民”。遗憾的是，在雅典娜一手创立的那套司法制度里，虽独树一帜地呈现出可贵的民主色彩，但却也隐含了一种泛民主化的危险倾向。而日后不幸，在那场著名的“梭伦改革”后，雅典的民主终于走向了一个极端。在民主政治走向一个极端的情况下，每个公民都有权轮流抽签去做法官，每个被告人都把“自辩”视作神圣不可侵犯的权利，于是，“公民大会”便渐渐取代了法庭，而阿波罗扮演过的律师角色也仅仅是昙花一现。古希腊最后，终于未能发展出为实施法律而必需的专业法庭，也没有产生出能代表公民进行专业诉讼工作的律师，这在“梭伦改革”众多辉煌的成就里，不能不说是最遗憾的一处败笔。

但民主政治的氛围，却很容易产生出“恶法非法”这样的观念。在我们脚下这座著名的酒神大剧场里，2300 多年前，就上演过一出著名的悲剧，名叫《安提戈涅》。这出法制题材的悲剧，曾对“法律”二字提出了一个千古的天问——法，到底是什么？

绘画：安提戈涅。

在《希腊神话》中，安提戈涅是一个小姑娘，她有一个哥哥，在反对国王的战争中战死了。国王克里奥颁下法令：将叛军阵亡者暴尸城下，谁也不准哀悼、不准殓葬，任凭乌鸦野兽啄食。凡违反此法令者，要当场用乱石砸死。

在我们中国人的心目中，国王、上级的命令从来就等同于法律，从来都没有人敢不遵守。但安提戈涅却偏偏不听这一套。她勇敢地推开一众卫兵的阻挡，在众目睽睽之下，来到兄长的尸体面前，按古老的习惯，拜祭和安葬了她的哥哥。

看守的士兵们，大概对国王不人道的“恶法”也心怀不满，也没有一人依照“砸烂狗头”的“法令”去办事，只是职责所在，不得不将安提戈涅拘捕，带到国王面前。

当国王克里奥咆哮着怒问：“你知道你犯了法吗？”安提戈涅语带讽刺地反驳说：“你说的话也能算是法律吗？宙斯并未宣布过这样的法律，正义之神也从未定下过这样的法律要人们遵守，因此，我也不认为你说的话是有法律效力的。”

法律是什么？对这个简单的问题，其答案，全人类已经探寻了几千年，而安提戈涅这位小姑娘给出的答案，却是出奇地简洁而不简单——法律即是天理与人情！而不是有权有势的统治者们个人的喜怒和随意的咆哮。在安提戈涅看来，尊敬和爱护兄长，是做弟妹的首要义务；而人死了就要埋葬，这是一些极其简单的人之常情，或人的权利。即使是叛国者，死已是最大的惩罚了，不准安葬就显失公平；再加上，掩埋死尸，本来就是对人类生命的一种尊重，和对人类生活环境的一种保护，这更是一种不言而喻的天理，是神制定的自然法则。而国王自定的人的法律，如果不符合自然天理，反而是伤天害理，违反人性人权，那就是不好的法律。不好的法律，就不是法律，就不需要去遵守它，甚至要去推翻它。一句话，“恶法非法”！每当悲剧演到此处时，古希腊的观众总是满腔热泪，掌声如潮。

尽管安提戈涅最后仍是被处死了，但“法律之内，应有天理人情在”的自然法学思想，以及“恶法非法”的念头，却从此在希腊人、罗马人以及整个欧洲人的意识里面，留下了一种深深的烙印。

今时今日，站在狄奥尼索斯露天大剧场的中央，我们仿佛还能听到，安提戈涅那一声慷慨激昂的千古天问——“你说的话也能算是法律吗？”还仿佛可以听到，那三面青山上热烈掌声的回响。几年之后，《安提戈涅》的编剧者、伟大的戏剧家索福克勒斯意犹未尽，又在他创作的另一部戏剧《俄狄浦斯》中，借剧中人物之口，进一步抒发了自己对法律深层次问题的思考，他说：“法律诞生于天堂的最高层，并不是由凡人创造，遗忘不能使之沉睡，因为上帝赋予了我们永恒的力量。”这一番坚定不移“神定法”思想，岂料竟赢得了后世大多数欧洲人的深深赞同。从此以后，希腊人那种“法即天理人情、法律神圣、‘神定法’应高于‘人定法’”的自然法学思想，无意中，便成为欧洲人、美洲人二千多年来不断浸淫其中的“自然法上”的一个最可靠的“温床”。

希腊人历来被喻为是全体欧洲人的“精神祖父”。而此时此刻，站立在这个露天的圆形大剧场上，我忽然发现，我们竟然正站在一个全球最古老的“法治”理想的摇篮中。

法学链接

所谓的“自然法学”，是指古代西方这样的一种法哲学观念，即在人世间一切由国王制定的“人定法”、“实在法”之上，一定还存在某种神秘的、不以统治阶级意志为转移的“天意”，存在一种由大自然来制定的“自然法则”。这些“自然法则”，如“自由平等”、“公平正义”、“人权物权”等，都是一些大自然的“理性”，是大自然的神秘命令。因此，二千多年来，在西方人的心目中，“自然法”就被认定为一种高居于“人定法”之上的“神定法”，一种悬挂在现行“实在法”之上的“应在法”，而同时，这种无处不在的“自然正义”，更被视作为一种更具理性的、可以在批判或改良现行实在法时，用来作终极依据的“最高级的法”。

爱琴落日：苏格拉底的苦酒

> “为实现正义，哪怕它天崩地裂！”
>
> ——古代西方法律格言

很长时间以来，雅典都以世界文明的大学校而著称。而今日的雅典城郊，仍有无数访古寻幽的好去处。

在雅典学院的废墟上，你仿佛还能见到苏格拉底当年舌战群儒的雄伟身影。在城南近郊、阿卡德米体育场附近一条小溪旁，一片茂密的橄榄林里，据说是柏拉图晚年隐居的地方，那儿的鸟儿整个夏天都在悦耳地鸣叫。不管你信不信，导游都会指着一张木椅子说：2000 多年前，柏拉图曾坐在上面构思过他的名著《法律篇》。而在附近的另一条小溪旁，据说，亚里士多德曾日日与他的一班弟子们边在花丛中散步、边海阔天空地谈论着天文、地理、动物、植物、医学、数学、音乐、戏剧、艺术、政治、法律乃至逻辑，在当时和后世，留下了“雅典逍遥学派”这样一个千秋的美名，以及在世界史上，第一次提出了要“依法治国”这样一个光辉的主张。

而与他们同时，在地球的另一边，中国的春秋战国时期，也曾经有过一个孔子、孟子、老子、庄子、孙子、晏子、韩非子等名家辈出的时代。但很遗憾，因种种历史性、民族性的因素，在法律、法学方面的成就，我们中国人，却始终没有达到过像希腊人那样的高度。

古罗马的法学家普利尼，曾在一封给朋友的信中写道：“你将要去的那个城市（雅典），是一个礼貌和知识的国度。那儿的人们呼吸着真正人性和自由的空气……请记住一点，是他们把法律传给了我们，仅凭这一点，便足以令他们千秋不朽。”普利尼说的真对。在今天，虽然古希腊许多宏伟壮丽的建筑、雕刻都已沦为废墟，但希腊人留下的许多法学思想、言行、故事，仍是全人类法律宝库里的一些最宝贵的遗产。

徘徊在雅典学院的遗址上，我想起了一个苏格拉底的故事。这个关于公民要忠实履行“守法义务”的故事，可以说，是西方法学史上一个永恒的经典故事——

公元前399年，古希腊著名的思想家苏格拉底，由于经常对雅典的劣质民主政治发表猛烈的批评意见，于是，就在他70岁的那年，被三个卑鄙政客指控犯下两项罪名：第一，恶毒攻击雅典的民主传统，犯了叛国罪。第二，有害思想误导青年，犯了煽动罪。

当时雅典城的司法制度，早已偏离了神话时代的“专业法官与普通民众相结合”的合议庭制度，而是按极端民主制的原则，从雅典

绘画：苏格拉底之死（Death of Socrates），法国画家Jacques-Louis David（1748–1825）创作于1787年。

10个部落中无差异地各推选出50人，组成一个500人的公民大会来进行审判。其情况，与我们“文化大革命”时期全国各地的“贫下中农最高法院”批斗黑七类十分类似。表面民主，但实权却往往操控在一小撮人手里，这就是我们称雅典式的民主为“劣质民主”的根本原因。尽管苏格拉底在法庭答辩上伟论滔滔，把指控方驳得哑口无言，但雅典法庭在大批无知无识的暴民的起哄声中，还是以281 ：220过半数的多数票，荒谬地判决了苏老先生——死刑。

公平扫地，正义扫地。“多数人专制”之花在雅典盛开，结出的苦果，就是使古希腊伟大的法学成就蒙上了一个不可磨灭的污点——以思想有罪、言论有罪为理由，来残忍地剥夺一个爱国者的生命权利。这一点，真令一向以雅典城的民主自由、公平正义为荣的苏老先生伤心欲绝，同时，也令一大批富有正义感的雅典公民愤愤不平。

临刑的前一夜，来探监的老朋友克力同极力鼓励苏格拉底越狱：狱卒已经用钱收买，马车已经备好。既然雅典的法律没有公平正义，那我们何必还要遵守法律？克力同的这种观点，显然代表了许多无政府主义者和革命家的心声。但豪杰，也许本就是常人所根本无法理解的那种。在法庭上曾经痛斥雅典法制不良的苏格拉底，这时却反过来站在雅典法制的一边。他在铁门已经洞开，生死系于一线的紧要关头，竟然停下脚步，反问克力同一个抽象的法学问题：“难道逃狱就符合公平正义吗？”

在铁窗镣铐的禁锢中，这个年老的思想家却仍然在努力地思想：雅典的法律虽然失去了公平正义，但服从它的判决，维护“法律至上”的秩序，这不也是一种公民的义务吗？每个公民都要履行守法的义务！这也是一种导人向善的法律正义。如果人人都只以自己内心判断的是非为是非，人人都只随自己内心的喜恶去利用法律、玩弄法律甚至是敌视法律、抗拒法律，不履行自己的公民义务，这势必会导人向恶，会造成社会秩序的大乱，最终，一定会导致整个社会公平正义的彻底崩溃。

而以一种令公平正义崩溃的方式去追求公平正义，这岂不正是“饮鸩止渴”、“以暴易暴兮，不知其非矣”吗？因此，苏老先生忽然发现，自己已经跌入了一个悖论式的怪圈里：既要满腔热情地追求一种理想的法律正义，又要冷静理智地服从一种现实的法律正义，无论是选择了哪一种公平正义，都意味着要否定另一种公平正义。思来想去，不能自拔，最后，他唯有大义凛然地选择了——死。

问世间，法是何物？直教人，生死相许！

第二天傍晚，当最后一缕夕阳穿过铁窗的时候，苏格拉底在囚室里，最后望了一眼爱琴海上的满天落霞，然后，举起一杯狱卒端来的毒酒，一饮而尽。

至死，他的神态都是安详的。或许，这是因为，他已经找到了“公平正义”的答案？

14 年后，雅典人民悲痛地为这宗冤案平了反。

曾经一度迷途的“公平正义”，终于重返希腊的故乡之路。这里面，千秋青史，魂兮归来，有苏老先生那一杯苦酒的功劳。

宁死也要追求法律的公平正义！“为了实现正义，哪怕它天崩地裂！”西方人这句古老的法律格言，真的是义薄云天。

自古以来，有许多西方人，便真的是用生命的代价，去实践自己的法学梦想和理想。其性情之耿介刚烈，其志趣之远大专一，为学术而学术，为理想而理想，绝不拿学术和理想之中的智慧，去换取学术和理想之外的富贵。虽然，这些人许多时候都被视如疯子傻子，被嘲为不切实用，不识时务，然每一时代人类文明之重大进步，必仰赖于此等伟人。

数十年后，苏格拉底的学生柏拉图的学生，那位曾以“集当时世界知识之大全者”而著名、兼任马其顿国王亚力山大老师的亚里士多德，在深入反思祖师爷命运悲剧的基础上，痛定思痛，提出了一个光耀千古的伟大主张——要“依法治国”。同时，他也在他的名著《政治学》里，第一次提出了一个关于“法治”的定义。他说：“所谓法治，应包含两重意义：已成立的法律获得普遍的服从，而大家所服从的法律又应该是本身制定得良好的法律。”一是守法，二是良法（不能是恶法），这两件事做好了，这个国家才称得上是“法治”。这几句简简单单的话，今天，已成了全世界法学家奉为经典的金玉良言。

绘画：亚里士多德和柏拉图（Plato and Aristotle），意大利画家拉斐尔·桑西（1483–1520）创作的《雅典学院》（The School of Athens）的局部。《雅典学院》创作于1510–1511年，绘制在意大利梵蒂冈博物馆拉斐尔展览室的署名之厅墙壁上。

伫立雅典城头，眺望爱琴海上的波光粼粼，游目四视，不知哪一处废墟，是当年囚禁过苏格拉底的牢房？也不知哪一座橄榄树丛中的小白屋，是当年亚里士多德写作《政治学》、提出“依法治国”主张的地方？“昔人已乘黄鹤去，此地空余黄鹤楼。黄鹤一去不复返，白云千载空悠悠”，此时此刻，这首著名的唐诗，蓦然涌上了我的心头。

就在亚里士多德所处的那个时代，随着马其顿帝国的兴起，古希腊已经无可挽回地衰落了。雅典的光荣即将成为过去，此刻，历史的大幕，已悄悄地转向了西方的意大利半岛。

下一站，我们的法律之旅的目的地是——罗马。

第二章

CHAPTER 02

古罗马废墟

——法律的沉埋

不同的民族往往有不同的天赋——犹太人善于在上帝的启发下思考正直的品行，希腊人醉心于民主政治的激情，而罗马人的天才，则在于务实的法律制度的创建。迄今为止，正如古罗马的神庙、廊柱一样，罗马法律，仍然是世界各国法律灵感永不枯竭的来源。

Ioh. Iacob. de Sandrart inven: delin: et fecit aqua forti.

天平与宝剑：蒙眼闭目的正义女神

"罗马曾三次征服世界及与各个民族结缘。第一次是通过武力，第二次是通过宗教，而第三次是通过它的法律。"

——19世纪德国最伟大的法学家鲁道夫·耶林：《罗马法的精神》

这一站，我们的世界法律之旅来到了著名的"永恒之城"——罗马城。

台伯河水不舍昼夜地从罗马城中穿流而过，它目睹了罗马帝国的兴衰。

自希腊文明衰落之后，罗马共和国在历史上悄悄崛起。在700年的时光里，罗马，从台伯河畔一个小小的山村，急剧地扩张为一个横跨欧亚非三洲的大帝国，而世界法律的故事，亦随之在这一片辽阔的土地上，有血有泪、泪中有阳光地继续展开。

传说中，罗马城的创立人是两个孤儿——孪生兄弟罗慕洛和雷莫。他们一出生，便被仇人装入一个篮子抛入了台伯河中。幸好，一只母狼把篮子叼了上岸，并用狼奶喂大了这两兄弟。两个"狼孩"长大后，手刃了仇人，然后，再回到台伯河畔的七座山丘之下——母狼把他们哺育大的地方，筑起了一道城墙，并用两兄弟的名字把这座"七丘之城"命名为"罗马"。尽管后世许多的史学家认为：这神话仅仅只是一个神话，但世代相传，深信不疑的罗马人还是将这一日——公元前753年4月21日，作为建城的纪念日而载入了史册。而“母狼哺婴”的传说，也在不知什么时候被铸成了一座精美的青铜像，并成了罗马人引以为傲的城徽。今时今日，这尊“母狼乳婴”的铜像，仍静静地耸立在罗马市坎皮多利奥广场侧的一家博物馆内，日日夜夜，向万千游客述说着这个动人的故事。

讲到雕像，这就讲到了我们法律之旅这一站的主题。我们来罗马先不急于去参观那座大名鼎鼎的古代斗兽场，而是要去寻觅一座雕像，一座正义女神的雕像。

在世界著名的大都市中，罗马城是出名的“三多”——教堂多、喷泉多和雕像多。漫步在罗马的街头，广场大道、街心公园里，晶莹的喷泉与精美的青铜像、石雕像随处可见，谁也数不清这个城市有多少座教堂、有多少尊雕塑。而我们要寻找的那一尊石像，就静静地矗立在离天使堡西边不远处的罗马正义宫广场上。

现在，我们就站在这一尊石像的脚下，满怀崇敬地，仰视着她那二千年不变的庄严面容。只见她神情肃穆，巍然矗立，一手执宝剑，一手持天平，而双眼却被布紧紧蒙着。雕像的背后，刻有一句简洁的古罗马法律格言：“为了正义，哪怕它天崩地裂（Fait Justitia,Ruat Caelum）。”这便是整个西方世界里家喻户晓的法律化身——正义女神的雕像。

雕像无声，却令人肃然起敬。它日日矗立于天地之间，揭示着罗马人、欧洲人乃至整个西方世界一种悠久的法律观念——法是什么？法就是“公平正义”！

说起这座正义女神雕像的来历，还真有点源远流长。

历史上，关于正义女神的传说，最早的起源，其实是来自于古希腊的神话。古希腊正义女神的名字叫泰美斯，是天与地的女儿。她名字的原意为“大地”，引申义则为“生命”和“稳定”。所以，在奥林匹亚山上的众神雕像中，正义女神的造型，是被塑造成一位表情严肃的中年母亲，手中常持一架天平，象征着平民百姓对“生命”和“生活”的希望，以及对法律“成熟稳重”、“公平正义”的期求。

从神话中，我们可以看出，古希腊人对“审判机关”四个字的

罗马特级宗座圣殿拉特朗圣若望大殿一角的一尊正义女神雕塑。意大利雕塑师 Alessandro Maria Gaetano Galilei（1691－1737）的作品。

意大利最高法院建筑全景（罗马正义宫，上图），建筑入口上端的正义女神雕塑（下图）。

定义，从一开始便定位为“主持公平正义”的意思。但主持“公平正义”的事务也实在是太过繁重，靠正义女神一个神也忙不过来，于是，这位正义女神便与万神之神宙斯结合，生下了一个女儿——狄克，来协助她共掌法律、秩序和正义。但据说，狄克小姐的行事作风与母亲有很大的不同：她不分白天黑夜，经常手持利剑四海奔波，追杀罪犯。因此，在奥林匹亚山的神庙中，她的雕像造型，是一位怒目圆睁、手执宝剑的美少女，代表着法律这把正义之剑的另一面——“打击犯罪”的坚定形象。

古罗马兴起之后，他们不仅全盘继承了希腊人的自然法学精神，而且也继承了对正义女神的热爱。不过，在罗马人这里，却把正义女神的名字改称为朱斯提提亚（Justitia，由法律“jus”一词而来），其雕像的造型，亦已将泰美斯与狄克母女二人的形象合而为一：她一手执宝剑，一手持天平，但双眼却开始用布蒙上。罗马人赋予正义女神的新内涵是：天平代表“公平”，宝剑代表“正义”，前额垂直的秀发代表“诚实”亦即“真相”，而蒙眼闭目，则表示审判要“用心灵来观察”。这样，罗马人便创造性地把西方法学的基本原则大大地往前推进了一步。

初看到这座女神雕像时，我们许多中国人会大惑不解：这正义女神的双目为什么要用布条紧紧蒙上？这样子，岂不是会受到蒙蔽、看不清事实真相了吗？其实，这种想法，很可能只是我们自己的一种旧习惯思维，因为，在我们中国历代的法典中，有许多明文规定法官审案要“察言观色”，而中国古代司法的象征、那只至今仍屹立在全国各地许多法学院甚至立法机构（人大）门前的独角神兽，其雕像造型，就一贯是把眼睛瞪得大大的，一副威风凛凛的样子。而且，在封建时代，许多县衙里，公堂之上，大都会挂着一块牌匾，上书“明镜高悬”或“明察秋毫”四个大字。千百年来，老百姓耳濡目染，习以为常，这就难怪我们会对蒙眼闭目的正义女神大惑不解。这一切，都正好说明了东西方的司法观念、法律文化和法律制度之间，有着极大的不同，甚至是完全相反的巨大差异。

据说，在基督教会统治的千年黑暗时期，正义女神的雕像同维纳斯女神等雕像的命运一样，也曾同样被折断手臂，打碎头颅，沉埋在千年的废墟之下。直至1000年后，在欧洲的文艺复兴、罗马法复兴运动中，正义女神的塑像才重新出现在意大利各个城市法院的屋檐上和广场中，成了所有西方人心目中根深蒂固的法律化身和象征。

我们在罗马法院的广场上，随便地请教了七八个人，他们有的是外国游客，有的则是本地人，我们问的问题都是同样的一个——“法是什么？”其中有一对老夫妇和几个年轻人，都指着这尊蒙眼闭目的正义女神像回答我们说：“法，就是公平正义！”普通民众都能有这种对法律的深刻认识，看来，这尊默默无声的正义女神雕像功不可没。

今时今日，正义女神庄严的身影，已远远地越出了罗马城的天空，而不声不响地，遍布了全球130多个国家。什么时候，我们中国各地的法院门前，也会矗立起一尊正义女神的雕像，或，给我们的独角神兽双目蒙上一条毛巾？

法学链接

古罗马的第一部成文法典，是公元前450年公布的《十二铜表法》。当时，这部法典是将许多法律条文镌刻在十二块铜版上，并矗立于罗马市苑的广场中，公之于众。其后，在这部法典的内容基础上，罗马人渐渐发展出了一套“以私法（民法）为核心、以公平正义为原则、以维护个人权利自由为特点”的法律体系——“大陆法系”。50年后，中国第一部有文字可考的成文法典《法经》亦问世。但由于种种的历史原因，中国的法律，却开始走上了另一条“以公法（刑法）为核心、以不平等法和重刑主义为原则，而以人民百姓承担沉重的封建义务为特点”的发展道路。东西方法律文化的发展轨迹，就是在此时开始分道扬镳，在世界法律史上分别划出了两条方向不同、特色迥异的弧线。

罗马法堪称是许多大陆法系国家民法的鼻祖。尽管罗马法是源出于希腊法，但是，由于《十二铜表法》的影响十分广泛，所以，它常常被人们誉为“欧洲法律之母”。

西塞罗的理想：正义宫里的法学家群像

> “处于国家领导地位的人应该具有这样的义务感：第一，他们不论做什么，都要符合公民的利益；第二，他们应该维护国家的整体，而不要为维护某一个部分而忽略了其他的部分。”
>
> ——古罗马法学家西塞罗：《论义务》

如果说我们中国人是“龙的传人”的话，那么，罗马人，则可说是典型的“狼的传人”。

漫步在罗马这个全球最大的“露天博物馆”里，有一种强烈的感觉涌上了我的心头：从来没有一个民族像罗马人那样地凶残坚毅，但却也从来没有一个民族，会像罗马人那样酷爱法律并取得了那么多的法律成就。

我们现在，就坐在古罗马那座举世闻名的斗兽场的观众席上，品味着这座宏伟壮丽的圆形斗兽场。二千多年前，在这座宏伟的建筑物里，上演的却是全人类有史以来最惨绝人寰的场面——成千上万奴隶角斗士的死亡游戏。今时今日，我们坐在那空荡荡的、可容纳数万人的看台上，看夕阳西下，斗兽场的断壁颓垣浸染在一片金红色的余晖中，你似乎还可以看到当年那一幕幕人与兽、人与人生死搏斗的惨相，还可以听到，那一阵阵风声、鼓声、军号声、猛兽咆哮、观众狂叫声和斯巴达克奴隶角斗士们起义的怒吼声，这一切都在向你倾诉着那一段段惊心动魄而又充满血腥的千古往事……

离斗兽场的南面不远，有一座著名的提图斯凯旋门。凯旋门上的石刻浮雕，用得意洋洋的笔调，刻画着罗马军团攻占耶路撒冷后，对当地犹太人疯狂大屠杀的“丰功伟绩”。这一切的一切，都在极其华美、壮丽的建筑艺术之上，暴露出了古罗马的文明里，那一种令人不安的、残暴的一面。

但在罗马市中心广场的附近，在那幢雄伟的罗马正义宫的大厅里，我们对古罗马文明却又有了另一种完全不同的感受。一走进司法宫的大门，我们就看到了一幅像秦始皇兵马俑般的绝世奇观：只见一尊尊用大理石雕成的法学家群像，庄严肃穆地矗立在大厅的两侧——西塞罗、帕比尼安、乌尔比安、盖尤斯、保罗……凡属罗马法律史上著名的人物，几乎都矗立在这里，一座座雕像均精雕细刻、栩栩如生。试想想，在世界各国，有哪一个国家曾经像罗马人这样尊敬过法学家，这样大规模地为法学家们立像？又有哪一部法典，曾经像罗马人的《查士丁尼法典》那样，对后世的文明产生过如此深刻的影响？想到这一点，我们又不由地觉得，在古罗马的文明里面，的确，又有一种理性智慧的光辉一面。

说起来，我个人认为：罗马人对世界文明贡献最大的就是法学。在司法宫大厅里的这些雕像们，一个个，都是对人类法律史作出过巨大贡献的人物。乌尔比安（公元170~228年）——古罗马最杰出的法学家之一。他在世界法学史上第一次将法律划分为“公法”和“私法”两大类，这种划分方式，为现代宪法学和公民权利学说提供了一个强大的法理学基础。而帕比尼安（公元140~212年）——则被称为古罗马最伟大的法学家。他人格高尚，清正廉明，不畏强权，公正执法，而且，作为罗马帝国最高法院的院长和一名大法官，他的最最过人之处，就在于他审案时，总是能在各种错综复杂的情形中，去寻找出一条“公平正义”的普遍原则来判案。而作为一位法学家，他的一个鲜明特点就是十分注重“以案说法”，即他不仅通过对具体案件的分析、解答来详细阐述法条的含义，而且，他还时时通过对具体的事实剖析去阐明法律的精神，而其议论，又总是非常的深刻和富有哲理。因此，他的思想学说，无论是对当时或是后世的法律界来说，都具有一种极高的权威性。亦是因此，后来，《查士丁尼法典》的《学说引证法》一章，便将其列在群星璀璨的法学家群

马赛克绘画：查士丁尼一世（Giustiniano）和他的随从们，作品位于意大利圣维塔教堂（Ravenna San Vitale）的内部穹顶上。

中的榜首，并规定，在罗马五大法学家意见不一致的时候，最后的裁决，要以帕比尼安的意见为准。

但这些法学家里面，最为后世怀念的、对罗马法学的建基起到最重要作用的，我个人的意见，还当数大名鼎鼎的西塞罗。

西塞罗（公元前 106~ 前 43 年），是罗马共和国后期一位著名的辩护律师、执政官和法学家。他学识渊博，文笔优美，被称为古罗马的"第一雄辩家"。他生活的年代，正是罗马的版图急剧扩张、罗马大军席卷欧亚非三大洲、把地中海变作了罗马人的洗澡盆的时代。他一生最重要的成就，就是研究和整理了大量古希腊和古罗马的法律文献，把古希腊的自然法学思想引入罗马，进而设计了古罗马从立法、行政、司法到诉讼、监察的一整套法律制度，从而，为罗马法学的成长奠定了一个坚实的基础。

不过，在他所处的那个年代，罗马就像一条在狂风骇浪中高歌猛进的巨舰。每当有暴风雨来临的时候，船上的那些搭客们，便开始喜欢一个专制独裁的船长，多于喜欢元老院里那群争吵不休的讲民主的水手。于是，罗马的命运，便无可阻挡地注定了要从一个共

帕比尼安，被称为古罗马最伟大的法学家。

西塞罗手稿原件。

和国而再次向帝国转化。当西塞罗在罗马元老院里滔滔不绝地鼓吹“法治”，反对“人治”，鼓吹“公民自由”，反对“寡头专制”的时候，他被恺撒派兵赶出了元老院。他的命运，使我想起了中国的孙中山。在维护共和、反对帝制这一高尚的斗争中，与西塞罗站在一起的，似乎只有他自己的影子。但即使这样，他也毫不气馁，在长期的流放生涯中，他又写成了《论共和国》《论法律》等传世名篇。

人无自信，又谁能信之？在我看来，西塞罗与孙中山一样，都是一个有坚定信念的人。

我们怀着一种崇敬的心情，走近了正义宫里的西塞罗雕像。从雕像上看，他的面容是瘦削的，但他的臂膀却是强而有力的。他的嘴角紧抿，似乎是尝尽了这世上的苦辛，而他的双眼，却似乎能穿透到历史的深处。“共和”的理想、“法治”的希望，他毕生努力维护的那种制度，他毕生为之奋斗的那个信念，他所大声疾呼的这一切，难道在他年近花甲的时候，会命中注定地、无可挽回地——消逝、一去不返了吗？信念与磨难，在他的脸上留下了深深的痕迹，而孤独、痛苦但不屈的灵魂，则留在他两片嘴唇和眼睛上。

伟大总是伴随着孤独而产生的。在《论义务》这一传诵千古的名篇里，西塞罗曾语重心长地对当时罗马政坛上所有的高官发出了谆谆的告诫——“处于国家领导地位的人应该具有这样的义务感：第一，他们不论做什么，都要符合公民的利益；第二，他们应该维护国家的整体，而不要为维护某一个部分而忽略了其他的部分。”这个伟大的思想，至今回看，仍足以成为现代世界任何一个国家执政者的座右铭。

公元前 43 年，权势熏天的恺撒在罗马元老院里遇刺身亡。但恺撒的党徒们却疯狂地向西塞罗报复，西塞罗，这个名重一时的伟大法学家，竟然被那些独裁者们宣布为“不受法律保护的人”。他被剥夺了罗马的公民权，并再一次被迫流亡天涯。不久之后，安东尼派人暗杀了西塞罗，并残暴地割下这位法学家的头颅和双手，把它带回罗马，悬挂在罗马中心广场西塞罗生前经常发表演说的那座讲坛上。一代英才，就此含恨而终。

在古罗马当年的夜空中，一颗最耀眼的法学巨星泯灭了。但历经 2000 多年的沧桑变幻，今日意大利，早已废除了君主专制，重新恢复了共和政体。昔日的恺撒、安东尼、渥大维及后世的罗马诸帝乃至墨索里尼等独裁者们，早已成为了万劫不复的粪土，只有西塞罗的共和理想与法治理想，超越了 2000 年的时空，依然像润物无声的丝丝细雨，飘荡在台伯河的两岸。

位于意大利最高法院建筑外墙上的西塞罗雕塑

“正义”的定义：雄辩的普利尼

> “所谓正义，主要的不是关于实际规则的对或错。人类的正义，是要求同样的事情，按同样的规则来处理，而且，这种规则应能适用于一切人，适合于一切人与生俱来的、自由平等的天性。”
>
> ——古罗马法学家关于“正义”的言论综述

在罗马游览时，你心中会时时涌起一种莫名而强烈的感觉，那就是：这城市的文明和野蛮都是同样地惊人。目睹着那一幅幅野蛮与文明紧密交织在一起的图画，万千游客，除了惊叹之外，还是惊叹。

罗马大军对世界烧杀抢掠的后果之一，就是使自己成为世界文明的一个中心。历史这一部难读的大书，在许多时候，就是这么的古怪。不过话又说回来，罗马帝国，如果从来都没有获得过世界霸主的统治地位的话，那么，罗马法律——这部人类历史上第一部世界性的法律、一部在法理学和司法实务上都曾给予世界许多深刻影响的法律，其成就、其发展，那就都是不可想象的事了。

漫步在古罗马宽阔的帝国大道上，你可看到，大道两侧，绿树葱茏的山冈上，随着地势的起伏，散落着无数的颓垣败壁和宫殿的遗址。昔日壮丽的罗马广场，如今已化作了一地的乱石残砖，只有从那依然保存比较完好的元老院、贞烈祠、万神殿、凯旋门等巍峨的古建筑里，从恺撒市苑那一排排千年不倒、至今仍默默无声地屹立在荒草斜阳里的巨大石柱上，你还可以依稀想见帝国当日的辉煌。

我们现在就沿着皮卡托利诺山长长的石阶，经过两座巨大的武士雕像，走向当年的元老院，继续追寻着当年罗马法律的故事。

在庄严矗立的元老院里，当年发生过的许多故事中，最广为人知的，说起来，莫过于“恺撒之死”了。遥想2000多年前，这恺撒是何等的威风。他指挥10万大军，南征北战，每到一处，都狂妄地叫嚣：“我来了，我看到了，我征服了。”当他想把罗马共和国变成他个人军事独裁的帝国的时候，这个野心家的死期也就到了。就在公元前43年的某日，当这个独裁者如平常一样傲慢地走进元老院的时候，埋伏在那些巨大石柱后面的几十个元老突然围上前去，乱剑齐捅，恺撒于是就像一条狗一样，满身血污地倒在了一根大石柱下。事后验尸的结果，发现他身上总共被人捅了27刀。为了找出是谁捅了致命的一刀，罗马医官们详细记录了每一处伤口的形状并核对了每一把凶器，最后，终于找出了主要的“负责人”。这案例，日后，无意中，却成为世界法医学最古老的源头之一。说起来，恺撒之死，倒也为罗马法学的丰富性作出了一个贡献。

今日元老院内那一排排石柱，就见证了当年惊天动地的那一幕，以及罗马法医学的诞生。其实，自古罗马立国以来，上千年的岁月里，元老院都一直是罗马法庭的所在地，是罗马诸多优秀的法学思想和民商法法律制度的发源地。而鲜为人知的是，此地，也是全世界最早的律师制度发源地。漫步在元老院宽阔的遗址里，我忽然想起了一个曾在此地发生过的精彩的律师故事——一个继西塞罗之后又一位大雄辩家普利尼的辩案故事。

那故事是这样的——

古罗马优秀的辩护律师普利尼，有一次，接到一宗棘手的“反贪案”。

被告人是他的一个朋友，曾任比提利亚的省长，为人极富正义感，为祖国为人民作出的贡献良多。但不幸，他曾在他生日那天与友人交换了礼物，而当时罗马的法律，明令禁止官员接受任何礼品。现在，他的政敌们就要利用这一点置他于死地。

在这场卑鄙政客利用法律来进行的政治斗争面前，普利尼为难了。“如果我否认事实，但这事实已尽人皆知；如果我请求法庭宽恕，

绘画：想象的古罗马万神庙和一些石碑遗迹，意大利画家 Giovanni Pauolo Panini （1691–1765）创作于 1737 年。

我就等于承认了我的委托人有罪，就会即刻毁了我的委托人。如果我明知这是违法的行为却还替其辩护，我又会伤害到我作为公民的责任。但如果我不替其辩护，国家将失去一个正直而高尚的官员，而剩下来的，将只会有更多的害人虫和马屁精。”怎么办？左思右想，普利尼决定挺身而出，背水一战。

在元老院法庭上，面对着一片激烈的指责和喧嚣，普利尼慷慨激昂地举出了一则古老的罗马法格言：“正义从未呼唤任何人揭露自己的犯罪！他有权保持沉默。”法庭的喧嚣马上就被镇住了。

然后，普利尼便开始大显身手了。精通法律和法理的他，用来替被告人辩护的两大法宝就是“公平正义”和“恶法非法”。

一般来说，什么是“公平”？这很容易理解。但什么是“正义”？这就并非每一个人都说得清楚了。这个问题，甚至连现代的罗尔斯、庞德等杰出的法学家也未必能用三言两语就解说得明白。自古以来，智慧的希腊人就一直混淆了“正义”与“正确”这两个概念。而古罗马的法学家们则与众不同。他们中的大多数都能够精确、通俗地对“正义”作出法律上的理解——所谓正义，主要的不是关于实际规则的对或错。人类的正义，是要求同样的事情，按同样的规则来处理，而且，这种规则应能适合于一切人，适用于从皇帝到公民到乞丐等一切人与生俱来的本性，例如，对“自由平等”的渴求、对“天理人情”的祈盼、对“人格尊严”的热爱，等等，这才叫“正义”。

普利尼就是从“正义”和“公平”两个概念讲起。

普利尼

他滔滔不绝地讲了三小时，畅论了一番“礼尚往来”的人之常情，是自然的正义、自然的权利，委婉地指出了官员也有私生活的权利，而禁收、禁受、禁止与亲友交换任何礼品的法律，既违反了罗马公民千百年的风俗习惯，也违反了人的自然权利，违反了人情、人性，也就是违反了自然正义的精神。同时，他又一针见血、义正辞严地指出：指控一个官员是否犯有“贪污受贿”罪，主要的依据，不能看他有否收受过或与亲友交换过小礼品，而主要的，要看他有否利用过职务便利，去为他人或自己去谋取过“不法利益”的行为。如果仅凭表面现象而不考虑事情的实质，就去草率地定人以罪，那这样的法律就不是公平的法律，就不是“善法”而是“恶法”。而“恶法非法”！如果任由“恶法”泛滥，那么，罗马法律，就将一点一滴地失去其“公平正义”性。如果罗马法再无“公平正义”，那么庞大的罗马帝国，难就只能一味地依靠军刀来维持了？

听了这一番雄辩滔滔、激情澎湃的陈词，元老院的气氛却是出乎意料地活跃，他的雄辩征服了所有富正义感的法官。最后，经过6个小时的辩护演说之后，他的朋友终被宣告无罪，从政敌的魔爪下，挽回了一颗宝贵的人头。

据说，当精疲力竭的普利尼走出元老院时，罗马市民用欢呼和鲜花包围了他。法律的正义，又一次得到了胜利。

暮色苍茫之际，我们仍徘徊在元老院的门外。手抚着那些饱阅沧桑的古老石柱，我心中涌起了很多的感慨。此地既是恺撒这独裁者的杀身之地，也是全球公民权利的保护神——律师制度的发源地，元老院的大石柱呵，你曾亲睹过多少罗马昔日的野蛮？你又曾见证过多少罗马旧日的荣光？

正如古罗马宏伟的神庙和廊柱成为了后世建筑灵感的来源一样，在罗马元老院中回响过的种种法学伟论，产生过的种种法律制度和法理原则，也成为现代世界各国法学永不枯竭的灵感宝库。毫无疑问，现代世界五大洲采用大陆法系或者英美法系的许多国家，在其法律的实质乃至法理学的方法上，可以说，都是用古罗马的材料来建造的。甚至，前几年，我们中国法律界在草拟《物权法》草案时，也都还在频频地回过头去，请教2000多年前的罗马法和罗马人。罗马法学之伟大，由此可见一斑。

罗马元老院，其实是世界法律史上又一座伟大的丰碑。

法学链接

许多专家认为：尽管罗马法学对人类文明的贡献良多，但对一般的公民而言，罗马法对世界文明的最杰出贡献，主要是它大大超越了古希腊的法律成就，最早在世界上创建出一整套程序完备的专业法庭和专业律师代理诉讼的司法制度。后来世界历史近2000年的事实证明：一个无辜的公民，倘若一旦成为了犯罪嫌疑人的话，那么，他只有委托一位精通法律、又勇于坚持正义的律师做自己的诉讼代理人，来替自己辩护，才能为自己讨回公道。这一重要的司法概念和制度创建，可以说，便正是罗马法学家们留给全人类最宝贵的遗产之一。

耶稣蒙难：改变历史的世纪之审

“一次不公正裁判的罪恶甚于十次犯罪。
因为犯罪污染的只是水流，而枉法裁判污染的却是水源。”

——17世纪英国法学家培根语录

当我们回首世界历史的时候，我们可以很清晰地看到：从来没有哪一个国家的兴亡会像罗马帝国的兴亡那样，表现出一种与法律的盛衰如此密切相关的关系。

早在罗马立国初期，罗马的公民们，不论是贵族还是平民，都曾普遍地对公民的权利、对法律的正义怀有一种深深的敬意。这种尊法守法的传统，一直延续了差不多700年。但后来，当罗马从原先的共和国变为帝国，而帝国的疆土又急剧扩张，急剧膨胀后，当大量的金钱财富与奴隶美女滚滚流入罗马后，罗马社会便开始同样急剧地腐败了——不敬神、不守法，只迷恋权力与金钱。社会既已失去了原有的公平观念和法治精神，又先天地缺少一种倡导一个神圣使命的宗教信仰，那么，在一个道德沦丧、物欲横流的暴富时代里，罗马政府，还有什么东西，可以再像昔日的“法治”那样有效地规范着罗马人、团结着罗马人、领导着罗马及罗马占领下的社会健康成长？

如果没有，那这个表面强盛而内部却不知所谓的庞大帝国，就只有坐着等死。

今时今日，越来越多的历史学家都已开始相信：盛极一时的罗

绘画：背负十字架的基督耶稣在去往刑场的路上（Christ Falling on Way to Calvary），意大利画家拉斐尔·桑西（1483–1520）创作于1516年。原作收藏于西班牙普拉多美术馆（Museo del Prado）。

马帝国，其败亡的原因之一，或多或少，都可能是由一桩极端残忍和极其不公平、不正义的审判引起。

而那场不公正审判的受难者，却有一个在全球妇孺皆知的响亮名字——耶稣。

在这一节里，我们的世界法律之旅又会重返地中海东岸的耶路撒冷。在公元前后，这里曾成为罗马帝国版图的一部分，饱受过罗马铁蹄数百年的蹂躏，而那宗传说中的“审判耶稣”的故事，就像一个巨大而痛苦的烙印，深深地烙刻在这块饱经战火的土地上。

从以色列最大的机场古德里安机场乘车向东南方行驶约 40 分钟之后，我们的眼前，便出现了这座圣城的身影。对于我们来说，耶路撒冷并不陌生，早在寻觅“所罗门的智慧”的时候，我们便已经来过此地。这座世界三大宗教的圣城海拔有 800 多米，远远望去，就像犹地亚山巅之上的一片宫殿。车抵旧城，仰望着古城墙上那一排排箭垛，我们不禁想起了北京、南京和西安的城墙。

从雅法门这条新旧城区之间最重要的通道进入旧城，只见城内狭窄而拥挤的街道上，穿着各式民族服装的行人摩肩接踵。纵横交错的小巷，残旧的店铺住宅，这一切，都令人产生出一种回到了“天方夜谭”时代的感觉。

说起来，“审判耶稣”这宗案子，本来也并不算是一件什么大案子。传说在公元 30 年，在罗马帝国占领时期，有一位自称为“先知”的犹太青年耶稣，带着 12 个门徒来到了耶路撒冷。他们到处演说，宣传一种“上帝是所有民族共同的上帝”的新的犹太教教义。所到之处，这位“救世主”处处受到热烈的欢迎，信徒的队伍如滚雪球般不断扩大。这件事，终于引起了犹太教的大祭司们——法利赛人的嫉恨，于是，他们决定借罗马人之手，清除掉这颗眼中钉。

在耶城内的锡安山上，一条幽深古朴的深巷中，有一家同样古旧的旅店，据说，这里就是 2000 年前耶稣与他的 12 门徒在犹太教“逾越节”前夜共进“最后的晚餐”的地方。

在这一间不大而简陋的房间里，点起了两支昏黄的蜡烛，中间的一条长桌上，摆满了烤羊肉、甜饼和几瓶葡萄酒。“逾越节”的起源，是为纪念犹太人的民族英雄摩西带领以色列人越过红海、逃出埃及的故事，在这个纪念日，犹太人家家都要吃一种未经发酵的甜饼（据说逃出埃及时甜饼还未发酵好）。据说当时，耶稣将一块甜饼，平均地分成12份，然后逐一地把甜饼放入他12门徒的口中（这在后来便演化成为基督教的“领圣餐”仪式）。但接着下来，耶稣却突然用一个悲伤的声音说:“你们当中,有一个人,将把我出卖给敌人！”

当时，众门徒吓了一大跳：“是谁？是谁？”但谁也没有注意到，一个名叫犹大的门徒此刻在紧捏着自己的钱袋，那里面装着30个银币，那是法利赛人给这个叛徒的赏钱。

当晚，犹大果然给罗马士兵发出了暗号，里应外合，逮捕了耶稣。

我们现在又来到了耶城郊外、橄榄山麓的朱斯马尼教堂。这里据说是当年的罗马总督府所在地，也是传说中耶稣受审判的地方。教堂的中央，有一个大花园和8棵浓绿的橄榄树，不知耶稣当年受审时，是否也曾见过这样美丽的风景？在罗马总督彼拉多将军的座前，一场在后来深刻地改变了历史的世纪之审开始了。

审判一开始，原告方就喋喋不休地向罗马总督控告耶稣的渎神和叛国两大“罪行”，如耶稣自称是“犹太人之王”。耶稣说“上帝是不分种族贵贱，一律给予平等慈爱的和平博爱之神，它是人类真正的救世主”，等等，是公然藐视罗马占领军的权威。但罗马总督彼拉多听了半天，发现这只是一场犹太人内部的宗教教义之争，而根本就找不到半点“叛国、颠覆政府”的罪由。

于是，彼拉多问耶稣：“你是犹太人之王吗？”“你说得对。”这是耶稣唯一的回答。在此后，无论罗马总督再询问什么，他都一概沉默，拒绝回答。

开句玩笑说，这大概是世界法律史上“沉默权”最早的起源了吧。

彼拉多真的是很惊讶，因为，很少有被告人能在法庭上抱这种傲然的态度。最后，他忍耐着不快，宣布了判决：“此人所做的事不足以判处死刑。对此人施行十下鞭刑，然后予以释放。”

但台下的法利赛人却大声地起哄，纷纷叫嚣：“处死他！用石头砸死他！”罗马总督心中明白，根据罗马帝国的法律，眼前这个人是完全无罪的。但是，这班法利赛人却是罗马占领军在以色列“以犹治犹”的骨干人物。是维护罗马法律的公平正义？还是维护罗马帝国的统治利益？彼拉多沉吟半晌，最后选择了后者。他命令罗马士兵：“拿一碗清水来。”然后，在众人的注视下，他郑重地、一点一点地洗净了双手，然后，他再次宣判：“对于这个人的流血，我是清白的。你们看着办吧。”

一个千古不闻、荒诞不经和不可思议的法庭判决：“你们看着办吧。”

于是，一出悲壮的“耶稣蒙难记”便开始在耶城上演了。耶稣先是被剥光了衣服，施行了一场凶残的鞭打，这是死刑的前奏。然后，遍体鳞伤的耶稣，头上被戴上一顶荆棘编成的皇冠，背上捆绑着一个粗大的十字架，十字架上，用工整的拉丁文和希伯来文写着：“这个人叫耶稣。他是犹太人之王。”在5名凶恶的罗马士兵的押解下，沿着眼前这条长长的小路——“悲哀之路”（Via Dolorosa），艰难曲折地向各各他高地攀登。一路上，他昏倒过十多次，斑斑血迹，染红了这条几公里长的“苦难路”。黄昏时候，耶稣终于爬到了山顶上，此时，天地死寂，这场悲剧已经到了最后的一幕。

一个巨大的十字架被高高地矗立起来，四根大铁钉被罗马士兵钉进了耶稣的四肢——这是罗马帝国发明的一种最残忍的死刑方式。全身上下血肉模糊的耶稣痛昏了几次，但他始终紧咬牙关，一声不吭，而山上山下，众多围观者却早已是哭声震天。当太阳收尽最后一线余晖时，耶稣挣扎着抬起头来，高声呼唤道：“主呵！带走我的灵魂吧！”然后，头一垂，便魂归天国，时年36岁。

这时候，一个罗马士兵走上前来，用他的长矛，对着耶稣的肋下猛扎下去，完成了这死刑的最后一个步骤。随着长剑拔出，耶稣的鲜血直涌，染红了耶路撒冷的土地……

一个无罪的人，却被法庭无耻地出卖了并暧昧地宣布为有罪并受尽酷刑，但他却毫无怨言，为真正有罪的人背负起一个沉重的十字架，并用自己的鲜血，来为全人类赎罪。这是一种什么样的哲学？这是一种什么样的宗教？这又是一种何等伟大的胸怀！

这宗千古奇冤，却马上使耶稣成为全世界的圣人，也成为地中海三岸、欧亚非三大洲万万千千被罗马帝国压迫侮辱的人民共同敬

绘画：基督面对着彼拉多（Christ before Pilate），匈牙利画家 Mihaly Munkacsy（1844-1900）创作于 1881 年。

仰的“救世主”。应该再一次指出的是：迄今为止，史学界对历史上是否真有耶稣其人基本持怀疑态度。他们普遍相信，耶稣只是一个在传说中被虚构出来的人物。但无可怀疑的是，正是从这些传说中，才光芒四射地产生出了一个世界性的新宗教——基督教（在拉丁文中，“基督”一词为“救世主”的意思）。四百多年后，那些从世界各地像潮水一样涌来的“蛮族”——例如匈奴人、斯拉夫人、日耳曼人、汪达尔人等，有许多就是打着基督教的十字架旗号杀入了罗马。此后，古罗马宏伟的建筑被蛮族烧成了一片废墟，而废墟之上，重新崛起的，却是一座座十字架高耸入云的基督教教堂。

可以说，不是耶稣造就了基督教，而是罗马人造就了耶稣！一场不公正的审判，却深刻地改变了世界历史的面貌与进程！这一切，倒是当年的罗马总督彼拉多所始料不及的。

公元 312 年，罗马皇帝君士坦丁率军去迎击入侵的日耳曼人，正当罗马军队节节败退、即将全线崩溃的时候，君士坦丁在战场的上空突然看见了一个巨大的十字架，这个十字架后来又幻化成为一柄银光闪闪的宝剑。在这把宝剑光芒的照耀下，罗马军队士气大振，最后终于击退了蛮族，大获全胜。从此之后，君士坦丁就皈依了基督教。次年，他颁布一道著名的“米兰赦令”，宣布基督教为国教。20年后，当君士坦丁的母亲希拉娜太后巡游耶路撒冷时，却“意外”地发现了耶稣的刑场和墓地，为弥补罗马帝国300年前犯下的重大错误，她便下令在此地建立一座“圣墓教堂”（又称“复活教堂”）来纪念这位伟大的殉道者。但一切都已经太迟了——传说中的耶稣早就已经“复活”，而罗马帝国，却早已经命中注定，风雨飘摇、返魂无术了。

或许是因为这个故事太过悲伤了的缘故吧，今天，世界各地的人民用欢乐的圣诞节来纪念耶稣。每年的12月25日前后，圣诞树、圣诞花、圣诞歌、“圣诞老人”的霓虹灯饰、尖红帽就风靡全球。甚至连我们中国的大小超市、百货商店里，都有许多职员扮成圣诞老人的模样，在商店门前的马路上向过往行人大派礼物。想不到一场不公正的审判，竟然会在2000年来，令圣诞老人的魅力没法挡！

但“不公正的审判”，我们却真心地希望，在这世界上永远不再出现，无论它发生在哪一个国家。

历史知识链接

犹太教与基督教

5000多年前，世界各民族的原始宗教，普遍都是些偶像繁多、功能庞杂的“多神教”。但由于犹太民族发展道路的特殊性（不停地流动、不停地迁徙），客观上，便要求偶像崇拜的“简单化”和功能的“全能化”，因此，犹太教便渐渐地发展为人类最古老的“一神教”，并由此，而渐渐形成了犹太民族独特的文化性格。

犹太教主神的名字叫“耶和华”。从由阿拉伯半岛的原居地向古巴比伦迁徙时开始，到摩西带整族人逃出埃及、在西奈半岛流浪时为止，耶和华的形象和气质，一直都是一位“沙漠里的战神”。但当这个流浪民族终于重返巴勒斯坦定居下来、并建立起一个以农业为主的“以色列国”之后，耶和华的形象，就渐渐地演变为一个能呼风唤雨、请出太阳、挥退洪水的农业神。到所罗门的全盛时期，耶和华更成为一个能赐予财富、能捍卫全体以色列人生命的至高无上的“民族神”。

犹太教的主要经典是《犹太圣经》（《旧约圣经》）。这部《旧约》的最重要篇章是“摩西五经”。它包括有《创世纪》、《出埃及记》、《利未记》、《民数记》和《申命记》五卷，内容是记述了远古人类和犹太民族3000多年的历史和法律、宗教与文学等多方面的重大成就，是犹太民族最古老的一部史记，也是世界古代最伟大的一部百科全书。在《摩西五经》里面，那些大量丰富的法律条文和法律议论，后来被犹太人的大法官（拉比）们摘录了出来，与其他口传的法律规条汇合在一起，汇编成一部《犹太法典》，用来指导犹太民族的精神生活数千年。

犹太教的主要礼仪有“割礼”（男孩子出生后第8天，就必须用石刀割除阴茎的包皮，作为向耶和华立约的标志）、“祈祷”（早午晚三次念诵对耶和华的赞美诗）。犹太教的“婚礼”也很独特：婚礼结束时，新郎要把一只酒杯猛力摔破，以表示纪念耶路撒冷圣殿和家园的被毁，和牢记犹太民族被灭国的伤痛。

犹太教的主要节日有“逾越节”（每年春天三月），用来纪念犹太民族从埃及“胜利大逃亡”前夜耶和华的“逾越”——即散布瘟疫的神越过犹太人居住的家门、只进入埃及人居住的房舍。有“五旬节”（亦称收获节），要宰杀牛羊向耶和华献祭，又要遗下许多麦穗在田中，让贫民拾取。还有“住棚节”，纪念当年在西奈流浪40年的艰苦岁月，等等。

据传说：公元初，耶稣在犹太教的基础上，发展出一种新的具有世界性影响力的“一神教”——基督教。他消除了犹太教以往狭窄的民族观念和“圣殿中心”观念，把过去仅仅被视为犹太民族守护神的耶和华，改造成一个博爱的神、一个整个世界的创造者和各族人民的保卫者，从此之后，这个以色列的“民族神”，就变成了一个信徒遍天下的“世界神”。而犹太教的圣经（《旧约》），也被汇编入基督教的《圣经》（新约）里去，合称为《新旧约全书》。由此可见：犹太教的《圣经》（旧约），是世界一神教的“教义之母”，其基本的思想、教义和法律教条，都深深地影响了后来基督教和伊斯兰教的形成。

伽利略之死：一宗长达300多年的历史冤案

> “一个民族有一些关注天空的人，他们才有希望。一个民族只是关心脚底下的事情，那他们是没有未来的。”
>
> ——德国法哲学家黑格尔

我们的世界法律之旅，这一站，从那战火纷飞的耶路撒冷，又飞回到了意大利的“时装之都”——米兰。因为，在意大利半岛的北部地区，我们仍有许多需要继续去追寻的法律印迹。

飞机飞过波光粼粼的地中海，飞越过巴尔干半岛连绵的群山，直向着阿尔卑斯山飞去。欧洲的大地上，条条大路在脚底下曲折蜿蜒。看着这些无穷无尽的道路，一段人类的悲伤历史，却不期然地涌上了我的心头。

原来，耶稣死后，犹太人曾举行了一场如火如荼的、长达60多年的对罗马帝国的反抗战争，但那场惊天动地的犹太战争最终失败了。残暴的罗马大军，将60万名犹太战俘骇人听闻地全部钉死在十字架上。沿着巴勒斯坦到欧洲3000多公里长的大路上，每隔10米便钉一个，一直钉到了罗马。以致当时的罗马史书记载此事时，有如此令人战栗的23个字：“再也没有树木可以做十字架，再也没有十字架可以钉人……”

隔着机翼下的朵朵浮云，遥望着脚底下那条横贯欧洲的漫长公路，我们不由得感叹，人类在学会和平共处、公平正义地驾驭自身社会的道路上，竟然要流那么多的血。

飞机在米兰的利那提机场上空盘旋下降，在蓝天与大地之间，我们蓦然看到了一座宏伟的教堂尖顶。同机的意大利朋友告诉我们，这就是世界第三大的米兰杜奥莫大教堂，是所有游客必游的地方。但我们此次重返意大利，最首要的目的，却不是来参观这座教堂，而是想去意大利北部的几个历史名城，如比萨、威尼斯和佛罗伦萨等地，去追寻一个中世纪著名的法律故事——“审判伽利略”，因此，一下飞机，我们便马上换乘了一辆大巴，向比萨直奔而去。

伽利略，是意大利古代一名伟大的物理学家和天文学家。400多年前，他曾发明了人类第一具望远镜来观察星空，并依据自己观测到的事实发表了一系列与《圣经》教义严重冲突的言论，而遭到了罗马教会的疯狂迫害。结果，他的科学著作全部被禁被毁，而他本人则被宗教法庭以“异端邪说”的罪名判处了终生监禁。1642年深冬，在伽利略78岁那年，这位贫病交迫的老人，终于在一个风雪交加的寒夜里，在佛罗伦萨郊外的一家小庄园中，孤独地死去。

拂去这些悲哀的往事，我们的大巴迎着清凉的地中海海风往南疾驰。车窗外，是一大片连绵无际的、令人心旷神怡的夏日田野——大片大片金光灿烂的麦田、大片大片在阳光下盛放的向日葵花和一垄一垄如翡翠绿浪直涌至天边的葡萄园。在一丛丛泛着银白色光芒的橄榄树丛中，你还不时会见到一座古老教堂的尖顶，在意大利的蓝天下静静地闪光。当我凝视着眼前这片如诗如画般的欧洲田野风光时，那一页页遥远的中世纪欧洲历史，那一幕幕基督教会统治时期的黑暗往事，便止不住地又泛上了我的心头。

话说公元476年，在奴隶起义和“蛮族入侵”的战火怒潮潮水一般涌入罗马城下，那个曾在世界史上盛极一时的“三洲大帝国”便终于宣告解体。而与西罗马帝国灭亡的同时，古罗马原先那些相当发达的科学、文化成就，便极其不幸地与那些宏伟壮丽的神庙、雕塑一起，被那些尚处于蒙昧阶段的日耳曼人一股脑儿地砸烂、打碎，并沉埋于千年的废墟之下。但罗马帝国的“国教”——基督教的教堂和十字架，却奇迹般地幸存了下来。不仅如此，而且，数百年后，那个小小的梵蒂冈教皇国的“神权”，还渐渐地超越了当时西欧遍地日耳曼小王国的“王权”，并渐渐地，以一种“上帝化身”的权威地位，凌驾于欧洲各国的王权之上。

从那时开始，罗马的教廷，便成为欧洲的权力中心。各地修道院里的神学经典，便成为欧洲所有文化知识的唯一来源。而基督教的基本教义（即“三位一体”说、“上帝创世”说和“人类原罪”说），则成为全体欧洲人判别真理、分别是非及裁定“罪与非罪”的唯一标准。凡是言行不符合教会规定，或敢于宣扬一些与《圣经》教义不一致的自由思想的人，便会被教会视为一个十恶不赦的“异教徒”，而宣扬“异端邪说”者，亦必定会遭受到教会种种残暴的酷刑。如不肯忏悔，便必定会被“宗教裁判所”处以最最野蛮的“火刑”（即把犯人捆绑在木柱上活活烧死）。于是，在中世纪的欧洲，《圣经》便完全取代了《法典》，而“野蛮”则完全排斥了“正义”。

遥想当年，那个由臭名昭著的“宗教裁判所”来审判一位科学家的荒谬故事，毫无疑问，便正是那个“千年黑暗”的历史时期里，发生在这个美丽半岛上的一个最令人伤感的法律故事。

沉思中，我们的旅游巴士已徐徐地开到了比萨的古城墙下。

走进那堵爬满青藤的古城墙之内，我们第一眼，便看到了“圣迹广场”上那个举世知名的建筑奇迹——“比萨斜塔”，像一根巨大的白色石柱，斜插在一片宽阔的绿草地上。据导游介绍，这座教堂的钟楼始建于1174年。但当塔楼建至三层时，塔基便开始发生沉陷，而塔身就已经出现了明显的偏斜。此后的176年里，经无数著名的工匠绞尽脑汁、想尽补救的办法，才总算将此塔勉强建至8层。但现在的巨塔，却仍然以每年1.25毫米的速度向南面倾斜。不过，奇怪的是，尽管现时的塔顶已比原先的中轴线偏斜了4.8米，使此塔看起来摇摇欲坠，但700多年来，此塔却一直是顽强地屹立不倒。因此，当年欧洲这个“最失败的工程”，却无意中，年年岁岁，声名远播，成为一道吸引世界各地无数游客的神奇风景。

而比萨，正是伽利略的故乡。1564年2月15日，他出生于离圣迹广场不远处的一幢三层小楼里，而在“斜塔”之下的那片绿草地上，他也曾度过了十载的快乐童年。

在伽利略出生的那个年代，文艺复兴的浪潮正席卷整个意大利，而各地新兴的城市大学，也恰如雨后春笋般地纷纷涌现出来。但当时，笼罩着整个欧洲思想界和学术界的，却依然还是那些被天主教会奉为神圣的亚里士多德学派和托勒密学派的陈腐学说，而欧洲各大学的自然科学教科书上，依然充斥着许多神学和形而上学的荒诞思想。因此，当伽利略24岁出任比萨大学的天文学教授时，这位从小便热爱科学，毕生矢志追求真理的人，便经常在讲坛上对那些谬误百出的教科书发表尖锐的抨击，这，引起了教会和校方对他的严重不满。为了证明自己的见解是正确的，某日，年轻的伽利略，便决定要利用这座比萨斜塔来做一项实验，来向“权威”们宣战。

据史载：某日，伽利略手持两个大小不一、轻重不等的铁球，登上了斜塔的塔顶。然后，他向塔下围观的人群高声说道：“亚里士多德曾经断言：两个轻重不同的物体自由落下，必定是重的那个先落地。现在，就让我们来验证一下，这种权威的说法是否正确。”接着他双臂平伸，然后，把手一松，转瞬间，“嘭”的一声巨响，那两个铁球虽然轻重不同，但却是丝毫不差地，同时着地！

绘画：伽利略在罗马宗教裁判所面对审判，意大利画家 Cristiano Banti（1824–1904）创作于1857年。

这一声巨响，惊得所有围观的人目瞪口呆。它无情地粉碎了一个曾经被世人迷信了将近2000年的权威定律，也由此而开始，为世人开启了一道“依靠实验”而不是“依靠书本”去检验一切真理的现代科学发展的大门。从这个意义上说，伽利略，可说是世界近代自然科学的第一个奠基人。

但追求真理，总是要付出代价的。由于冒犯了教会的权威，这次伟大的实验，不仅没有给伽利略的学术声望带来任何的好处，相反，它却成为伽利略一生苦难的开端。从此之后，他被迫离开了比萨大学，而终生在意大利各地流浪。

比萨斜塔，斜塔前的建筑是比萨大教堂（Pisa Cathedral）。

唏嘘感叹之余，我们在比萨斜塔下流连不去，并在比萨郊外一家晚风中总是飘荡着阵阵洋槐花芳香的酒店里住了一夜。次日下午，我们来到了著名的水城威尼斯。而漫步在圣马可广场的钟楼下时，我又悠悠然地想起了伽利略另一宗更为轰动的往事——

1609年，伽利略制成了世界上第一具可以用来观察星空的天文望远镜。当他将望远镜对准天上的月亮时，他却极其意外地看到了一个令人难以置信的事实：月亮，其实并不如肉眼看来的那样美丽！它的表面，布满了许多凹凹凸凸的疤痕，而毫无生气的荒漠之上，更处处是狰狞的山岭和裂谷。当时，欧洲人普遍相信《圣经》上的创世说：天地万物都是由上帝创造的，而上帝创造的，必定是完美的。但现在，月亮为什么像个丑陋的“大麻子”呢？百思之下，答案可能只有一个，那就是：其实，月亮并不是由上帝创造的。而与此同时，伽利略还观测到了一个令人震惊的天体现象，那就是：我们居住的这个地球，其实并不如《圣经》上所说的那样是整个宇宙的中心。因为，眼前所见的星球，统统都是在围绕着太阳转，就连我们的地球也都是在围绕着太阳转！据说，伽利略曾兴奋地邀请了许多邻居到他家的阁楼上看月亮，并专程跑到思想自由、言论自由的威尼斯城，广邀了威尼斯大公国的议员们到这座圣马可钟楼上用望远镜来观察星空。当所有议员亲眼从望远镜中目睹到那些辽阔壮丽的天体运动之后，威尼斯议院即刻就通过了一项决议——任命伽利略为帕多瓦大学的终身教授。而次年，他在帕多瓦大学写成了《星空信使》一书，书中用科学事实，热烈地支持了哥白尼的“日心说”，强烈否定了《圣经》里的“地心说”。这本书刚一出版，便如同爆发了一场大地震，在顷刻间，便震撼了整个欧洲。

有人说：“哥伦布发现了新大陆，而伽利略则发现了新的宇宙。”此言非虚。不过，伽利略在当时是否知道，他那些伟大的发现，却已使上帝的殿堂，发生了可怕的动摇？我所确知的是：只是从伽利略那具略嫌简陋的望远镜开始，欧洲的自然科学，才能鼓足勇气，去挣脱神学的羁绊，开始走上一条突飞猛进的康庄大道。而从他的《星空信使》一书极大地动摇了神学的根基那一刻开始，伽利略这位伟大的科学家，便不言而喻地，成为当时罗马教会眼中的一名千古罪人。

所以，接下来的故事就有点儿悲惨了。

1616年，罗马教皇对伽利略下达了一道严厉的“禁令”，禁止他再出版任何著作，并禁止他以任何形式（口头的或文字的）去传播他的科学发现，并严禁他再以任何形式去支持哥白尼的“日心说”思想。

但伽利略对此禁令却是充耳不闻。因为，他和后世所有的法学家和历史学家们一样，都不知道自己“探索自然的真相”究竟犯了什么罪。但是，大学毕竟是没有办法再待下去的了。此后6年，被教皇砸了饭碗的他隐居在佛罗伦萨的家里，并于贫病交迫中，再继续写成了一本名为《关于托勒密和哥白尼两大世界体系的对话》的天文学巨著。10年之后，这部书终于在言论自由的威尼斯出版了。据说当时教皇乌尔班八世闻讯，大为震怒，他除了当即勒令对此书毁版、禁售之外，还在这年的冬天，发出了要年近七旬的伽利略亲身来到罗马的“宗教裁判所”受审的指令。

一场对真理和科学思想的大屠杀、大镇压终于开始了。

当时，身患重病的伽利略，是被人用担架抬了去罗马的。

在持续四个月、多达五六次的教会审讯中，伽利略仍坚持着自己毕生求真、求实的科学信仰而不肯悔改。“月亮确实是一个大麻子”，而“地球也确实是围绕着太阳在转动着”。他曾多次对审判席上那些高高在上的红衣大主教们指出：“教会只应该关注那些拯救人类灵魂的事业，而宗教却不应干预科学。”对于伽利略的顽固态度，教皇对审判官们的指示是：“必要时，可以动用酷刑。”

但长期的牢狱生活，早已严重地摧残了伽利略的健康，也摧毁了他的斗志。1633年6月21日，在罗马宗教法庭的最后一次审讯会中，在面临着鞭打、断肢、车裂和火刑的威胁之下，这位走投无路的科学天才，终于被迫向教会低下了他高贵的头颅：“我的命运掌握在你们的手中。我错了，听从你们的处置吧。”

次日清晨，在罗马圣多米尼加修道院门前，这位无罪的老人，却被迫穿上了一袭“悔罪者”的白色袍子，并被迫跪在坚硬的石板地上，聆听着教会对他的最后判决——“终生监禁”。不仅如此，教会还同时宣布，将伽利略的所有著作都列为禁书，伽利略本人，则要与自己曾经主张过的所有科学观点都进行“誓绝”，而教会则把伽利略亲笔书写的“悔罪书”，在全意大利的所有大学里公开宣读。表面看来，野蛮的强权，终于取得了一次胜利。

但不久之后，一个极具黑色幽默的故事开始在世界各地广泛流传。这故事说，当伽利略手中的笔颤巍巍地在判决书上签字的时候，他的嘴里，却不停地在喃喃自语：“不管怎么说，地球，始终都还是在转动着……”

这个故事到底有多大的真实性？说句实话，我们今天已确实是无法去考证了。但有一点，我本人倒是坚信不疑的，那就是：不管罗马教廷如何用残酷的手段去扼杀真理，但到最后，“不管怎么说，地球，始终都还是在转动着……”

科学，本来就不是“统治阶级意志”的奴仆。

而法律则更不是。

追寻着伽利略的足迹，我们从威尼斯继续往南行，最后，终于来到了伽利略的第二故乡——佛罗伦萨。佛罗伦萨这座伟大的历史名城，它既是意大利文艺复兴运动的最早发源地，也是但丁、米开朗基罗和伽利略等思想文化巨匠的最后归宿地。在那座著名的百花圣母大教堂附近，在离但丁故居不远的那座圣十字教堂里，在一片闪烁摇曳的烛光之中，我们在一进大门的显眼位置，找到了伽利略的雕像和石棺——石棺上的他，手中仍然紧握着两个大小不一的铁球和一具单筒望远镜。他深邃的双眼中，似乎仍然闪耀着一种老顽童般的好奇光芒，而两片微动的嘴唇中，似乎还在喃喃自语着那句千古的名言：“不管怎么说，地球，始终都还是在转动着……”

值得欣慰的是，事隔300多年之后，1979年，现代的罗马教会终于为当年的这宗千古奇冤平了反。据说当时，教皇保罗二世在宣读这项决定时，曾引用了当年伽利略的另一句名言：“宗教，不应该干预科学。”

300多年过去了，虽然正义来得迟了点儿，但不管怎样说，在经历了近四个世纪的漫长时光之后，公理，却终于战胜了强权。

米兰街头：贝卡利亚的天空

> “刑罚的目的既不是要摧残折磨一个感知者，也不是要消除业已犯下的罪行……刑罚的目的仅仅在于：阻止罪犯再重新侵害公民，并规诫其他人不要重蹈覆辙。”
>
> ——18世纪意大利法学家贝卡利亚：《论犯罪与刑罚》

离开佛罗伦萨的大卫广场之后，我们在意大利的最后一站，便是返回米兰。我们此次返回米兰的唯一原因，就是要到此地，来寻觅一位中世纪后期的伟大法学家——贝卡利亚。于是，一出停车场，我们便直往米兰的市中心奔去。

贝卡利亚何许人也？他是一位在全球法学界都极受人尊敬的刑事法学家。他生前曾出版过一本薄薄的小书——《论犯罪与刑罚》，就是因为这本小书，200多年来，他名扬四海。

说起来也有趣，这位伟大的法学家却是一名“不务正业”的人。即使在他发表了那部伟大的法学著作之后很久，在相当长的时间里，他仍然是一位“无业游民”和一位主要从事经济学研究的人。

切萨雷·贝卡利亚（Cesare Beccaria），1738年生于米兰，20岁时，便获得了帕维亚大学法学士的学位。但是，他真正喜欢的学科却是数学、物理、哲学、诗歌和经济学。由于他的家境富裕，不愁生计，所以，他便可以与米兰一班文学青年们高谈阔论，优游在学术之中。当时，经济学家威利敏锐地观察到，在这个表面懒散的年轻人身上，具有一个独辟蹊径的头脑，所以，他决定把一个重大的课题——“对欧洲中世纪宗教法庭及欧洲各国野蛮愚昧的刑事司法的批判”，这

米兰街头的贝卡利亚雕塑

个既高难度又高风险的课题交给贝卡利亚。“这是一个最适合雄辩家和富有想象力的人的题目”，威利说。于是，这个“三年不飞、三年不鸣”的贝卡利亚，终于一飞冲天、一鸣惊人。

贝卡利亚写的这本小书，全书仅得6万言，里面却有42个短小精干的小章节，从法律的起源到惩罚的目的，从逮捕、审讯疑犯到如何搜集、证明各类犯罪的证据，直到如何预防犯罪，对当时欧洲各国所有刑事立法和司法制度的各个方面，均作了深刻的批判和精彩的论述。与一般枯燥无味、引人入睡或“啃大酸果”式的法学著作不同，他行文的风格犹如一首首抒情诗，处处洋溢着一种伟大的悲天悯人的人道主义和哲学的激情。许多读过他这本书的人都有一种耳目一新的感觉：呵，原来法律书也可以写得这样的通俗和精彩！在书中，贝卡利亚对刑讯逼供和死刑等野蛮司法行为进行了愤怒的声讨，并针对罗马天主教会用神学来取代法律、用神权来践踏人权的荒谬做法进行了批判，在世界法律史上首次提出了“罪刑法定”、“罪刑相应”和“惩罚人道化”三大原则，并提出了一系列诸如“无罪推定”、“保障公民的人格尊严”等现代国际通行的刑事司法原则。此书一出，在欧洲马上掀起了一场轩然大波：罗马天主教会把该书视为异端邪说，列举出贝卡利亚的七大罪状，并亦如封杀伽利略的著作那样，通令此书为禁书（此禁令直至 1962 年才解除）。许多权威人士也猛烈抨击贝卡利亚是在“颠覆法律、颠覆国家”。但是，此书初版一万册，三个星期不到便被抢购一空。然后，本书更被翻译成英、法、德、俄、日等 20 多种文字，传遍了欧洲、传遍了世界。1991 年，中文版一出，更被中国许多法律院校当作了法学生们的必读书。

行走在米兰车水马龙的大街上，我们向警察、行人们打听贝卡利亚的故居。出发前，我们只知道他是一个米兰人，生于斯、长于斯、56 岁时因中风而死于斯。而现在，每一个被我们问及的米兰人，脸上的表情，都与我们一样的茫然。

其实这也难怪，在 20 世纪的两次世界大战之中，米兰的许多民居，都曾被炮火夷为了平地，贝卡利亚的故居，也极可能早就在战火中烟消云散了。战后的米兰，迅速重建为一个极繁荣的工商业城市，是意大利仅次于罗马的第二大城市和世界著名的时装之都、歌剧之都。现在，我们就站在著名的斯卡拉歌剧院门前，在那座造型独特的三叉戟街灯柱下，无奈地观看着车来车往和脚步匆匆的行人，并不时地，仰望着米兰蔚蓝色的天空。

但天空不能给我们什么答案，于是，我们便低下头来看地图。从地图上发现，我们站立的地方，正处在米兰市的中心点上。离歌剧院南面不远处，就是米兰最著名的商业中心——艾马努埃尔二世长廊。而穿过长廊，就是那座我们曾经在飞机上见到过的、有 135 个尖顶的杜奥莫大教堂。听说这里面像佛罗伦萨的圣十字教堂一样，有很多名人的坟墓，贝卡利亚是否也会像伽利略那样长眠其中呢？但转了半天，我们依然是一无所获。

出了杜奥莫大教堂，发现沿着那条但丁路往西行 10 分钟，居然就是那幅世界著名的壁画耶稣最后的晚餐的所在地——圣玛利亚教堂，于是，大家决定无论如何不能错过这个机会去亲眼看一看。在那幢黄色的教堂门外排队等候了 40 分钟，每人花了 13000 里拉的门

贝卡利亚名著《论犯罪与刑罚》（Cesare Beccaria：Dei delitti e delle pene）一书 1766 年版本插页，执政者提着罪犯的人头，而正义女神认为残酷的刑罚并不是惩治罪犯的好方式，这也正是作者的写作意图。

贝卡利亚名著《论犯罪与刑罚》的扉页。

票（约等于人民币52元）进去时，别人都在激动地争论：画中人究竟谁是犹大？而我看着耶稣悲哀的面容，却忽然在想——如果没有当年罗马总督彼拉多那场不公正的审判，那么，耶稣很可能就只会是被人当作一名精神错乱的愤激青年，默默无闻地在拿撒勒的小山村里终老，而不需承受那钉十字架的痛苦，但这世界上，便可能没有了基督教、天主教、东正教，也可能没有了圣诞节和复活节，小孩子们可能会失掉了许多节日的快乐，米兰也就不会有这座教堂，达·芬奇也没有机会来施展他的绝世画技，而我们自己，也就不会因此而花掉了13000里拉……

走出圣玛利亚教堂大门时，那一刻，我真的很沮丧。米兰的街头，到处弥漫着时尚的衣香鬓影和高雅的艺术气氛，到处都有达·芬奇这个外乡人的雕像、纪念馆和以他名字命名的科学馆，但米兰最值得骄傲的儿子之一——法学家贝卡利亚，却在这一片美丽的风光里影踪难寻。

我们把最后一线希望寄托在斯福尔扎古堡——现时的米兰博物馆上。古堡矗立在斯卡拉歌剧院的西北方不远处，周围是一大片绿树葱茏的公园。古堡正门是一座高耸的尖塔，周边有高高的围墙和清清的护城河。古堡内的图书馆里，据说藏有各类图书4万多册、珍贵的手稿1500多份。我们向工作人员说明了我们的来意后，工作人员马上热情地回答：这儿珍藏有贝卡利亚的名著《论犯罪与刑罚》一书的多个版本！我们一听，高兴得几乎跳了起来。几位女工作人员小心翼翼地找出了一本1764年的首版书——那本薄薄的小书，历经200多年的时光，纸质已经有点发黄，封面上既没有署作者的名字，也没有印上出版社的名字，只是赫然印着那个后来惊动了全世界的响亮书名——《论犯罪与刑罚》！

我们真的是大喜过望：这正是当年那家独具慧眼的奥贝尔特（Aubert）出版社寄送给贝卡利亚审阅的第一本样书！睹物思人，贝卡利亚此时仿佛正站在我们的面前。这本书，是18世纪全世界最伟大的一本法学著作，也是古往今来，全人类少有的一本文笔优美、充满对人类热爱的法学著作。看来，米兰人，其实是把对这位最杰出儿子的怀念，一直深深地珍藏在自己的心里。

手捧着这本珍贵的小书，我的心里百感交集。刑讯逼供、践踏公民人格尊严等野蛮行为是司法野蛮、司法落后的标志之一，早在200多年前，贝卡利亚就勇敢地站出来指出了这一点，而整个世界的司法文明也由此而掀起了一股进步的潮流。然而时至今日，尽管伟大的改革开放已走过了30多个年头，尽管党和政府已经制定和公布了中国历史上的第一个《国家人权行动计划》，但是，在我们中国的司法活动中，这些丑陋的东西却依然是一种时有所闻的普遍现象。这种情况，未免与我们所处的时代和世界，有点儿格格不入。

何日干戈息，山河一样清？

离开斯福尔扎古堡时，我再一次抬起头来仰望着米兰的天空，米兰傍晚的天空是一片片绚丽的彩霞。

天空这么美丽，我想，可能是因为，那上面，有贝卡利亚的光辉。

法学链接

在世界的远古和中古时代，尤其是在中世纪教会统治的千年黑暗时期，酷刑、刑讯逼供等野蛮行为在各国司法中都盛极一时。只是在贝卡利亚《论犯罪与刑罚》一书出版后，这种现象才得到了逐步的改变。正如贝卡利亚的良师益友威利在他的葬礼悼词中所言：“这个人，是第一位敢于指出社会科学重大问题的天才。他以热烈和激昂的哲学，勇敢地为受虐待者的事业辩护……暴政对此惶惶不安，颤抖的人类却传播他的声音。酷刑、残暴在所有诉讼程序中都被废除或减轻，那是这本独一无二的书的功劳。”

第三章

CHAPTER 03

英格兰原野

——法律的重生

1689年，英国“光荣革命”后颁布的《权利法案》，在人类历史上，第一次用法律的形式宣告了王权的失败。从此，世界人民从数千年君主专制的压迫下，开始逐步地、一点一滴地获得了日益增多的权利和自由。

TE LEYDEN, By S. en J. LUCHTMANS. | TE CAMPEN, By J. A. DE CHALMOT. | TE AMSTERDAM, By M. SCHALEKAMP.

《大宪章》：温莎堡草地上的羊皮纸

“法律高于国王之上，连国王也不得违反！”

——13世纪英国《大宪章》的精神

自罗马帝国陆沉之后，欧洲大陆的司法活动，主要便是以宗教法庭、神明裁判及当事人决斗等种种非理性的方式来进行。而古代曾经灿烂一时的罗马法学，却长期被人遗忘，沉埋于一地的废墟之中。

忽然间，历史的阳光穿透了大西洋的浓雾，从英格兰的山巅上升起。英国普通法——这只中世纪法学的丑小鸭，却在悄悄地继承了罗马法精神的基础上，又以其独具的天赋而渐渐成长为一只美丽的白天鹅。其后的800年里，在这只白天鹅展翅翱翔四海的同时，英伦三岛——这个大西洋上的小小岛国，便也像古罗马那样，成为当前世界许多重要法律理论和制度的一个重要发源地。

因此，离开意大利之后，我们的“世界法律之旅”下一站的目标，便是直奔英国。

此刻，我们正倚立在一艘海轮的舷边，挥手告别了法国北部著名的敦刻尔克海港，向英吉利海峡对面的英伦三岛驶去。1940年5月27日，第二次世界大战初期，英法联军曾有40万人，被德军的闪电战紧紧包围在这欧陆边缘的弹丸小镇。正当英法联军危在旦夕之际，可能是因为英吉利这名字取得实在是太好了的缘故吧，当时海峡两岸，便真的是“天佑女皇”，连续数日，天降大雾，令德军无法发动总攻击。而英国则趁机调集了全国大小船只，连续七天七

绘画：英王约翰签署《大宪章》。

夜进行史无前例的跨海大营救。直至6月4日，浓雾散去，海峡上空，阳光灿烂，德军的飞机大炮坦克才得以一齐向这小镇狂轰。3万多名后卫官兵顷刻间全部灰飞烟灭，而36万被困的英军，则早已全部安然撤回了英国，只是在码头上，丢下了遍地的轻重武器堆积如山。这就是历史上著名的敦刻尔克大撤退。

说来也巧，今天刚好就是6月4日，敦刻尔克大撤退60周年纪念日。仰望着英吉利海峡上的蓝天浮云，遥想着60年前这海面上千帆抢渡、炮火连天的悲壮场面，有一刻，我几乎忘记了我们今日要去英国干什么。

好了，闲话休提，言归正传。我们的英国之行这一站，第一个目标，便是去考察伦敦附近的温莎堡。因为这座草色青青的美丽古堡，可以说，是全世界、全人类第一部宪法的发源地。

温莎堡，位于伦敦西北30公里处的泰晤士河畔。这里地势高峻，周围环绕着大片碧绿如茵的草地和茂密的森林。这座拥有众多巍峨宫殿、风景如画的庞大古堡群，屈指算来，已经有将近1000年的历史了。近几年来，这座童话世界般的“王城”，已大部分对公众开放，并成为了英国一个著名的旅游胜地。我们来此，无心寻觅当今女王幼年时代的绿野仙踪，更没空听我们的导游津津有味地讲那位不爱江山爱美人的温莎公爵（爱德华八世）的风流韵事。我们只是人人手持一个像电视遥控器似的，用汉语解说的导游语音系统，随大流，走马观花地游览了一下滑铁卢大厅和圣乔治教堂后，便走出了那座气势雄伟的大石门，来到了古堡西边，伊顿公学网球场附近的一片青草地上。

这片看来普普通通的绿草地上，近800年前，却上演过一出英国历史上最伟大的场面。

说起来，往事如烟。1215年6月15日清晨，一阵阵急骤的马蹄声惊醒了温莎堡。几十个英国贵族身带佩剑，来到此地，齐齐聚集在我们现在站立的这一片青草地上。他们聚集在此地的目的，原来，是要向一贯专横而粗暴的国王约翰递交一份请愿书，要求国王保证：从今以后，遵守契约，遵守法律，不得再侵犯这班贵族们的这个权利那个权利。他们的随从和一大队铁甲骑兵们则隐伏在附近茂密的树林里，时刻准备着，万一这场与国王“说法”的谈判一旦破裂，就全军出动，向会场冲锋。

以武装叛乱来反对国王，这在封建时代岂非是滔天的死罪？但“不自由，毋宁死”。这一小批意志坚定的人，在这片绿草地上为国王准备了一个小帐篷和宝座，还有一卷写在羊皮纸上的请愿书。当然，还有密林里隐伏着的几千把军刀。

在紧张的静默和等待中，连太阳也不安地躲在阴云里。终于，上午9时左右，温莎堡方向出现了一支小马队。人们逐渐看清了是

《大宪章》原件

约翰国王、教皇使节、坎特伯雷大主教和一小队卫士。国王一行在绿草地上漫不经心地下了马，然后，一个年长的贵族代表迎上前去，简要地说了几句话，并恭敬地，向国王献上了那一小卷羊皮纸。

约翰王展开那卷羊皮纸，大略地浏览了一下，只见上面写着："国王在没有征得贵族同意时，不可随意收取赋税，也不能任意向臣民勒索财款……""不经同等身份的人的合法裁决和本国法律的审判，国王不得将任何人逮捕囚禁，不得剥夺其财产，不得施加任何刑罚折磨……"还有许多鸡毛蒜皮的不得这样、不得那样。最后的一条，令约翰王皱起了眉头，这一条写着："假如国王违背诺言，贵族则有权拿起武器驱除暴君……全国人民都应站在起义者这一边"，等等。

据说当时，短暂的静默，这片绿草地上的空气严峻得似乎要凝结住。之后，出乎意料地，国王竟点了点头，表示了同意，并将这卷羊皮纸——"贵族权利纲领"转给了他的大法官。然后，国王转身上马，不失尊严地离开了这片绿草地，返回了温莎堡。

4 天后，以这卷羊皮纸为蓝本的，经大法官们修饰敲定的"英国人民自由契约"——《大宪章》诞生了。

一场伟大的请愿，诞生了一部伟大的法律，产生出了一种关于"宪政"的杰出智慧。在后来的岁月里，《大宪章》的基本的内容，已逐渐发展成为英国全部关于人民的自由、平等、人身安全、财产安全及政府的权力边界等法律制度最初的基石，也逐渐发展成为英国宪法和法治传统的基本支柱，这倒是当天批准了这份文件的约翰国王，以及全体参与请愿的贵族们所没有预料得到的事。

英国法与罗马法相比，显然是"青出于蓝"，但却"更胜于蓝"。

我们暂且撇开宪章中那些琐碎内容不谈，首先来研究一下这场"羊皮纸事件"本身。虽然在 13 世纪的英国，贵族们并不懂得，也不关心人民大众的自由权利和议会的民主，但他们却坚信着一条光辉的原则，这原则就是：法律高于国王之上，连国王也不得违反！

国王也要受法律的约束？这是咱们中国5000年来所有的政治家、思想家们连想也不敢想的事！在我们中国的历史上，国王从来都是至高无上的"天之骄子"——天子。皇帝手操对天下万民生杀予夺的一切大权，法律只是他手上用来惩罚人民的一件工具。而对于像

▎温莎城堡的兰尼米德（Runnymede）——1215 年《大宪章》的签署地。

秦始皇之类的暴君，中国人一般都只知道这两种方法：一就是逆来顺受，忍受、忍受、再忍受；二就是忍无可忍之时便群起而造反，把那家伙一刀杀掉，把他的宫殿一把火烧掉，再随便弄个刘三、李二出来当皇帝。而从来就没有人想过：要用法律去约束皇帝。因此，在中国，5000 年来，社会矛盾的解决，便从来就只有一种激烈破坏的暴动，而从来就没有一条中间的和理性的道路可走。

但英国人就不同了。据说，英国人最自豪的便是他们的自由。他们个个都自称是生而自由的英国人（Free-born Englishmen），就像我们人人都自称是炎黄子孙一样。但自由需要一个稳定的社会来保障，因此，英国人对专制暴君的斗争，一般地，总是不愿简单地把他推翻，而总是想在保住他的王权、保住一个国家的稳定的情况下，去争取臣民自己最多的权利和最大的自由。温莎堡草地上的那卷羊皮纸，其实，正是英国这种民族传统的一个最好写照。这传统就是——通过诉诸法律的方式，来确定统治者与人民之间的权利义务，在“权力”与“权利”之间划出一条清晰的边界。君主与人民要互相尊重对方的权利，但谁也不准越位，以避免社会陷入一种无谓的急剧动乱，来求得一种社会的和平、经济的进步与民族的团结。当年的约翰王很懂得适时妥协，而当年的贵族与人民，亦很懂得适当的退让。于是，法律在英国，便日渐成为一种至高无上的东西，君主与人民，大都懂得依法来自我克制。亦正是由此，在英国，传统才得以延续，历史便没有割断。所以，今日的英国，尽管社会生活已经发生了天翻地覆的变化，但山河却依旧是青葱，国家依然会有女王、有贵族，女王依然能保有王室华丽的马车和庄严的皇宫古堡，而人民，却享有一种比世界上大多数人民都自由和安宁的生活。

今时今日，已常常会有许多中国游客来到温莎堡。但在这些游客之中，有人只欣赏风景的美丽，有人只惊叹王室的奢华，有人只看到大英帝国的衰落，有人却只会鹦鹉学舌般地嘲笑英国革命的“不彻底”。而对于第四种人，我只想建议他：先生，当你在捡拾前苏联历史教科书上的陈腐偏见，而对英国的宪法精义妄加嘲弄之前，你不妨先走出温莎堡的城墙之外，去好好地欣赏一下那片——碧绿了一千年的青草地。

法学链接

“宪法”这个词，是我们从日本那里“出口返内销”而传回到中国来的，它指一国全部法律体系中明确规定公民的基本权利与国家机关的基本职权的、法律效力最高的那部“根本大法”。

在古汉语的意思中，“宪”与“法”本是异文同义，两者意思是一样的。但日本人却坚持认为：“宪”字比“法”字有更高级、更庄严的含义，所以，他们将最高位的法律称为“宪法”，以区别于其他刑、民、行政的基本法律和普通法律。今日中国，也采用了日本人的这种称谓，将根本大法称之为“宪法”。

因为“宪法”最早的雏形起源于英伦三岛，所以英国的宪法，又被称为“世界宪法之母”。

大英博物馆：孙中山和“三民主义”的起源

> “余致力国民革命凡四十年，其目的，在中国之自由平等……”
>
> ——孙中山先生之《总理遗嘱》

离开了草色青青的温莎堡之后，我们的法律之旅返回了伦敦。

据说，1666 年的一场大火，曾烧毁了伦敦城内的 13 万所房屋和整整 100 座教堂，而几乎把伦敦的旧城都化为了一片灰烬。此后，这个城市不断地重建又不断地遭受到战火的毁坏，但伦敦城，却像传说中的一只不死鸟，一次又一次地从火焰中重生。今天，用苏格兰诗人威廉·邓巴的诗句来说，这座美丽的城市，已成为一座全世界的“万城之花”。

伦敦有许多著名的旅游景点，如伦敦塔、伦敦桥、大本钟、威斯敏斯特教堂等，都是吸引各国游客的好去处。但我们今日的伦敦之行，却只是想参观我们心目中的一个圣地——大英博物馆。这里面的重要原因是：因为此地，曾经是中国革命先行者孙中山先生的光辉思想——“三民主义”的孕育之地，也是近代中国那场由孙中山所一手策动的“民主法治”运动的起源地！

谁能想得到，这座博物馆，原来，竟然与中国的前途命运有如此密切的关系？

走近那家坐落于罗素大街上的大英博物馆，只见一座颇似希腊雅典帕特农神庙的宏伟殿堂矗立在我们的面前。其实，这座始建于 1759 年的大英博物馆，其前身只不过是一座小小的蒙塔古宫。宫里收藏有少量的图书和一些绘画、雕塑、动植物标本，是一个美术馆、博物馆与图书馆三位一体的机构。但100年后，由于得到皇室的大力扶持，这座博物馆的藏书数量已达到100万册以上，而从全世界各地收罗而来的无数珍稀文物亦堆积如山，于是，大英博物馆便进行了大规模的扩建。现时，大英博物馆新建的不列颠图书馆的藏书，已达到惊人的1200万册，日日来自世界各地的专家、学子、游客如云，成为当今世界当之无愧的最大一座超级图书馆。

我们径直走进了这座罗素街上的“老古玩店”。原来，这座举世闻名的博物馆是不收门票的，所有参观者都可以自由地出入，还可以用照相机随意拍照。走进馆内那座著名的圆顶阅览室里，只见大厅的顶部足有10层楼那么高。大量的阳光由20扇圆拱形的大窗倾泻进来，使整个大厅的采光十分充足。大厅墙上建有两层半壁式的环回走廊，走廊与底层靠墙的一面，排满了密密麻麻的书架和图书，放眼一望，真的是一片书的海洋。据说，这里的一切，都保持着100多年前的旧貌。底层的大厅里，以服务台为中心，向外辐射出20排长桌，每一排桌子都是两面对座，中间有隔板挡着，总数为320个座位。这在当时的世界上，已经是藏书最丰富、座位最多的阅览室了。

又据说，100多年前，当孙中山流亡伦敦时，便曾经有上百次来这里学习过世界各国的法律和政治。而眼前这320个座位中，不知有哪一座，曾留下过我们这位国父的身影？

这故事要说回到1895年。自孙中山发动第一次反清起义——广州起义失败后，清廷通缉孙中山，孙中山被迫远走他乡。抵伦敦12日后，他便被清公使馆诱捕了，准备用木笼装运回国，五马分尸。由于孙中山老师康德黎的奔走呼号，当时的英国政府，对这位东亚弱国小人物所遭受的不公正待遇，竟然给予了强烈的关注。他们依照国际公法强烈警告清政府，不得在他们的天空下践踏一个公民的自由与人权，清政府万般无奈，才被迫释放了孙中山。经过这一段伦敦蒙难记之后，孙中山对英国“民权、法治”社会的光辉价值，便开始有了一种切身的体会。于是，他开始对西方先进的民主法治学说产生了强烈的兴趣。

在孙中山流亡伦敦的9个月里，据说，曾有5个月的时间，他

▎大英博物馆的顶层阅览室（British Museum Reading Room）。

都是在这座圆顶的阅览室里度过的。据孙中山的恩师、英国医生康德黎博士的回忆："孙中山没有浪费一分钟时间去玩乐，他总是不停地工作，阅读一切学科的书籍……很少有人在追求知识上达到像他那样的范围。"正是在大英博物馆里，孙中山才第一次看到了洛克（英）的"天赋人权"，看到了贝卡利亚（意）的"罪刑法定"、"无罪推定"，看到了法兰西自由三剑侠——伏尔泰、卢梭、孟德斯鸠的"自由、平等、博爱"、"社会契约论"及"法的精神"，看到了杰弗逊（美）义薄云天的《独立宣言》和汉密尔顿设计精妙的"三权分立"。孙中山最欣赏的，还是美国总统林肯的"民治、民享、民有"，和法国《人权宣言》里的那句"法律面前，人人平等"。他还研究过克伦威尔、华盛顿、罗伯斯庇尔、拿破仑等人的传记，甚至，他可能还研读过马克思的《资本论》！从大英博物馆收藏的这些全人类最优秀的思想文化成果里，终于，孕育出了一个近代中国最伟大的灵魂！渐渐地，一个概括为"民族、民权、民生"的三民主义思想，便开始在这个日日来大英博物馆里刻苦读书的中国人——孙中山的脑海里萌生。

如果时光能倒退回 100 多年前，我们便可以看到，从大英博物馆里走出来的时候，孙中山，已经从原先一个洪（秀全）杨（秀清）之辈似的普通造反者，脱胎换骨，一跃而成为一个胸怀大志、博学

多识并矢志不渝地为中国之自由平等而奋斗的革命者和宪法学家。大英博物馆的阅览室呵，你那高高的圆顶上流泻下来的阳光，曾激发过多少志士仁人的灵感？而在你的怀抱里，又曾经孕育过多少个世界历史的伟人？

在参观中，我们得知，大英博物馆历来有一句著名的宗旨，那就是：“保存和诠释人类的历史。”这儿不仅保存着温莎堡草地上的那卷羊皮纸，而且，还保存着伟大的共产主义者马克思的借书证和由他亲笔签名赠送给大英博物馆的两部《资本论》。而最令我们惊喜不已的则是，此地，竟然珍藏着孙中山先生当年的阅览证！阅览证上用英文记录着——“姓名：孙文，住址：荷兰公园克拉兰敦路66号”。当我们亲眼目睹了这张小小的阅览证时，那些遥远的岁月、人及历史，在我们的眼前，一下子，仿佛都变得像活生生的了。

离开伦敦之后，孙中山继续浪迹天涯，在全世界奔走呼号弘扬他的“三民主义”——“民族主义”即“自由”！“民权主义”即“平等”！而“民生主义”即“博爱”！如果说：资本主义的核心在追求个人的财富而社会主义的灵魂则在于为全体的国民谋幸福的话，那么，孙中山的“民生主义”，便显然是一种以全体国民的幸福为指归的社会主义！而孙中山“民权主义”的最终目标，就是要把这古老的

年青时的孙中山（左起第二人）和友人们合影。

中华帝国，改造成一个以“民权法治”为基础的、人人都关心国事、人人都可以自由地参政议政的中华民国！自“三民主义”一出，这股孙旋风便迅即席卷了神州大地，为我们这头古老的东方病狮，注入了一个新的灵魂。而15年后，这股猛烈的龙卷风，终于掀翻了清帝的龙椅。追根溯源，这股龙卷风的发源地，毫无疑问，就正是产生于伦敦这座古老的大英博物馆内。

辛亥革命成功后，孙中山更马不停蹄地将他的法律思想付诸立法，为我们的中华民族缔造了开天辟地以来的第一部民主宪法——《中华民国临时约法》。而将法治引入政治，将中国的法律进行现代化改造并与世界先进的潮流接轨，孙中山，真可说是前无古人的中国第一人。

想当初慈禧太后临死时，一定曾切齿痛恨过英政府：为什么，要强迫我释放了孙中山？

作为一个中国人，老实说，我和所有的同胞们一样，对英国政府历史上曾对我国犯下的种种侵略行径深恶痛绝。但同样老实地说，我也和孙中山一样，对英国法治的传统，却始终是心存着一种深深的敬意。这种法治的传统，是一种不因政府的改变而改变，不因执政党的政策观点和个人喜怒而改变的伟大传统。

当我们离开大英博物馆的时候，伦敦城里已经是万家灯火。站在城中高处，凝望着这座迷人的“万城之花”，我们期望，由孙中山先生所开创的中国民主法治事业，也会像伦敦城这只“不死鸟”那样，在我们中国的大地上，再一次浴火重生。

法律的喜剧：莎士比亚和他的《威尼斯商人》

> “从法律规则中不能推论出任何所谓的正义，相反，法律规则的渊源是来自于我们关于何谓正义的认识。”
>
> ——1974年诺贝尔经济学奖获得者、英国经济学家哈耶克：《法律、立法与自由》

你知道吗，世界上，作品被改拍成电影次数最多的作家是谁？是英国的柯南·道尔？法国的大仲马、雨果？还是香港的倪匡、金庸？都不是。可以告诉你，独占这一项殊荣的，是英国伟大的剧作家莎士比亚。

千百年来，英国人对戏剧的热爱程度，就如西班牙人对斗牛的狂热程度一样。但当古希腊、古罗马戏剧盛行的时候，英国，还只不过是欧洲边缘上的一个乡野之地，大西洋上一个荒凉的小岛。10多个世纪以来，这个小岛曾先后被罗马帝国、日耳曼蛮族、丹麦的海盗及法国的诺曼底人征服过，但当征服者的战舰烽烟、马蹄军刀消逝后，英伦三岛的日子便又复归平静。在英格兰的原野上，野花依然开放，森林依旧青葱，曾经有数百年的悠闲时光，在英国的历史书上，几乎没有什么大事值得去记载。

正如英国前首相丘吉尔之所言：“由于远离纷扰的大陆，我们曾幸运地得享安宁。”不过，人们慢慢地发现，在上千年潮起潮落的岁月里，欧洲的入侵者们还是极大地改变了这些岛国人的生活。他们给英格兰留下的，不仅有许多古罗马剧场的废墟，有一种拉丁语和日耳曼语混合式的语言，而且，还在不知不觉中，给英国人留下了一部由罗马法、圣经教义、古老日耳曼的部落习俗融合而成的“习惯法”，以及一种对欣赏戏剧的狂热兴趣。这些东西，在英伦三岛的原野上，年复一年、日复一日地生长，我们面前的是伟大法律传统与世界最伟大的戏剧天才莎士比亚所创造的戏剧科学的奇异景观。

现在，我们的世界法律之旅，就正驱车前往英国中部沃里克郡的一个小镇，去探访这位天才的故乡。

位于埃文河畔的斯特拉福德镇，是一个美丽的小镇，清澈碧绿的埃文河水静静地环绕在它的身旁。河面上大群白天鹅在悠闲地游荡，河岸上，绿树成荫，碧草如茵，那座著名的圣三一教堂高高的尖顶，还依然像500年前一样，庄严耸立，直指苍穹。

这里既完好地保存着莎翁诞生时的那幢古老房子，又保留了他小学时上过课的文法教室，更完好地保存着他长眠的墓地。

1564年4月23日，莎士比亚诞生在这风光如画的小镇上一个皮匠之家，而不知是上天的安排还是巧合，52年后的4月23日，他又在此地降下了他戏剧人生的最后帷幕。现今的斯特拉福德镇，已成了一个全世界的莎士比亚纪念中心——镇上专门建立了一幢二层楼的莎翁文献档案馆，建立了一座宏伟城堡式的皇家莎士比亚大剧院，小镇的桥头广场，矗立着一尊巨大的莎翁坐像，广场的四角，还树立了他剧中的4个代表人物的雕像：福斯塔夫（代表喜剧）、麦克白夫人（代表悲剧）、亨利五世（代表历史）、哈姆雷特（代表哲学）。每年的4月23日，小镇都要举行盛大的庆祝莎士比亚诞辰的活动，各国的政府使节、来宾与小镇居民们一起，浩浩荡荡地从他出生的那座老房子游行到他安葬的教堂，然后，再游行到镇上的皇家大剧院，去观看莎翁名剧的盛大演出。

我们来到小镇时已是6月，未能躬逢其盛，当然是会有一点儿遗憾。不过不要紧，镇上的皇家莎士比亚大剧院里，几乎日日都有莎翁的戏剧演出，全英国甚至全世界的演员们，都以能登上这剧院的舞台为荣。当晚在此地，我们就看到了一出精彩的莎翁名剧——《威尼斯商人》。

绘画：莎士比亚戏剧《威尼斯商人》中的鲍西亚和夏洛克，英格兰画家 Edward Alcock（1716–1817）创作于 1778 年。

《威尼斯商人》这出喜剧，历来位居莎翁四大喜剧的榜首。它的故事情节大概如下——一位侠义的绅士安东尼，为了使贫穷而富有才华的青年巴萨里奥能与一位才貌双全的美少女鲍西娅结婚，不得不硬着头皮、放下老脸，向犹太商人夏洛克借高利贷 3000 元。当时，双方在契约上约定：万一到期不能还款，则夏洛克有权割去安东尼身上的一磅肉。岂料，因海上风暴，安东尼的货船迟迟不能抵港，货款不能周转，这笔高利贷便真的是无法偿还。安东尼自知违约，表示甘愿接受一倍的罚款。但夏洛克此时，却狂性大发，非割肉不可，安东尼无奈，最后，唯有去法庭上论理，希望通过司法的途径，来寻求一个公平正义的解决。

那位才貌双全的鲍西娅小姐得知此事，便假扮安东尼的辩护律师来到法庭上。开庭时，原告夏洛克拿出那张合同证据，扬扬自得地说什么“契约自由”、“契约神圣”之类，要求法官“依法”割肉。法官大人觉得此事很不妥，但一下子又想不出什么办法来驳斥夏洛克。因为，在那个时代的英国习惯法里，契约是绝对的自由，不管双方约定的是什么，一言既出，便具有法律的约束力，不能反悔。此时，鲍西娅开腔了：“法院必须判夏洛克胜诉！根据契约，夏洛克，完全有权割安东尼一磅肉。”此言一出，四座皆惊，而夏洛克却狂笑着大叫：这位律师真是“公正贤明”，然后，挥刀就扑向安东尼。但此时，鲍西娅又开腔了：且慢！这位绅士的“肉”判给你了，但他的“鲜血”并没有判给你。契约上提到的只有“肉”而没有提到“血”，如果在割肉的时候，哪怕是只流出一滴血，你都是违约！夏洛克一下子呆住了。而鲍西娅更接着说：你割肉的时候，只能按合同上的数量割，一磅就一磅，多一点儿、少一点儿都不行！否则你就是违约，按法律，你的全部财产都要被判充公！这时候，夏洛克完全懵住了，他急忙向法官大人和安东尼赔不是，连连表示算了算了，这官司我不打了行不行？但此时，鲍西娅却一步紧逼一步，她厉声喝道：“契约神圣！合同必须执行！否则只能视你为意图谋财害命！同样要受到法律严厉的制裁！”她逼着夏洛克说：割吧，割吧！而夏洛克拿刀的手却不停地颤抖着，像一条死狗似的瘫倒在台上……

喜剧演到此处时，全场观众欢声雷动，掌声如潮。而我们自己，也几乎是笑破了肚皮。

伟大的莎翁用他那支尖锐辛辣的鹅毛笔，无情地鞭挞了高利贷者的丑陋，歌颂了鲍西娅这位非法律专业人士杰出的法学智慧，看得出来，他自己也是一位对法律问题有深刻见解的业余法学家。正是这位业余法学家写作的喜剧，令全英国的法学家在笑出眼泪之余，却也不得不开始去思考一个严肃的法学问题——究竟应该如何去进一步改革和完善合同法？

应该说，英国的契约法作为一个独立的法律部门，其形成是远较其他的法律部门为晚。据我所知，直到13世纪，英国才出现了有关违约的诉讼。在一个很漫长的岁月里，英国人对“契约”这回事，都只有一个极其简单的概念，那就是“双方合意”和“契约自由”就行了。经过莎士比亚的嘲笑、批判之后，今日英国的法律，对“契约自由”的神圣原则，已作出了必要的改革。他们在当初单一的“合意”原则基础上，陆续发展出了“合法”和“禁止出尔反尔”这两大原则。订合同时，双方必须要表达真实的意愿，签合同时，内容不得违反国家法律的规定，而且，除了不可抗力因素（如火山、地震、飓风等无法预料、无法对抗的大自然力量）之外，合同双方，均不能任意废弃合同，即使是因情况变化、一方有意解约，也必须经双方的平等协商且对受损失一方作出合理补偿之后，才能终止合同。这三大完备的合同法规则，对稳定英国的市场经济秩序发挥了极大的作用，而今时今日，随着英美商船在世界海洋上的四处游荡，和英美法系在世界上的传播，这些法律规则和法治思想，也几乎传遍了全球的每一个角落。

近几年来，许多中国人时常陶醉在一个“法治速成”的美梦中。他们常常简单地以为，只要“有法可依”、“依法办事”就是法治了。殊不知，改革立法精神、提高立法技术，去努力追求“良法之治”，才是法治的真正目标之所在！当年莎翁的一出喜剧，就曾有力地推动了英国的良法之治。当然，我们是否可以把这一切的进步，都归功于莎士比亚那一场轻松幽默的搞笑或一次偶然的“歪打正着”？这一切都还可以商榷，但无论如何，继古希腊的安提戈涅、苏格拉底之后，我们又一次看到了：民众的智慧，又一次成为法律进步的源头活水。

下一节，我们将返回伦敦，那里有更多的关于法律规则起源的故事，而我们，则很乐意继续孜孜不倦地去追寻。

法学链接

欧洲中世纪时，基督教会严禁基督徒放债取息。《格拉提安教令集》中一条教令称“任何以钱挣钱的借贷”都是一项重大的罪孽，所以一般人都不能经营借贷活动，犹太人便乘虚而入，经营借贷活动。当时，欧洲各国曾普遍有一种“银行家歧视”，荷兰等国的加尔文教派曾规定银行家及其雇员不得做礼拜，家属要经公开谴责后才可参加领圣餐礼。直至 17 世纪资产阶级革命时代，欧洲各国才陆续放松了禁令，银行业才开始逐渐合法化。不过，借贷活动的年利率一般都被限制在 10%以下。

伦敦塔下："沉默权"的故事

> "人无义务控告自己！"
>
> ——古代西方法律格言

有人说，走在伦敦城的大街小巷里，每一步，你都可以踩出一个法律故事来。这句话虽然夸张了一点儿，但实话实说，正因为这句话，才把我们的世界法律之旅吸引到伦敦来。

漫步在伦敦市中心特拉法加广场附近那些熙熙攘攘的商业街市里，无意中瞥见对面马路边有一幢相当陈旧的维多利亚式的石头大厦，门前挂着"烟草专管局"的招牌时，我不禁真的是服了这句话。因为，在这条普普通通的街市中，在这幢平平常常的石头建筑物里面，真的曾发生过一个颇为有趣的法律小故事——

这故事说来不长。100多年前，有位叫胡得乐的烟草批发商，无意中售出了一批假冒伪劣的烟草。就是这家专管局的执法人员，不辞劳苦地跟踪追查，查出以后，把他送进了法院。

说句公道话，这位胡先生平时也是一个奉公守法，对人和善的"忠商"而非"奸商"，但法官二话不说便重判了他一大笔罚金。胡先生心疼得像被夏洛克割了一磅肉似的眼泪直流，并大声喊冤道：我既不是造假货的元凶，而作为一个批发商，我也绝无可能对货物去逐件检验，我本身也是一名受害者，为何要罚我？但法官耐心地告诉他：英国最近公布了一项法律，规定每一个工厂主老板、商店老板们，无论是对劳工的工伤事故或是对消费者的权益损害，都要负一种"严格责任"。即使该老板在事件中真的是毫无过错，但只要是出了事，法院都要依法强制你承担部分的赔偿或罚款。这不是不公平，而是要教育和警戒所有大小老板们，做生意，要打起十二万分精神，要时刻牢固树立“为人民服务”、对社会消费者大众负责的责任意识，这才能保障社会经济秩序的稳定和繁荣，最终，也才能保障所有老板们都能“依法致富”。经过这样一番的“普法教育”，胡老板这才心服口服。

这项被简称为“严格责任制”的法律制度，在此后的一百多年间，更被推广适用于英国的维修业、建筑业、出租业、商品制造业、运输业甚至驾车人士的交通规则等广泛的领域。可以说，从英国此项法律制度开始，西方世界的市场经济，便开始走上了一条法治经济的康庄大道。

好了，伦敦城真的是一步有一个法律故事。而今日，我们主要的目标，是去伦敦塔下，去寻觅另一项风行全球的法律规则的起源——“沉默权”的起源。

记得在前文中，我们曾开玩笑地说过：耶稣在受审讯时一言不发，他很可能是世界法律史上最早发明了沉默权的人了。但其实，再往前追溯500年，在古罗马的公民中，早已流传着这样一句古老的格言：“正义从未呼唤任何人揭露自己的犯罪。”无独有偶，古代英国也有一句异曲同工的日耳曼法谚，叫“人无义务控告自己”。所以，一讲到“沉默权”的起源，全世界许多法学家都会不约而同地提道：1639年，有案可查的、发生在英国伦敦塔下的那宗李尔本受鞭笞案。

从白金汉宫出来，过滑铁卢桥，再沿着泰晤士河南岸向那座大名鼎鼎的伦敦塔桥行去，隔着轻波荡漾的河水，我们远远望见了那座端庄宏伟、四角有四座圆顶尖塔的古城堡——伦敦塔。从河这边望过去，伦敦塔就像是被包围在绿树丛中的一座宫殿，而绿树下就是河堤，河堤下，是奔流不息的泰晤士河和一艘艘白色的游艇。看到今日这一幅美丽的风景，谁能想得到，300多年前，这里竟然是一个恐怖的监狱和刑场？

李尔本案其实只是一宗小案件，案情也十分的简单明了。1639年某日，官府查获了一个不法书商，名叫约翰·李尔本，从他贩运的书籍里，发现有几本内容具有“煽动性的文字”的书。大概是一

绘画：伦敦塔和泰晤士河风光，苏格兰画家 William Miller (1796–1882）绘画于 1832 年。

伦敦塔内陈列的一个砍头石墩和一柄斧子。根据背景绘画大概是砍掉英王查理一世的那套刑具。

些对查理一世的宗教政策、税收政策表示不满的意见吧。于是，李尔本便被抓住，以“贩运禁书”及“煽动反政府邪说”的罪名，押往伦敦，开庭审判。

当年，主审这件案件的，是英国赫赫大名，以冷酷无情、不许上诉而著称的御前法庭——星座法庭（Star Chamber）。面对着威风凛凛、高踞座上的皇家大法官，李尔本这一介平民却毫无惧色，他拒不承认自己有罪，也坚决不肯开口回答一切有可能引诱他跌入陷阱的问题。无论法官如何地诱供、逼供，李尔本是下定决心，死不开口。

最后，法官恼羞成怒，以这家伙“藐视法庭”为由，决定对他施以鞭刑，以示威严。于是，李尔本便被拖到伦敦塔下的广场上。残酷的鞭刑公开执行了，其惨烈的场面，令在场围观的市民惊得目瞪口呆。

在鞭刑的过程中，李尔本一直在大声地惨叫，也一直在痛斥审讯的不公。伦敦的民众愤怒了——我们的自由权哪里去了？国王的法庭就不能比血腥的“宗教裁判所”更文明些、更人道些吗？大批愤怒的民众包围了行刑吏，伦敦塔下，“沉默！沉默！”、“权利！权利！”的呼声响彻云霄。

英国关于刑事审判的漫画

原来，在英国有一个古老的传统：“没有法律，就没有犯罪。”用现代的法律术语来说，就是“罪刑法定”、“法无明文不为罪”。

据此传统，法律没有禁止你去做的事，你做了，就不能算有罪。而当时，英国古老的习惯法里，并没有关于什么是“禁书”这一条，所以，李尔本的行为根本不能构成犯罪。

既然没有罪，你当然就不必去认罪，也就当然不必作什么“坦白交代”和“供出同伙”。面对法官来势汹汹的审问，你也就当然可以保持沉默，不加理会。在英国人的法律传统中，除了对上帝的自愿忏悔之外，任何人都不应该向其他人低头认罪，或在国王的法庭上被强迫着去证明自己有罪，因为当时的欧洲，是“神权”高于“王权”、“神法”高于“王法”。而在基督教会千年统治时期里所形成的这一法律传统，后来，被欧洲各国的法学家、启蒙思想家们巧妙地发挥成了“天赋人权”的权利之一。

因此，可以想象，当目睹着这些被宗教法所默许的天赋权利被国王的执法吏粗暴地践踏时，一贯以绅士风度著称的英国人的愤怒，会达到何等的程度。

李尔本是不幸的。当他被鞭打的时候，刚好是在英国资产阶级革命发生的前一年。这一年，斯图亚特王朝的专制野蛮达到了极点。

而李尔本又是幸运的，因为，他的冤案一年后就得到了平反。

1640 年，世界近代史上第一场资产阶级大革命在英国爆发。星座法庭被废除了，查理一世也被推上了断头台。议会掌权后，随即对李尔本案实行重审并宣布：星座法庭对李尔本一案的审判是不公正的、不合法的。而面对不公正的审讯，英国人有权保持沉默。

在其后的 46 年里，沉默权的故事还很曲折漫长。英国革命持续了近半个世纪，经历了 5 个统治者像走马灯似的轮番上台下台之后，1688 年的“光荣革命”，才终于算是革命成功。皇室虽然还被保留着，但国家已交由一部宪法来管治。这部全世界第一部的宪法性文件叫做《权利法案》，而沉默权，就被明明白白地写在了《权利法案》里。

打那以后起，英国的《法官规则》明确规定：一旦警察有足够的理由和证据怀疑一个人犯了罪，那么，他在逮捕这个人之前，就必须对这个人进行警告，警告的内容是：“你没有义务一定要讲什么，除非你自己愿意讲。但一旦你讲了些什么东西，就会被记录下来，并用作呈交给法院的呈堂证供。”

你有权保持沉默。这条《法官规则》，虽然还没有半个字提到“沉默权”，但“沉默权”的意思，已经是非常的清楚了。

英国的司法公正迈出了一小步。而这一小步，后来却发展为世界司法文明的一大步。50多年前，这项给公民的一个有效的护身符，去抵御个别司法人员刑讯逼供的文明制度，发展成为了联合国刑事司法公正的一项国际准则，也成为全世界136个国家的警察和法庭在进行刑事侦查和诉讼活动时，都要一律遵守的游戏规则！

今日来到伦敦城的游客们，可能已很少有人会知道，360多年前，这美丽的伦敦塔下曾经发生过什么故事。但这又有什么关系呢？只要他们是生活在阳光下和自由的空气中，同时，也生活在一个有人权、有公民的人格尊严的法治环境里，他就是一个自由的、幸福的公民。

“权利法案”：英国法官的“吉星”

> “法官只有一个上司，那就是法律。”
>
> ——古代西方法律格言

伫立在西敏寺桥头，远眺那座金碧辉煌的、上面有个大本钟的英国议会大厦，近观这座高耸入云的威斯敏斯特大教堂，俯视着伦敦塔桥下那条长流不息的泰晤士河水，我忽然发现，此地，正是一个讲述英国法律故事绝好的露天大讲堂。

因为，关于那项风靡全球的“司法独立”原则是怎样起源和确立的那些遥远的往事，恰恰好，正是发生在我们现时历历在目的这几个地方。

这故事，还得从温莎堡的那片绿草地说起。自从13世纪初，英国人有了《大宪章》之后，英国政治，便渐渐地出现了一种三角形的模式：法律高高在上，国王与议会（由贵族、市民代表组成）分居两旁。议会要服从国王，国王要服从法律，而法律却又要服从议会（因为法律是议会所制定的）。在这样一个“铁三角”里面，英国法官们便有了两个上司：一方面，要绝对忠实于法律（其实即是要忠于议会）；另一方面，又要绝对忠实于国王（因为法官是国王任命的）。而夹在这两个上司的中间，如果二者相安无事的话，那么，法官的仕途便会一帆风顺，但如果这两个上司是吵闹不休甚至是拔刀相向时，那英国的法官们，就会经常面临着被炒鱿鱼甚至是上断头台的噩梦。

绘画：爱德华·柯克爵士（Edward Coke Lord Chief Justice），这幅肖像画创作于1741年。

不幸的是，在英国历史上，这两个上司之间种种残酷的斗争却是连绵不断。一般而言，英国人是一个喜欢自由和妥协的民族，他们甚至希望狮子与绵羊都能达成妥协，能自由地、和平地同躺在一块草地上。但他们却极不乐意看到那些狮子王用他们（纳税人）的血汗钱来养一支庞大的常备军，来威胁自己这些小绵羊们的尊严与安全。因此，国王与议会之间，便经常为着扩军和增税问题而激烈争吵。

但最严重的斗争还是宗教问题。1532年，英王亨利八世宣布——

英国教会脱离罗马教会而独立，并同时颁布法律规定：基督教圣公会（新教）是英国的国教，一切信奉罗马天主教（旧教）的人都不能担任国家的公职。但英国的君主，却经常出于政治或外交结盟的需要，要娶信奉旧教的法国、西班牙等王室公主作王后，每当这时候，英国人就会因这点“小事”而掀起轩然大波——议会会打着“保卫法律”的堂皇旗号去反对国王，而国王又会打着反对“宗教歧视”的旗号去残酷地镇压议会。有时候，你真的很难分得清楚，正义究竟在谁的一方。但最后，有一点可以肯定的是：倒霉的，总是那些正直的法官们——他们有的被杀，有的被撤职，而更多的，是一次又一次，为保住饭碗而被强迫改变宗教信仰。

在那些悲惨的年代里，司法不能独立，法官的命运要随波逐流，仰人鼻息，那么，“司法公正”这 4 个字又从何谈起？

遥望着河对岸那座美丽的伦敦塔，我忽然想起了一个经典的法律故事，这故事，正好说明了当时英国法官“左右做人难”的处境。这故事的结局，是公平正义得到了伸张，但那位主持正义的法官——那位曾说过一句世人皆知的名言：“知识就是力量”的弗朗西斯·培根，却几乎沦为伦敦塔的阶下之囚。

这案件其实只是一桩很小很小的民事案件。1616 年，英国普通法法院的首席大法官爱德华·科克审理了一宗钱债案，案情是这样的：某甲告某乙借了一笔钱不还，而某乙却答辩说这笔钱早已还清，只是一时大意，把收据弄丢了。科克二话不说就判某乙还钱，而且还讥讽说：有谁会像你这么笨，把这么重要的证据弄丢了？言下之意即是说某乙在狡辩。某乙苦无证据证实自己的清白，便只好忍气吞声地又还了一次钱。但不久，某乙又忽然找到了收据，为讨回一个公道，他向衡法法院起诉了某甲。衡平法院的大法官艾尔斯密细听情由，证据确凿，便同样干脆地推翻了原判，改判某甲向某乙退还款项，并处罚金。

这一件案子真相大白，处理得公平合理，本来已经是到此为止。但心胸狭隘的科克却大动肝火，他向衡平法院发出严重抗议，说衡平法院从来就无权推翻普通法院的判决。但艾尔斯密却反唇相讥道：我并没有对你的法院下禁令，我只是对某甲下禁令，禁止他“因同

绘画：威廉和玛丽签署了《权利法案》，英国画家 Samuel Wale（1721-1786）创作于 1783 年。

一债权而收取两次还款”这一不诚实、不合法的行为。于是，科克吵到国王面前，请求詹姆士一世裁决。

詹姆士一世本是个好吃懒做、除了整天说些什么“君权神授”、“君主至上”的胡话之外便是什么也不懂的家伙，不过，他有一位优秀的首席大法官——培根。在培根的指导下，他作出了这样一个英明的裁决：“在今后的案件中，如果普通法与衡平法的规则发生冲突，衡平法优先。但只有普通法未能提供（对当事人）足够的救济时，衡平法才能干预普通法。”这样，这场“一国两法”的大碰撞，最后，才以衡平法院的大获全胜而告终。

平心而论，培根在这宗案子上的裁决是正确的。他确立的“衡平法效力优于普通法”的司法原则，将罗马法的“公平正义”内核在英国法中发扬光大，较好地协调了这双重司法体系的运行。但科克这位自视甚高却心胸狭隘的法学家不服，他向议会投诉，大骂培根教唆国王“凌驾于法律之上”。于是，议会便发怒了。他们决定要教训一下这位“越位”的国王。他们指控培根以前曾在主审案件时收受过当事人的酬金（其实当时人人都这么做），犯了“受贿罪”，判决将他囚入伦敦塔终身监禁，永远剥夺一切公民权利和公职。幸好，詹姆士一世这只蛮牛奋起“抗法”，赦免了培根，但英国的法律界，从此便失去了一个优秀的法官。

在后来的岁月里，英国法官的命运更惨。在1640年爆发的英国大革命里，无论是国王或议会、革命党或保皇党、基督徒或天主徒，谁上台，谁都胡乱地逮捕人、鞭打人、不经合法审判便处死人。反对这种无法无天行为的法官们，大都被当权者们无法无天地吊上了绞刑架。这种“革命的混乱”持续了近半个世纪。直至1688年，詹姆士二世的女婿——荷兰亲王威廉趁乱攻打英国，全英国早已厌倦了“革命”的军队，老百姓却打开城门，热烈欢迎这位侵略者。詹姆士二世见大势已去，便独自一人溜出皇宫，来到我们此刻站立的这处河边，把历代英王传下来的玉玺丢进了泰晤士河里，然后仓皇逃到法国。威廉亲王不费一刀一枪，不流一滴血，便登上了英国的王位。这件事，英国历史书上称之为“光荣革命”。

徘徊在泰晤士河畔，凝视着那滔滔奔流的河水，我忽然心生奇想：

不知那颗玉玺，今日还在不在河里？如果能把它打捞上来，那我们今后继续周游列国的旅费，就真的是一点儿都不成问题了。

说笑归说笑。不过，在这场闹剧似的“光荣革命”中，有一点倒真的是很光荣的：第二年，即1689年，威廉三世就在这一座金碧辉煌的西敏寺（威斯敏斯特大教堂）里，除双手接受了议会代表奉送的王冠之外，还从议会代表的手上，接受了一部世界历史上光耀千秋的“权利法案”。这部世界首创的宪法性文件上明文写着一条：“司法独立，法官在表现良好的任期内不得任意解职！”

从此以后，英国的司法文明又跨出了一大步！今日英国的高级法官们，不仅任期实行终身制，而且，最高法院大法官的年薪还达到20多万英镑，与内阁首相相等。“光荣革命”，不仅是英国法官们的吉星，而且，它还是全人类法律制度的福星。它使司法独立的原则从此风靡全球，使一个国家的司法权，脱离行政权和立法权的干预，而能真正开始公平正义、不偏不倚的审判。抚今追昔，毫无疑问，这是英国法律对人类社会最宝贵的贡献！

“法官只有一个上司，那就是法律！法官只忠于一个上司，那就是法律！”而为了实现这一个心愿，英国的法官们，已经流了近500年的血泪。

法学链接

英国历史上双重司法体系并存的现象，是由它特殊的国情所形成的。12世纪时，亨利二世用“普通法”来统一了英国各地的习惯法。但后来，普通法僵硬保守的诉讼程序无法适应英国社会发展的需要，国王于是另立了一个“衡平法院”。该法院的程序简单，受理方便，对“法无明文”、“史无前例”的案件，法官可根据“公平正义”和“自由心证”的原则去进行裁决。衡平法的出现，促进了普通法的改革和进步。1873年，这两套司法体系已融合为一。现时英国的法院，统一称普通法院。

贝克街游记：不死的福尔摩斯

> “任何使人类社会生活不诚实、不完满的社会条件，都是足以引起犯罪的社会因素。”
>
> ——19世纪意大利法学家恩里克·菲利：《犯罪社会学》

世界上有一个人，像耶稣与圣诞老人一样，是纯属被人虚构出来的，而且，他也像耶稣与圣诞老人一样，被世人寄托了很多的崇拜、热爱和希望。以致在100多年前，他连“死”都不得安生，被公众的狂热迫着要再次“复活”。他的故事，被全球各国拍成了211部电影，他的名字，在百年间可说是响彻全球。直至今天，在许多人的心目中，这个人依然还活跃在伦敦的大街小巷里，还拿着个放大镜，到处去侦查罪犯的行踪……说到这里，已不消再说，你一定会知道：这个人的名字，就叫作“福尔摩斯”。

我们现在就站在英国伦敦老城区的中心、一条繁华热闹的大街——贝克街221号B座的门前，站在那个塑有福尔摩斯头像的椭圆形门牌下，向读者朋友们讲述着这个世界伟大的侦探之王的神话。

说实话，夏洛克·福尔摩斯这个神探，只不过是苏格兰医生柯南·道尔在他一系列侦探小说里创造出来的一个人物。我们的世界法律之旅，与其说是对福尔摩斯感兴趣，倒不如说是对柯南·道尔更感兴趣。所以，早在来游览贝克街之前，我们便先驱车去了一趟爱丁堡，因为爱丁堡，才是这位伟大的侦探小说先驱者——柯南·道尔的故乡。

苏格兰东部的名城爱丁堡，素有英国“北方的雅典”之称。这

福尔摩斯博物馆

座古城的绿荫之下，到处矗立着一座座希腊式的古老建筑，而“城堡岩”山麓的旧城风光，更几乎是雅典卫城一模一样的翻版。此地历史上，曾涌现过一大批如大卫·休谟、亚当·斯密和沃尔特·司考脱等杰出的文化学术名人。漫步在林荫匝地、塔尖高耸的司考脱纪念碑下，连空气中，都弥漫着一种优雅的文化气息。

1859 年，柯南·道尔就诞生在这座古城里，长大后，在著名的爱丁堡大学里学医，并取得了博士学位。毕业后，他曾当过随船医生，又曾经到伦敦开过诊所，不知因何原因柯南·道尔开始转向小说写作。谁知这一转，使他获得了极大的成功。

1887 年，柯南·道尔出版了他的第一部侦探小说《血字的研究》，在这部精彩的小说中，福尔摩斯的形象首次出现在读者的面前。而在这部小说里面，柯南·道尔广博的医学知识大派了用场。一炮而红以后，他又接连写了许多篇关于福尔摩斯的故事，如《四签名》、《巴斯克维尔庄园的猎犬》等。不仅名声大噪，收入颇丰，而且，《猎犬》一书出版后，他更被英王室册封为爵士。写小说，居然可以写出个“爵士”的头衔，这真是这个高大俊朗、留着一撇威严的英式小胡子的

阿瑟·柯南·道尔（Arthur Conan Doyle，1859—1930）。

矗立在爱丁堡街头的夏洛克·福尔摩斯雕塑。

苏格兰医生当年所没有预料到的事。

在柯南·道尔的笔下，福尔摩斯是一个研究犯罪学的专家——他年龄在30~40岁，永远都穿戴得像个大学生。他的标准形象，就是任何时候都叼着个大烟斗和手持放大镜，仔细地勘察着犯罪的现场。在柯南·道尔创作这个角色时，英国第二次工业革命的光辉成就如电力、电器、内燃机、电报、电话等新发明，令那时的英国人豪情万丈。那时的人们普遍认为：科学能够解决人类的一切难题。而在司法界，侦查犯罪，获得证据，却基本还停留在中世纪的刑讯逼供、酷刑恐吓等古老手段上。柯南·道尔怀着一种"知识就是力量"的人文主义激情，塑造出福尔摩斯这位与时俱进、用科学的方法去解决疑难犯罪案件的高手，不仅赢得了广大读者的喜爱，在客观上，也有力地推动了当时英国刑侦司法活动的科学化。漫步在爱丁堡大学的林荫道上，我们在心底里默默地，向这位现代法庭科学的先驱者致敬。

说起来也真有趣，尽管柯南·道尔写侦探小说获得了很大的成功，但他对自己的成功却很不以为然。他真正的梦想，是要当一名历史小说家。因此，1893 年，他曾狠狠心，在《最后的难题》一书里让福尔摩斯死去。但岂料，万万千千对福尔摩斯极度痴迷的英国读者们却无法接受这个结局，因此，成千上万的伦敦警察、工人、市民们情绪激动地上街集会，人们抬着棺材，在贝克街 221 号门前游行，一遍又一遍地高呼“福尔摩斯，复活！”的口号。这种情景，让柯南·道尔感动得热泪盈眶，于是，他不得不让福尔摩斯在下一个故事里面，又奇迹般地“起死回生”。

20 世纪 20 年代，有个美国医生误以为福尔摩斯是个真人，便不远万里地来到伦敦，找到车水马龙的贝克街那幢钉有 221 号 B 座的门牌下。谁知，贝克街除了一个镶有福尔摩斯头像的门牌之外，什么也没有。今天的游客，若想瞻仰福尔摩斯的“遗容”，便应该到贝克街地铁站的门口，那儿矗立着一尊高大的福尔摩斯铜像，而想参观福尔摩斯的故居，便应该去附近的另一条街——诺森布兰德大街 10 号的一家小酒店。由于这家酒店是建筑在柯南·道尔小说里的一个破案现场上，于是，英国的侦探迷们便把它改建成一家福尔摩斯博物馆。走进小酒店，只见大厅的一角，完全布置成与柯南·道尔笔下所描述的“贝克街 221 号 B”福尔摩斯住宅的场景：全套古色古香的维多利亚时代家具，放大镜放置在壁炉上，壁炉旁边，是福尔摩斯研究分析各种犯罪证据的化学试验设备。这里还成立了一家“福尔摩斯公司”，专门负责管理这家博物馆和开展一个叫“贝克街顾问俱乐部”的活动。这个俱乐部规定所有参加的成员都必须是男性，凡是懂得一个福尔摩斯故事里的暗语，就有资格加入并登记成为会员。因此，这个俱乐部的门前，便经常聚集了一大群女福尔摩斯迷集会示威，抗议该俱乐部的“性别歧视”要求“男女平等”。我女儿余君慧也是一个小福尔摩斯迷，如果她此刻置身此地，我想她也一定会愤愤不平地加入人群，高呼口号，表示抗议。

除了“男女不平等”之外，这家俱乐部其实办得还是很不错的。他们经常会开展一些关于福尔摩斯破案科学的知识竞赛，竞赛中的优胜者，会被授予“贝克街顾问侦探”的荣誉称号。有趣的是，美国前总统罗斯福也曾加入过这个俱乐部，据说，他还认认真真地写过一篇论文，题目是：“福尔摩斯的祖先是一个美国人”。

世界各地的读者们也仿效“贝克街”，成立了许多福尔摩斯俱乐部。福尔摩斯的形象，从书店海报登上舞台，步入银幕，甚至还出现在时装表演的T形台上，百年以来，长盛不衰。据说，1987年，在“福尔摩斯诞辰100周年”之时，世界各地的影迷们曾蜂拥而来伦敦，不同性别、不同肤色、不同种族、操不同语言的人们，都无一例外地头戴各式各样的双舌呢子帽、披深灰色斗篷、嘴叼大烟斗、手持放大镜云集在贝克街，来纪念他们心目中的这一位平民英雄，来寻找一回自己的英雄梦。那种壮观的盛大场景，想起来也令人动容。

从这些福尔摩斯迷的身上，我们看到的是：一种公民参与法治、推动刑事司法文明进步的巨大热情。

临走前，在这家“福尔摩斯公司”里，我们还见到了一位年轻漂亮的女秘书，她的职责就是专门处理每年从世界各地雪片般寄给福尔摩斯的信件。她热情地展示这些信件的原件给我们看，有些是从英国各地寄来的，有些是从德国、法国，最多的是美国。这些信封上都写着：“Mister Sherlock Holmes, London ,England, 221B-Bakerstreet”。在这些热情洋溢的来信中，人们向这位“Holmes”先生提出了各种各样的问题，有人问他最近身体健康如何、婚姻状况如何，有人向他请教破案的灵感，有人请他发表对墨西哥禁毒问题的看法，居然还有人会向他报告——他发现了拉登在阿富汗的行踪！

用一位名作家的名言来说就是：在世人的心目中，这位神勇的大侦探，显然是长生不死的。

第四章

CHAPTER 04

西欧风云

——法律的蒙尘

1789年，法国大革命颁布的《人权宣言》，使“法律面前，人人平等”的呼声响彻了全球。经过200年血与火的洗礼，今日欧洲，法律的污点，终于用人类自己的双手逐一抹去。

Cuiq; suum iusto pensans libramine reddo,
Concilioq; homines, concilioq; Deos:

伏尔泰故事：“欧洲的良心”

> “每一位公民，都应有一种受到平等关心和尊重的权利。”
>
> ——当代美国法理学家罗纳德·德沃金：《认真对待权利》

如果说，法国人与英国人一样地热爱自由，我相信这句话人人都会同意。但英国人争取自由的方式是靠“改革、渐进和法治”，很遗憾，法国人却花了将近200年的时光才能学到这一点。曾经有人很挖苦地说过：在争取自由的问题上，高卢雄鸡们只懂得一件事，那就是——一次又一次地敲响警钟、暴动、“革命”和热血沸腾。

但历史上那场轰轰烈烈的法国大革命，其最初的种子，却又是由英国人播下的。英国有个著名的法官约翰·洛克曾写过一本法理学的名著：《政府论》。他在这本书里写道：“人类天生是自由的、平等的和独立的。人人都享有这些由上天赋予的、不可让与和不可侵犯的人权。”“天赋人权”的口号一出，即刻便如暴风雨般刮遍了大西洋两岸。在美洲，它激起了那场惊天动地的美国独立战争，孕育出了一个美利坚合众国；而在欧洲，它引发了一场为“自由平等”而战的法国大革命；200年后，这句话更由孙中山传到了中国，惊醒了我们这头古老的东方睡狮。

现在，我们的世界法律之旅就正被一阵好风吹送着，从英伦三岛返回了欧洲大陆，去继续追寻那些遥远的法律故事。在法国，在这个“自由女神”的故乡，我们的首个拜访地，不是巴黎，也不是马赛，而是法国东部与瑞士边界附近的一个小山村——图尔奈。这个小镇虽然小，但它所处的地方，却正是在那座素有“欧洲之魂”之称的阿尔卑斯山的山麓下。更重要的是，这里有一座古朴的庄园，庄园里曾栖

绘画：伏尔泰（Voltaire），法国画家 Jacques Augustin Catherine Pajou（1766-1828）创作于 1811 年。

息过一个被称为“欧洲的良心”的伟人，这个人，叫伏尔泰。

在那场震动了半个地球的法国大革命风暴来临之前，在法兰西大地上传播洛克的“天赋人权”民主法治学说的，是三个最著名的启蒙思想家——伏尔泰、孟德斯鸠和卢梭。伏尔泰教导“自由”，卢梭鼓吹“民主”，而孟德斯鸠则阐述“法的精神”。如果要给这法兰西的“自由三剑客”树个墓碑的话，我个人的建议是：伏尔泰和孟德斯鸠应用纯白色的大理石，因为他们曾全力引导人类要走向“自由、公正和法治”。而卢梭呢，则正如原苏联总书记赫鲁晓夫的墓碑一样，要一半用白色，一半用黑色来揭示他的学说之中，既有光明的一面，也有阴暗模糊的一面。而历史的经验多次告诫我们：从模糊的地带里，最容易滋生出邪恶。

好了，卢梭的故事我们暂且不提，现在，我们就站在了一幢古老的庄园的门前。这庄园黑色的大铁门上镶嵌着一个银盘，银盘上刻有“图尔奈伯爵”家族古老的纹章。银盘下还钉着一个小铜牌，铜牌上简简单单地写着一行字“伏尔泰（VOLTAIRE）之宅”。

走进庄园的大门，只见一条长长的花径，一直绕到屋后那面翠绿的小山坡上。到处是青葱茂密的树木，粗大的常春藤爬满了古老的红砖塔楼。向东面远眺，前面是瑞士连绵无际、千峰壁立的阿尔卑斯白云。向东南方望，天气好时，可清晰地望见那座位于法意边境的、海拔 4807 米高的“欧洲屋脊”——终年白雪皑皑的勃朗峰。湖光山色，蓝天白云，在这个童话世界般的仙境里，怪不得伏尔泰曾经说过：他晚年时，曾在此地“度过了一生中最快乐的时光”。

伏尔泰出生于一个法国的贵族之家，31 岁时就以文才而名满天下。他创作的戏剧经常在宫廷内的剧场上演，他出版的诗集常常被人们抢购一空。欧洲许多国王都是他的朋友，但他却从 20 岁起，便不停地、尖锐辛辣地批评天主教会和君主专制，宣传“自由、平等、博爱”等不合时代的伟大思想。法王路易十五对他是又气又恨，但又以能与他同坐在一起高谈艺术和哲学为荣。伏尔泰一生之中，曾两次因言论获罪而被路易十五关入巴士底狱。当他几次被判决逐出巴黎城外、到处流浪时，各地的贵族城堡却都热烈地欢迎他的光临。在他 64 岁之时，他花重金买下了这座法瑞边境的庄园，个中原因主要是：假如再有什么风吹草动、一旦再有什么“文字狱”的话，他随时一抬腿，就可以溜入那个以“自由”而著称的国度——瑞士。

一直到今天为止，伏尔泰都是以文学家、思想家而名世。而学术界也似乎没有什么人会将他看作一个法学家。但隐居这座庄园的三年后，一宗发生在法国南部的骇人听闻的大冤案，却恍似一块巨石，使伏尔泰的“快乐时光”激起了千重浪。而在此后的 17 年里，这宗冤案，也使伏尔泰从世人眼中一个优哉游哉的“自由骑士”，变成了一个风尘仆仆地为法律正义而战的“大律师”，或“人大代表”。

这宗冤案的故事，大致是这样的——

1761 年，法国南部的图鲁兹小城法院，作出了一宗残忍的死刑判决。被判决的死囚名叫卡斯拉，是一个有 6 个儿女的普通商人和新教徒。当时，与罗马天主教徒在英国受尽迫害相反，在法国等天主教国家，则是新教徒们受尽了压迫和歧视。卡斯拉的儿子安东尼在大学读的是法律，但当他毕业时，有关当局却强迫他改变宗教信仰，否则，便一辈子都休想取得成为法官或律师所必需的资格。在大学里，读了一脑门子“自由、平等、公平、正义、诚实、守信”等信条的这个年轻人，一口气咽不下，便在家里上吊自杀了。

丧子之痛，已令卡斯拉痛不欲生。但更糟糕的是，在当时的法国法律中，还居然有一条要蔑视自杀者、羞辱自杀者家属、没收其家庭财产的荒唐法律。卡斯拉无奈之下，向警局提供了其子“自然死亡”的虚假证词，想逃过这一劫。

那些猎犬似的警察们，自然一眼就看穿了这个可怜的谎言，因为安东尼的脖子上有一条鲜明的勒痕。但“精明”的警察们却硬是把“自杀”说成了“谋杀”，而谋杀的动机则是“卡斯拉企图阻止儿子改信天主教”。这样一来，当地民众的宗教狂热便被煽动起来。法庭不问情由便判卡斯拉有罪。卡斯拉竭力为自己辩护，可遭到的却是警察们惨无人道的酷刑逼供——他的四肢被绑在一张铁床上，用绞盘拉断，灌辣椒水、鞭打，放在十字架上用铁棒毒打。打了几小时后，他被拖到一个广场上，高高吊起，当众烧死。

两个星期之后，伏尔泰得知了这宗惨无人道的冤案。这位 67 岁的老人拍案而起，四处奔波，调查事件，接见受难者家属和证人，然后，他以一个非法律专业人士的身份，挥笔写下了一篇长长的司法调查报告——《卡斯拉先生之死的原始文件》，付诸出版。整个欧洲都被这宗冤案震动了，英国、俄国和波兰的国王争相捐献金钱给死难者的家属，连法王路易十五也过问了此案。最终，三年之后，冤案得以平反，卡斯拉的家属获得三万利弗尔的国家赔偿，而施行酷刑、制造冤案的警官、法官们，也遭到了相应的惩罚。

消息传来，伏尔泰老人又一次流出了热泪，一半是为平民的悲惨，一半是为司法的黑暗。

从此以后，直至他 84 岁逝世为止，伏尔泰老人都一直在充当一个“为民请命”的包青天、海青天似的角色。他向全欧洲的知识界发出呼吁：请用学者们的笔，用学者们的良知去“唤醒欧洲那个沉睡的良心！”去向那不公正的法律、向黑暗的旧司法制度宣战！他极沉痛地说道：“正是知识界的沉默，才造成了人民的不幸”，这句话虽然有点儿过火，但细思之下，却也不无道理。

流连在伏尔泰那座世外桃源似的庄园里，凝视着那座巍峨壮丽的欧洲之魂——阿尔卑斯山高大的雪峰，遥想当年，那位可敬的老人曾在此日夜奋笔疾书，出版了一部又一部光辉的著作，去探讨和阐述自由平等、宗教宽容、人道主义、公平正义等法哲学的情景，我们真的是肃然起敬。可惜，当时许多思想家、学者却对本国的司法腐败噤若寒蝉，而有些人，譬如说——卢梭，似乎对煽动下层民众搞“革命”更有兴趣，于是，日后的法国，便终于是血流成河。

离开了伏尔泰庄园之后，我们继续驱车上路。从图尔奈到巴黎大约有 500 公里路，几乎可说是穿越了半个法国。公路两旁，城镇稀少，田野辽阔。大片大片尚未收割的金色麦田，与绿色的葡萄田、葵花田黄绿相间。田野上，还时不时会蠕动着一群一群白色的牛群，和漂浮着一片一片烂银似的、雪白透亮的云团。正是在这千里浮云的相伴之下，我们现在终于来到了巴黎。

在巴黎蒙马特尔高地下的法国先贤祠里，我们终于找到了安息在此地的伏尔泰老人。与我之前的猜测不谋而合的是：他的雕像，果然是用洁白的大理石来雕刻的。他的棺木上，用法文刻着三行文字：

“诗人，历史学家，哲学家。

他拓展了人类的精神。

他使人类懂得，精神应该是自由的。”

而我却很想给这墓志铭再加一句——“他比他的同胞们更早地知道：自由，必须用‘法治’来保障。”

凝视着伏尔泰那尊洁白的雕像，我分明看到，这石的躯壳里面，依然跳动着一颗——

“欧洲的良心”。

凡尔赛花园：《人权宣言》诞生的地方

> “不知人权、忽视人权或轻蔑人权是公众不幸和政府腐败的唯一原因……自由传达思想和意见是人类最宝贵的权利之一……在法律面前，所有公民一律平等！”
>
> ——1789年法国《人权宣言》的开篇语

在人们的印象中，法国，从来都是一个充满浪漫与激情的国家。但你知道吗，激情浪漫一旦过了头，则马上就会有趋向不守规矩、破坏法制的危险。不幸的是，这种事情，在法国的历史上，还真的是层出不穷。

如果按中文的字义来“望文生义”的话，那么，“法国”这二字，其意思就可以理解为一个“法治之国”。而究其历史，法国其实，亦正如她的中文名称那样，本来，也是极有希望成为一个欧洲大陆的“法治之国”的。因为，750年前，此地也曾出现过一位热心法治的国王——路易九世。这位被称为“圣路易”的国王，在历史上，素有法国的所罗门、中国的包青天的美誉。据史载：他每天在西岱岛的皇家小教堂里听完弥撒之后，就会前往附近的一片橡树林里，靠着一棵大橡树坐下，让前来申冤的民众们围绕着他，然后，他便徐徐地开口问道：“你们谁有案子要申诉的？”所有打官司的人都可以直接趋前和他说话，而法律的和风，也就随着他公平正义的判决，从那片橡树林里轻轻飘出而吹拂着法兰西。

追寻着这位圣路易的踪迹，我们的巴黎之行，首先便寻到了西

绘画：圣路易亲自为平民们主持正义（Saint Louis Justice sous le Ch ê ne），法国画家 Pierre-Narcisse Guérin（1774-1833）创作于 1816 年。

岱岛上。

这个小小的西岱岛，就像一片青翠的绿叶，漂浮在巴黎市中心那一段塞纳河的河面上，9 座精巧的小桥梁，把它和巴黎的闹市连接起来。它的东端，相邻着一个更小的小岛，那就是以圣路易的名字而命名的“圣路易岛”了。别看这两个小岛都很小，但其实，1000

多年前，最早的巴黎城便是诞生在这两个小岛上。西岱岛的西端，有一大片雄伟的司法宫建筑群，西岱岛的中部，便就是那座圣路易常来听弥撒的皇家小教堂，而小岛的最东端，则是那座举世闻名的巴黎圣母院。这几座壮美的建筑物，静静地屹立在此地已经有上千年了。传说中，圣路易日日坐着审案的那片橡树林，如果还能够保存的话，那么，我猜想，这片树林，应该就是在巴黎圣母院的旁边。

站在西岱岛上，眺望着塞纳河两岸的风光，我仿佛在阅读着一本无声的法国史。在圣路易的那个时代，塞纳河的两岸，还只是一片荒凉而又美丽的原野。那原野上，生长着大片大片的野花和茂密的森林，以及一大片无边无际、连绵到天边的紫色的熏衣草。而数百年后，塞纳河的南岸，陆陆续续地出现了卢浮宫、杜伊勒里宫、雅各宾修道院、巴黎市政厅、协和广场、巴士底狱、凯旋门……城市是渐渐地生长和扩大了，但不知怎的，法治的传统，却不见了。

不知从什么时候开始，从河对岸，经常传来的是市政厅楼顶上那无数次莫名其妙的警钟长鸣。有 400 多年的时间里，巴黎的上空，“革命”的口号是一次又一次地狂呼，法律是一次又一次地被国王与民众一齐践踏入泥里，城市则一次又一次地变为废墟，而塞纳河水，也曾一次又一次地被自己同胞们的鲜血染红。

不过，即使在那些悲哀的岁月里，法国人也曾作出过一项人类法律史上空前伟大的成就，那就是——1789 年法国大革命期间颁布的《人权宣言》。虽然，在宣言颁布以后，法兰西民族还要经历差不多 200 多年血的教训之后，才真正走上了“人权、法治、和平”的道路，但《人权宣言》却从它诞生的那一刻开始，便已经在全世界范围内深入人心。

离开了西岱岛，我们决意去拜访一下那份《人权宣言》的诞生地，于是，我们便登上了开往凡尔赛的火车。

举世闻名的凡尔赛，坐落在巴黎西南 23 公里处。此地是欧洲大陆上最大的一座皇宫，而据说，又是一处最壮丽的艺术园林。一进大门，远远便望见那座路易十四骑马挥手的青铜像。广场两侧，是无数庄严雄伟的宫殿群，宫殿的后面，是一个中轴线长达 3 公里、四周围墙有 45 公里的大花园，放眼望去，这片面积巨大的皇家园林，

1789 年版的法国《人权和公民权宣言》，这幅作品是法国画家 Jean-Jacques-François Le Barbier 创作。

花圃、草坪、树林、水池、喷泉和雕像散落其中。据史载：就在这座王宫里，那位专制魔王路易十四曾发出过一句千古狂言："朕即法律！朕即国家！"而那位花天酒地的路易十五更是语出惊人："我死后，哪管它洪水滔天。"据说，这两个国王在位共计131年，而留给那位可怜的路易十六的，便只是一个国弱民穷、人人都对旧制度有一肚皮怨恨的烂摊子。

今天，这座皇宫已被辟做了法国的国家历史博物馆。我们在那个居高临下、俯瞰整个凡尔赛园林的拉冬娜女神水池旁拍了几张照片，以示到此一游，然后，我们便直奔宫殿区，在一个人迹罕至的大厅门外找到了一个标志牌："1789年国会"。

呵，"国会"，这里，就正是1789年那部伟大的《人权宣言》诞生的地方！

走进当年的国会大厅，一个个著名的历史亡灵仿佛突然都涌现在你的眼前，而法国大革命的那些风云岁月，也仿佛一下子全涌到了你的面前。

平心而论，当年的路易十六，其实并不算一个太坏的君主。他继位之后，也曾想作一点开明的改革，来整顿一下"吏治腐败"和"司法不公"这两大弊端。起码，他能恢复被前三任国王们废止了160年的"三级会议"，把全国臣民的几百名代表请来这座大花园里"共商国是"，这总不能说成是"专制独裁"的表现吧？岂料，受残暴压迫太久了的法国人，却把百年的仇恨全部都发泄在他的身上。1789年5月5日，当法国的"三级会议"在这里一开幕，火药桶的味道便已经弥漫着整个会场。当路易十六一再妥协，把"三级会议"改称为人人平等的"国民议会"，让僧侣、贵族、平民不分贵贱都平等地坐在这个大厅里，来讨论制定一部宪法，准备实行英国式的法治改革时，那些不懂妥协、过于激进的平民代表们，心里却是在暗暗盘算着怎样去打倒这个看来有点儿懦弱的国王、怎样去争取在一个晚上便实现"彻底的"自由和平等。于是；凡尔赛这边在"制宪"，而巴黎那边，满大街的革命党已经在鼓吹暴动和"夺权"。人心惶惶之际，1789年7月14日，不知哪一个傻瓜跑去敲响了市政厅楼上的大钟，随着急骤的钟声响起，市政厅楼顶上还高悬起一面黑旗，这意思就是——“祖国在危急中”！这胡乱一敲，便敲出了一场巨大的腥风血雨：上十万名热血沸腾的巴黎市民们纷纷涌上街头，把荣军院 2 万多支火枪抢劫一空，并从军营里抢来了几门大炮，一家伙便把那座“封建王朝的黑暗象征”——巴士底狱轰塌了。狂暴的民众把 100 多名巴士底狱的无辜士兵全部杀死，而监狱长德洛奈的人头更被砍了下来，挑在枪尖上游街。

就这样，所谓的“法国大革命”便突然爆发了。巴黎几百年来非理性的乱民暴动、街战巷战、血流成河的悲剧又一次重演。

人类历史曾无数次地证明：理性能够化解矛盾，而非理性的暴动则只会激化矛盾。暴动只能够激起镇压，而镇压反过来又激起更大的暴动。倘若一个国家老是在暴动与镇压之中循环，那这个国家还能有什么前途?

不过，在此等混乱的时刻，还是有人在想着维护人性，维持社会向法治方向的进步。这个人就是拉法叶特。

说起来，拉法叶特是一个颇为传奇的英雄。他出身贵族，家境富裕，但他也和伏尔泰老人一样，对人类充满同情心和正义感。他曾变卖家产，自筹军费，组织一支军队，远赴美洲去支持美国人民的独立战争。“三级会议”之前，就是他说服了路易十六，接受“自由、平等、博爱”的思想，去推行社会政治的改革。此时，他在凡尔赛的国会大厅里，亲笔起草了一份《人权宣言》，力图把事态控制回法治的轨道上。1789 年 8 月 27 日，那篇伟大的《人权宣言》，即法国未来第一部宪法的序言，就在这座国会大厅里被提出来表决。宣言一开首，拉法叶特就慷慨激昂地指出：“国民议会的法国人民代表们认为：不知人权、忽视人权或轻蔑人权是公众不幸和政府腐败的唯一原因……自由传达思想和意见是人类最宝贵的权利之一……（我们主张）在法律面前，所有公民一律平等！”

今时今日，在这座国会大厅里，仿佛还回荡着当年拉法叶特那激昂的语句，还回荡着 240 多位国会代表们的热烈掌声！

毫无疑问，诞生于法国大革命的动乱和血污之中的这份《人权宣言》，是人类法律史上空前伟大的一份光辉法律文件，其影响，甚至超越了英国的《权利法案》。尤其是那句“法律面前，人人平等”

绘画：法国拉法耶特侯爵，法国画家 Joseph-Désiré Court（1797-1865）创作于 1834 年。

的 8 字箴言，在现代，更成为了全球所有法治国家法律的第一条基本原则。亲身来到这伟大宣言的诞生之地，亲耳聆听着讲解员激情诵读着那些激动人心的词句，我心里，对当年的那批的超越自身的阶级利益和个人利益的算计，而对全人类的事业有如此高贵的社会关怀的法国贵族们，充满了崇敬。而对于那些长期受压迫受侮辱、长期挣扎在贫穷与悲惨的底层、不明白“平等”二字最深刻的含义，因而只知道“暴动”一件事而不知解决社会矛盾还有其他方式的“革命党”们，我在深切地同情和理解之余，更多的却只有无奈和无语。

人类应当永远记住一个名字，那就是——“拉法叶特”！因为这个名字，永远与“人权”二字联系在一起。

但今日的巴黎，那座以“拉法叶特”名字命名的、全欧洲最大的百货商店，却不知被哪个可恶的文痞音译为“老佛爷”，而使广大的中国游客，一听到这个名字，马上就把它与中国历史上那位最腐朽无能的慈禧太后的形象联系在一起。

这真是一场天大的恶搞。

离开凡尔赛宫返回巴黎时，我们专程去了一趟巴士底广场。当年的巴士底狱，早已经荡然无存了，据说，它在数日之内，就被起义的民众们狂热地拆了个精光，其干劲，远远超过我们中国人当年拆北京的城墙。今时今日，只有广场地铁站下面，满墙的壁画，还栩栩如生地绘画着当年的豪举，以及，在地铁站的最底层，还保存有两块巴士底狱城堡的基石。走出地铁站返回广场时，只见商铺林立，行人游客熙来攘往，霓虹灯广告五光十色，巴士底狱旧日的遗址上，已矗立着一座富丽堂皇的巴黎新歌剧院，歌剧院门前，香车宝马，川流不息，夜空中，早已没有了当年大革命的半点痕迹。

歌剧院建成的那天——1989 年 7 月 14 日，正是法国大革命攻占巴士底狱的 200 周年纪念日和法国国庆日。据说那一夜，在歌剧院里举行了一场盛大的宫廷贵族式的舞会。不知现代的巴黎人，是否想在那一夜，试图用欢乐的舞会，来拭去那些昔日的泪痕？

协和广场：巴黎断头台上的“人人平等”

> “人人完全平等地有权由一个独立而无偏倚的法庭进行公正的和公开的审讯，以确定他的权利和义务并判定对他提出的任何刑事指控。”
>
> ——1948年联合国《世界人权宣言》第10条

人类历史上，曾有过许多次被称为“浩劫”的时代。

在那种年代里，不管你是一个什么人，不论你忠奸贤愚、亦无分你的财富地位，不管你生于帝王之家、书香贵胄抑或是平民百姓、贩夫走卒，也不管你曾怎样机谋百变、坚毅奋斗或怎样卑躬屈节、卖身求荣，总之，无论是非，不分对错，任何人，都难逃一种在受尽巨大的苦难折磨和凌辱之后，再悲惨地死去的厄运。

中国明朝的李自成闯京、清兵入关时代，与30多年前的“文化大革命”时代，就是这样的一种浩劫时代。而1789年那场举世震惊、一直被某些史学家美化为“最最彻底”的法国大革命，其实，亦正是这样一个玉石俱焚、人性理性尽丧的浩劫时代。

这种时代的特征只有4个字，那就是——无法无天。而那种时代里的法律故事，便往往就只剩下了一种最悲惨的故事——断头台的故事。

追寻着这个法国断头台的故事，我们跑遍了巴黎的大街小巷。第一个目标地，首先，便是那座著名的杜伊勒里宫花园。

看来，这故事又要从头说起。就在《人权宣言》颁布后不久，巴黎的大街上，已经挤满了一群群满腔怨愤的暴民。“说什么人人平等？我们平民缺吃少穿，国王凭什么住着个大花园？”于是，几万名手持武器的民众便冲入了凡尔赛宫。倘若在这个时候，你想在这些被革命热情烧昏了头的民众面前试图去说说“法”——所谓的“平等”，只是指法律上、公民权利上的平等，而不是指一切财产都要拿出来给穷人均分的平等；而所谓的“革命”，应该是指革旧制度的命，而不是动不动就取国王贵族或其他富人的性命……的时候，你觉得后果会是怎么样？广场上一定会像林达所说的那样，是吼声震天、杀声动地地呼喊：“这是什么狗屁？打倒保王党！革命万岁！”这时候，你唯一能做的事，便是赶快落荒而逃。

就这样，《人权宣言》刚一诞生便已变成废纸。而路易十六，则被暴动的民众押返到了巴黎，被囚禁在这座杜伊勒里宫之中。

杜伊勒里宫的遗址，正位于协和广场与卢浮宫的中间。当年那座华美的宫殿，早已在1871年巴黎公社起义时被烧了个精光。所以今日，游客到此，从那条著名的香榭丽舍大道进入协和广场后，便只会看见一个半荒废了的大花园。我们来到此地时，只见眼前有一大片像游乐场似的林中空地，有许许多多小朋友，在残存下来的青铜狮子、老虎雕像上爬上爬下地玩耍。花园里有一个很大的湖，湖面上还游荡着几只黑天鹅。当年，路易十六一家几口就被禁锢在此地，而外面的世界，则早已是乱翻了天——贵族们大多逃亡国外，各地保王党纷纷发动暴动。当农民们都兴高采烈地起来“打土豪、分田地”时，巴黎城内，却牛奶没有了，面包也没有了。暴怒的市民纷纷砸烂商店、面包店，还把那些无辜的面包店小老板们吊死在街灯上……

在那个疯狂的大革命年月里，巴黎市政厅上的那口小铜钟，不知曾被疯狂地敲响过多少次。当欧洲七国的国王们叫嚣说要出兵踩扁巴黎、救出路易十六一家时，这警钟又一次狂响了——祖国又一次在危急中！据说当时，十多万暴民像潮水般地涌入这座花园，把国王“民主”地逮捕了，把国会也“民主”地驱散了，然后，民众自组了一个革命的“国民公会”，再然后，准备“民主”地审判国王。

法国原有的、走上“人权法治”道路的种种努力和一线希望，就这样，被七国联军的干涉和巴黎民众一次又一次的暴动打得烟消云散。

政治讽刺画：法兰西荣耀的巅峰（Zenith of French Glory），1793 年 2 月 12 日。英国讽刺漫画家詹姆斯·吉尔雷（James Gillray，1757–1815）创作于 1793 年。吊死牧师和法官，将判决死刑立即执行的各色人等送上断头台是法国大革命中无裤汉（头戴共和帽）的主要工作。

在这种形势下，可怜的路易十六，便不可避免地要成为时代的牺牲品。

但革命党们究竟该控告路易十六什么罪名呢？他本身什么罪行也没有犯过。控告他“阴谋逃跑罪”？他既然被罢免了国王的职务，那他就只是一个平民。而从现代法治的观点来看，作为一个平民，他应与其他平民一样，有居住的自由、移民的权利，何况，他一家大小的生命安全毫无保障，换了是你，你也一定想“逃跑”。控告他“反革命”？但宪法上没有这一条，而且，法国人不见得个个都赞成“革命”。但，法国人却是人人都爱国！于是，便正如林达的游记所言——打他一个“叛国罪”就正正合适！这时候，那个律师出身的但却早已背叛了“法治”理想的“法律叛徒”、“革命青年”罗伯斯庇尔，在国民公会的辩论中，声嘶力竭地喊出了一句“千古名言”：“因为祖国需要生！所以路易必须死！”这句狗屁不通的胡说八道，在当时，却博得了头脑发烧的革命派们的满堂掌声。于是，他们便当场给这位“革命英雄”套上了一个又一个的花环，抬着他，欢呼震天地在这花园里游行。

于是，数日之后，在“爱国、革命”的堂皇口号下，在当年这花园的马奈兹大厅里，对路易十六进行了一场极不公正的审判——没有法律，没有法庭，没有程序，没有法官，没有确实的罪证，也没有辩护权，只有成千上万手持短刀、斧头、步枪包围着马奈兹大厅的革命群众，和一句震耳欲聋的狂呼：“祖国需要生！路易必须死！”审判的结果可想而知，那就是——花园外，协和广场上那座阴森森的断头台。

踏着当年革命群众纷乱的足迹，穿过了这座废宫的铁栅门外，现在，我们就来到了巴黎著名的协和广场上。

在协和广场那座高耸入云的卢克索方尖碑跟前，我们在地面上，无意中，发现了一块小小的铜牌，铜牌上用法文刻着两行字：“1793年，路易十六与王后玛丽·安托瓦内特在此地被处死”。不知历史的外国游客们，常常毫不在意地把它踩在脚下，以致这小铜牌上留下了许多泛亮的擦痕。但断头台呢？当年那座阴森恐怖的断头台，如今，却已是不知所终。

绘画：路易十六在协和广场被断头的那一刻。

据史载：当年的协和广场，原先是叫“路易十五广场”，革命爆发时，被改名为“自由广场”。广场的正中，曾树立过一座粗糙的自由女神石膏像。而当年卢克索方尖碑的位置，则设置了一座高高的断头台。它像一只嗜血的怪兽，蹲伏在此地 2 年零 3 个月，共计 810 天，从它那张血盆大口里，总共切下了 3 万多个人头。

在巴黎的玛莱区（旧城区）里，在那座巴黎城市博物馆中，我们只找到了一座断头台的工艺品模型——它像一座三层楼的大戏台，柱子、栏杆均雕刻得像戏台般精美。前台与后台之间，有两道 7 级的楼梯相连着，那些死囚们就是在这楼梯上，走完他人生最后的 7 步。前台的前端，耸立着两根高高的大铁柱，铁柱上，是一把据说重达千斤、锋利无比的精钢斜口大铡刀。囚犯登台后，平躺在一条木凳上，陪伴他左右的两个狱卒，一个手持网兜准备接头，一个手捧铁桶准备接血。行刑时，大铡刀以万钧重力飞快地落下来，据说，它能在 0.1 秒之内，干脆利落地、“无痛苦”地令囚犯身首分离。

又据史载：断头台的发明者，是一名叫盖勒廷的工程师，他设计断头台的初衷，原本是想减轻囚犯临刑的痛苦。岂料，在轰轰烈烈的法国大革命时期，这伟大的人道主义的产物，却被革命者们当成了一部“镇压阶级敌人的半自动高速杀人机”而滥用，这就使断头台本身，变成了一个恐怖主义的代名词而遗臭万年。

伫立在这座金光闪闪的卢克索方尖碑下，面对着眼前这个空荡荡的大广场，当年断头台的故事却是一一涌上心头——

1793 年 1 月 21 日，凡是读过雨果那部惊心动魄的《九三年》的人，对这个年份都一定会刻骨铭心。就在这一日，路易十六被押出了丹普尔监狱的牢房，登上了“自由广场”上的这座断头台。他临死前对万千狂欢的法国群众说的最后一句话是：“我是无罪的。但愿我的死，能成为法国伤口的凝结剂。”他一生都很懦弱，但死的时候却很英勇。同一日，他 10 岁的儿子在监狱的牢房里被暴民们挖出了心脏。

1793 年 10 月 16 日，玛丽王后也从西岱岛的监狱里被押送到了这座断头台上。她显然有点慌乱，因为，她还不知道自己那些被关押在另一所监狱里的儿女们的命运。一不小心，她轻踩了刽子手一脚，但据说，她马上很有礼貌地对刽子手道歉道：“真对不起，先生。”

1793 年 10 月 31 日，在国民公会辩论中曾公开反对过罗伯斯庇尔的 75 名吉伦特党人（我们的教科书上称他们是“资产阶级的代表”人物）也走上了这座断头台。他们以前也很革命，也曾把很多保王党、贵族送上过此地。临刑前一晚，他们还在西岱岛的监狱里狂笑、狂饮和跳舞，押上了断头台还在合唱《马赛曲》。他们虽然死得很潇洒，但他们的最后一句话，却给法国人民们留下了一个痛苦的问题：“革命，怎么就革成了这个样子？”

1793 年 11 月 8 日，那位曾极力主张“共和”、反对“专政”的吉伦特党领袖罗兰夫人也走上了这座断头台。她留下的一声千古叹息是：“革命啊，多少罪恶假你的名义而行之？”

法国历史书上称这个时期，叫作——“雅各宾专政的恐怖时期”。

而中国的历史教科书上称这个时期却是“法国大革命的第三次高潮时期”、“最彻底”、“最高峰”的时期。我真的不知道，我们的史学家们究竟是想把学生们培育成人呢，还是想把学生们都培

法国协和广场。

养成狼？

当罗伯斯庇尔之流的雅各宾派们（因他们常聚集在雅各宾修道院开会，故得此名）以“人民专政”的名义便可以自由地杀人时，法国人民的“自由”其实也就消失了。而博爱则早已失踪，剩下来的，便只有“平等”——断头台上，人人平等。那个“最最革命”的变态狂魔罗伯斯庇尔，杀完了国王杀贵族，杀完了贵族就杀反对党，反对党杀光了，就杀自己昔日的“革命战友”，甚至，连出门忘记了在脖子上系条红布条（革命派的标志）、问路时按旧习惯称呼人“先生、小姐”的平民，都被他当作贵族、保王党和潜伏下来的反革命分子而一概送上断头台！

在“人民民主专政”的口号喊得最响亮的时候，法国人民，恰好就最没有自由！

1794 年 7 月 28 日，罗伯斯庇尔终于被觉醒了的巴黎人民推上了这座断头台。天理循环，一报还一报。正如在中国古代一首民谣之所言：“善有善报，恶有恶报。不是不报，时候未到。时候一到，一切都报。”现在，时候到了，终于轮到这位“革命英雄”了。据史载，罗伯斯庇尔被拖上断头台的时候丑态百出，“像一条死狗”。但不管怎样，法国大革命的“同一首歌”——断头台的悲歌，从此，终于永远落幕了。

在罗伯斯庇尔掌握公安委员会大权实行所谓“雅各宾专政”的一年内，经他手推上断头台的就有17000多人。据史载：断头台杀人的最高纪录是在38分钟内砍下21个人头。一日之内，制造了2000多个冤魂！

自由广场当年遍地的无头尸体，被马车拉往郊外，草草丢弃在一个乱葬沟里。今日的法国人，在这里修建了一个著名的皮克毕公墓（Jardin de Picpus），将当年那些断头一族们的骸骨，不分阶级、不问党派、不论贫富、不管男女，都全部平等地合葬在一起。我们曾千辛万苦地寻到那荒凉的公墓里，向200多年前那三万多个无头冤魂们，默默地、平等地献上了一束鲜花。

希望你们在九泉之下，不要再搞“阶级斗争”了。

今日法国，尽管许多政府大厦的门楣上还用大理石雕刻着“自由、平等、博爱”等光辉的字眼，但现实生活中，却已无多少法国人会再去空谈这些理想，更几乎无人愿再谈“革命”。人们谈得最多的就是“时尚”和“文化”。他们把那个曾砍下国王脑袋的“自由广场”改称为协和广场，把那尊粗糙的自由神像砸烂扫走，把那座可憎的断头台深藏在一所监狱的贮藏室里永不再提，然后，再把埃及政府赠送的一尊3000年前的珍贵文物——卢克索方尖碑，代替断头台矗立在这里。这一切，都似乎在不经意间透露出法国人心底里一个深深的愿望，那就是——法国今后需要的，只是不同“文化”之间的“协和”。

所以今夜，漫步在协和广场上，我们依稀可闻的，便只有一阵阵巴黎香水在风中的细语。

魔鬼岛风云：“公民权利至高无上”

“任何人在未被宣告为犯罪以前，应当被假定为无罪。”

——1789年，法国《人权宣言》第9条

有人说，当你漫步在香榭丽舍大道浓浓密密的法国梧桐树荫底下，或走过那卵石铺地的河边小巷时，眼前闪烁着塞纳河上的落日镕金，耳边飘荡着从烛光小餐厅里传来的阵阵手风琴浪漫情曲，这个时候，即使你口袋空空，身无分文，巴黎的风情，依然会令你陶醉。

但如果在突然之间，有一个恶狠狠的罪名从天而降，令你无端成了一宗冤案的主角的话，那么，在你眼中，巴黎的风光，不知是否还会如此浪漫?

现在，我们便站在塞纳河中的西岱岛上、法国著名的司法宫门前。而我们正前方的这座古城堡，就是那座大名鼎鼎的贡塞榭峄监狱了。

这座古堡监狱历史上曾关押过不少名人。此地的单人牢房，曾见证过路易十六王后临刑前的祷告；那间宽敞的大房间，则目睹了75名吉伦特党人“最后的晚餐”。那位弱质纤纤而竟敢行刺“革命三巨头”之一马拉的科黛小姐，就是从这方天井里走向了协和广场上的断头台；而另外两位“革命巨头”——丹东和罗伯斯庇尔，也正是从这里开始，而步向了通往断头台的不归之路。

流连在这座著名的法国监狱博物馆里，那些令人伤感、令人惊心动魄的岁月时光，仿佛一幕幕地又出现在我们的面前。

不过，今日我们来到此地，却不是再来回首“法国大革命”的那一页页痛史，而是为了追寻 109 年前，在这座监狱里发生的一个轰动一时的法律故事。那宗冤案故事的开头虽然也很悲惨，但最后，它却有一个很好的结局，那就是：它令一向喜欢搞内战的法兰西人，终于开始明白到——人权的可贵。

这也是一个世界法律史上的经典故事。

1894 年 12 月 19 日，法国国家最高军事法庭，曾在这所监狱的一个小房间里进行了一次秘密的审讯。被审讯者，是法军总参谋部见习军官，一个犹太裔的年轻英俊军人——德雷福斯上尉。对他指控的罪名是：他向德国出卖了军事机密情报。

审判的第一天，德雷福斯便以充分的证据，证明了自己与本案完全无关。而当时，检察机关指控他的唯一证物，就是一份泄密的文件，其上面的字迹，与德雷福斯的字迹“很相似”。

仅凭“笔迹相似”一项未能证实的疑点，怎么就能随便地逮捕、监禁和起诉一个军官？本来，检察机关也因证据不足而在犹豫。但军方的高层，却为了推卸责任嫁祸于人，因此，在审判还未开始前，便已经不停地向新闻界散布了许多诬陷德雷福斯的不实之词，而当时的法国民众，也轻而易举地就被煽动起一股盲目的仇恨。而在这爱国之火狂热燃烧的时候，一切公平、正义、程序、人权的观念，便不可避免地被烧成了焦炭。

审判，就是在这样的一种背景下秘密地开始的。

连续 4 天的审讯，德雷福斯都矢口否认控罪，因为他确实没有犯罪。

该说的都说了，该辩解的都辩解了。面对着不怀好意、死揪着不放的 6 位法官、证人、检察官们，形单影只、孤立无援的德雷福斯忽然想起了沉默权和《人权宣言》。

大家知道，沉默权，这种为保障司法公正而设立的司法程序，是英国人的一大发明。而法国，则是世界上第一个把“无罪推定”、“被告人有权保持沉默”这个司法原则写入了宪法的国家。1789 年，法国《人权宣言》第 9 条就明文规定了：“任何人在未被宣告为犯罪以前，

照片：阿尔弗雷德·德雷福斯（Alfred Drey-fus）上尉。

应当被假定为无罪。”

但当日，法国的光荣却变成了法国的耻辱！什么“无罪推定”、什么“沉默权”、“人权”、什么“公平、公开、公正的审判”，统统被“欲加之罪，何患无辞”8个字代替了。

面对着开始一言不发的德雷福斯，军事法庭陷入了僵局。为打破这个僵局，法军总参反间谍处的亨利少校，受命捏造了七封德雷福斯发给德皇威廉二世的电文。虽然他明知这样做，是触犯了法国刑法第101条、是罪大恶极的，但“为了军方的利益和荣誉”，将一个犹太军官置于死地，又有什么大不了？

神秘档案一出现，军事法庭马上作出了判决：“德雷福斯犯下了最不可饶恕的罪行——出卖祖国”！

成千上万愤怒的法国雄鸡们，当时就在这座贡塞榭峄监狱墙外和司法宫门前高呼口号游行，“杀死这个犹太人！”当德雷福斯听完判决被从这座司法宫里押出来的时候，人群冲上前来，撕掉了上尉的肩章和军裤上的条纹，并狠狠地折断他的佩剑，然后，德雷福斯身负几十斤重的铁铐铁镣，被拳打脚踢、棍打鞭笞着，押解到南美洲海面一个四顾茫茫、炎热潮湿的魔鬼岛上，被囚禁于一间暗无天日的石头牢房里，生不如死，开始了他噩梦般的终身监禁生涯。

但谁也想不到，德雷福斯的噩梦，很快，就会变成了法国的噩梦。

三年后，亨利上校伪造证据的罪行被揭露，自杀身亡，这使法国社会中又爆发了一轮新的舆论风暴。面对事实，政府和军方为难了——如果为德雷福斯平反，那势必会使法国军队的形象和荣誉严重受损。与其让国家的形象受损，倒不如让这小白脸继续在魔鬼岛上受苦。

但许多民众却不这样认为：国家的荣誉必须以真相为基础！“公民利益”应高于所谓的“国家利益”！如果德雷福斯确实是被冤枉的，那国家和军队就应该赶快为他平反！

就这样，当德雷福斯只身一人孤零零地在魔鬼岛上数星星的时候，他不知道，法兰西大地已因他又爆发了一场不流血的内战：真正的卖国贼——一位军方的高层已被送上了法庭，但法官三分钟后就宣布他无罪。而许多正直的军人，则一一被解职、逮捕和入狱。最高上诉法庭刚同意复审德雷福斯的案件，报纸上便有文章号召要“挖出法官的眼睛”。混乱之中，许多犹太人在街上被人追打，而许多犹太人的店铺、住宅则被人砸烂或放火焚烧。对德雷福斯是否应该平反的问题，大小报纸都刊登文章进行了激烈的争论，许多家庭的父子兄弟姐妹一家人分成了两派，激烈论战的两大派都坚持认为：自己才是最坚强、最热烈的爱国者，只有自己才代表了法兰西这个伟大国家的前进方向！

这一切，与中国的“文化大革命”真是何其相似！

说起来，中国与法国，高卢民族与中华民族，虽然远隔千山万水，甚少往来，但这两国人民的民族素质，有许多地方却真是惊人的相似。说也凑巧，高卢民族的吉祥物是一只大雄鸡，中国的版图也酷肖一只大雄鸡。中法这两个“大雄鸡”的国度，也曾都产生过许多“一唱雄鸡天下白”的伟大思想家、哲学家、军事家、文学家和诗人。中法两国的国民，既有在黑暗长夜中努力求索奋斗、迎接黎明曙光的革命英雄主义，也都共同具有一种血气方刚、“唯我正确”、好勇斗狠、动不动就斗个你死我活的大雄鸡斗鸡传统。更加相同的是，有着许多像大雄鸡那样只会一味“喔喔喔”引吭高歌、大鸣大放侃大山而不会干实事、不懂下蛋的“劣鸡性”。

在所谓的“德雷福斯叛国案”一案中，中法两国有许多官员和民众的观念，表现得更是如出一辙，那就是——“国家利益高于一切”！但很不幸，德国法西斯党的大魔头阿道夫·希特勒，竟然也持有同样的观点。他在臭名昭著的《我的奋斗》一书中写道：“生命是什么？生命就是国家。个人总是要死亡的，但超越个人生命之上的是国家。”这句话背后的邪恶之处就在于：以“国家利益”的名义，权力者便可以随便地把“公民利益”视之如尘土，而一切丧心病狂的权力犯罪行为，便可以轻易地借“国家利益”的名义冠冕堂皇而行之！相信中国人，历经“文化大革命”的教训，对这一套已经是十分的深恶痛绝。

凭良心说，我认为：个别的公民利益，有时必须也应该服从整体的“国家利益”。但“国家利益”，却不能永无止境、无限度地老是去侵犯公民利益。中国的官员们过去常用一句似是而非的说话来教育群众：“大河有水小河满”，把公民利益错误地放置在所谓的“国家利益”之下来支配、宰割和剥夺，还美其名曰这是中华民族的一种“传统美德”。但现代的自然生态科学、环境科学却告诉我们：小河有水，大河才能满！小河之水并非来自于大河的恩赐，而相反，大河的活力，其源泉，却正是来自于千千万万条小河的支持！君不见，正是由于黄河源头附近千千万万条小溪流存活的权利被漠视、被侵犯而导致这些弱小无告的小河们纷纷消亡，才终于酿成了今日这条母亲河一年断流长达260多天的大悲剧！但时至今日，我们许多官员们却始终还不懂得这一点。他们至今仍在喋喋不休地用“国家主义”这一套早就被马克思、恩格斯严肃批评过的东西来继续污染我们中国的社会政治生态环境，这就使得我们中国要踏上真正的民主法治之路，显得分外艰难。

这话儿可能扯得有些远了，让我们还是把话题说回到本案上来吧。1899年，德雷福斯在魔鬼岛上被囚禁5年之后，终于被带回雷恩军事法庭重审。事情本来已经有了转机，但军方却依然坚持他是有罪的，只不过是改为“判监10年”。

当时法国，许多著名的社会人士以及政府官员们都对军队深深地失望了，他们联名上书，向总统请求特赦了德雷福斯。当德雷福斯洒泪离开魔鬼岛的时候，他给总统写了一封信：“共和国政府还给了我自由，但若没有荣誉，这自由对我来说毫无意义。我要努力推翻这个错误的判决，我要使整个法国都知道，我，是清白无辜的。”我们本来很想去一趟魔鬼岛，去拜访一下德雷福斯的囚禁之地。但山长水远，往返费时，还是等以后有机会再说吧。

照片：1906 年 7 月 12 日，法国最高法院判决阿尔弗雷德·德雷福斯无罪、恢复名誉的那一刻。

1906 年，就在德雷福斯离开魔鬼岛的 7 年之后，法国最高上诉法院才终于彻底平反了这一宗大冤案。谎言已经讲得太多，又何必再讲？血泪已经流了遍地，又何必再流？共和国为这件冤案已动乱了 12 年，又何必再乱？不管如何，公正终于实现了。

公民的权利是很脆弱的。但公民的权利又必须至高无上！法国人用了 12 年的时间，学懂了这深刻的一课。

塞纳河水日夜奔流，巴黎的风光依然美丽。在恢复了自由的德雷福斯眼中，法兰西的天更蓝，水更清。他毫不犹豫地重返了军队，并被晋升为少校。

站在西岱岛司法宫的门外，我想起了，这宗冤案还有一段悲壮的后话：8 年之后，德军发动第一次世界大战，法军节节败退。时年 55 岁的德雷福斯少校率领炮兵部队，在巴黎保卫战和著名的凡尔登保卫战中，在大批高级军官纷纷临阵逃脱、投敌叛变的劣势下，他却大义凛然地，以国家利益的名义，冲向了德军猛烈的炮火。

国家爱公民，公民才能爱国家。历史的悲歌，发人深省。

法学链接

在现代民主国家里，法的本质，已从维护封建帝王统治的、以人民义务为中心、以暴力压迫为主导的“暴力之法”，转变为维护全体人民利益的、以公民权利为中心、以利益冲突的调节和调解为主导的“权利之法”。所以，现代一切民主国家的法典上，都明确规定了公民有许多许多的权利。要考察一个国家的人权状况如何，最简单的一个做法就是去考察这个国家的立法思想和司法准则究竟是以“权利本位”还是以“义务本位”，究竟是以“国家利益”的名义去治理国家，还是以“公民利益”的名义去治理国家？是人民为国家、法律而生，抑或是国家、法律为保障人民的权利而设？对这些问题的答案，便形成了所有国家法律大厦中最根本的一块奠基石，构成了衡量一个国家是“法治”抑或是“人治”的一道分水岭。

“指纹学之父”：小人物的大贡献

> “在人类的所有数据中，指纹，是可以保存所有的个人特点而终生不变的最重要数据。”
>
> ——1892年弗朗西斯·加尔顿勋爵［英］《指纹学》教科书

犯罪是一门古老的“职业”。鉴别和确认罪犯，也同样是一门古老的技术。

不过，在漫长的古代，世界各国法庭破案的方法却是如出一辙的简单粗暴——不仅仅是以“人证为主”，而简直就可说是“人证唯一”。各国的法官们都很少去收集物证、研究物证，审案的时候，他们往往会像中国的县官大老爷一样，只会把惊堂木一拍，然后便大喝一声：“从实招来”！如若不招呢，那就必定是“大刑伺候”了。这种不动脑筋、不靠科学技术、仅靠刑讯逼问口供的野蛮司法方式，曾使世界各国的法庭，这个本应是主持公平正义的地方，却一度成为了一个鬼哭狼嚎、阴森恐怖的地方，也使人类的法治精神，蒙上了一层厚厚的污垢。

幸好，自 19 世纪末以来，自英国的柯南·道尔爵士创造了那位手持放大镜、仔细搜查犯罪现场的神探福尔摩斯形象之后，这种情况开始有了很大的改变。一股以“物证”为主、依靠科学去鉴别犯罪痕迹的司法文明新风，迅速成为了西方各国司法界一股进步的潮流。

今日，我们的法律之旅又来到塞纳河上绿树成荫的西岱岛，到离巴黎圣母院不远处的巴黎警察局里，去寻找一个法国小警察的故事。这个小小的警察，在西方刑侦技术史上可是个响当当的人物——他早在福尔摩斯还未出世的时候，便已经拿着放大镜四处去研究罪犯的指纹了。今日全球的警界，仍公认他为“指纹鉴定之父”、“西方刑侦技术的鼻祖”，他的名字，叫阿方斯·贝蒂荣（Alphonse Bertillon）。

指纹，由长短粗细不一、形状各异的纹线组成，分为弓形、箕形、斗形三种基本类型。指纹虽小，但它却具有终身不变、人人不同这两个极重要的特性，因此，今日世界，各国的刑警们，都把它视为最理想、最可靠的确认罪犯身份的证据之一而努力去搜寻。但人们能认识到这一点，却要经历了漫长的3000多年时间！

最早认识到指纹这两种特性的，说起来，还是我们中国人。在很古很古的时候，中国人已经懂得用压上手指凹痕的火漆作为重要信函的封条。而西方人认识到这一点，还只是这二三百年间的事。从17世纪至19世纪中期，曾先后有6位英国和德国的学者发表过论文，指出过“指纹”的种种模式、成因和特点。但这些学者们，却无一人能意识到它的实用价值，那就是：指纹，可以用来进行对罪犯作人身鉴定和确认。这种认识来自于另外三个普通的人，而最早的一个，就是贝蒂荣。

1880年10月28日，富尔茨医生在英国的《自然》杂志上发表了一篇文章，说他研究和发明了一种技术，可以使肉眼看不见的、由毛孔的油和汗产生的“隐性指纹”显影。他曾在日本用这种技术使一个小偷落网，因为他在窗框上留下了一个看不见的指纹。但马上，就有一个叫赫谢尔的官员出来争辩道：他早在担任孟加拉某地的行政长官时，就已运用过“指纹鉴定”的方法来揭穿了许多冒领养老金的骗子。他愤愤不平地说：他才是指纹鉴定技术的发明者。

正当英国的学术界吵翻了天的时候，贝蒂荣，这个巴黎警察局默默无闻的小职员，却早就悄悄地取得了一项世界领先的成就——据说，他早在富尔茨和赫谢尔二人对指纹产生兴趣的几年前，便已积累了几千张从犯罪现场找到的和从疑犯身上取得的指纹记录卡片。这个事实，使他无可争议地被公认为全世界的“罪犯指纹鉴定之父”。

照片：阿方斯·贝蒂荣（左），右图是贝蒂荣在巴黎警察局讲解刑侦技术。

贝蒂荣因为家贫，小时候多次被迫退学。因为个性倔强，他在工作时曾多次被老板炒鱿鱼。一直到20多岁时，四处流浪的他才在巴黎警察局找到了一份临时工——一个毫不起眼的档案管理员。也许是机缘巧合吧，生性孤僻的他，在这个枯燥无味、处处尘封的档案室里却是如鱼得水：这里虽然工薪低微，但没有那些复杂的人际关系，更没有现代人那些勾心斗角、踩着别人往上爬的“办公室政治”；这里没有多少事情可干，但这里却有大量从犯罪现场收集到的物品，这些物品里，都隐藏着一个个错综复杂的犯罪故事，尤其是在放大镜下，当看到那些乌漆漆的指纹，竟然会呈现出种种非常美妙的、迷宫似的花纹时，这就足够让这位性格内向、百无聊赖的贝蒂荣沉浸其中、乐在其中了。

经过多年的勤奋研究，贝蒂荣终于逐步建立了一个庞大的指纹记录资料库，还建立起一个初步的指纹分类系统。这一切工作，终于产生了第一个成果。1882年，法国警方利用他的指纹库资料与一个谋杀案现场的血指纹比照，顺利地找到了疑凶。他因为是欧洲第一个用指纹证据来解决谋杀案件的人而一夜成名，而他的身份，也从一个临时工晋升为正式的警察。

可惜的是，贝蒂荣毕竟书读的少，缺乏深厚的学术根基和学术思维，所以，他一直未能对指纹学有更深入的研究。而对刑侦实务工作的热爱，却使他的研究转向了另一个方向。后来，他又发明了一种方法用来鉴别罪犯：测量、记录 11 种数据——譬如左臂的长度（从肘部到中指尖）、两臂伸展的宽度、左手中指和小指的长度、左脚的长度、右耳的长度，脑袋的直径、长、宽度，坐高和站高，眼睛的颜色、身体的特征（如伤疤、痣等），正面、侧面的肖像，再加上右手的指纹。用这种测量的结果去鉴别“谁是真凶”，据说，其误差率只有 2.86 亿分之一。

平心而论，这种看起来很笨的方法还是有一定的科学性的。1883 年，法国警方试行这种“贝蒂荣人身测量法”，一年之内，就抓获了 300 多名重犯。于是，欧洲各国警界也纷纷采用这种方法来破案。不过，这种方法虽然使罪犯鉴定有了一个科学的基础，但由于过程太过烦琐，而且，许多数据却并非是“终身不变”的，而具备“终身不变、人人不同”的宝贵性质的指纹，在这里，却只屈居于一个附属的地位，因此，许多专家批评这种“贝蒂荣人身测量法”，是一种“脱裤子放屁”的笨办法。

在巴黎警局有关警员的陪同下，我们走进了这座巴黎警察局的二楼，参观了琳琅满目的犯罪鉴证科。在贝蒂荣的年代，这里曾名为“巴黎警察厅辨真局”，贝蒂荣也曾因功绩卓著，而从一个默默无闻的普通小警察，坐上过局长的交椅。不过，就在他声誉日隆的时候，他发明的“贝蒂荣人身测量法”，却意外地遭到了沉重的一击。

这一击，来自大西洋彼岸的美国。1903 年，美国堪萨斯州的利温澳尔斯监狱，关进来了一个高大威猛的黑人犯人。按照惯例，监狱警方对他进行了“贝蒂荣人身测量法”以记录在案。但测来测去，警方人员越看越觉得他面熟，问他是否在这监狱里待过？犯人却回答说“NO”。狱警越想越不对劲，他们跑去一间牢房，把另一个黑大汉带来这里，当二人同处一室时，简直把所有的警方人员都惊呆了——这二人毫无血缘关系，却简直像一对孪生子！新来者叫威尔·韦斯特，而原来已在监狱的则名叫威廉·韦斯特，这二人姓氏一样，

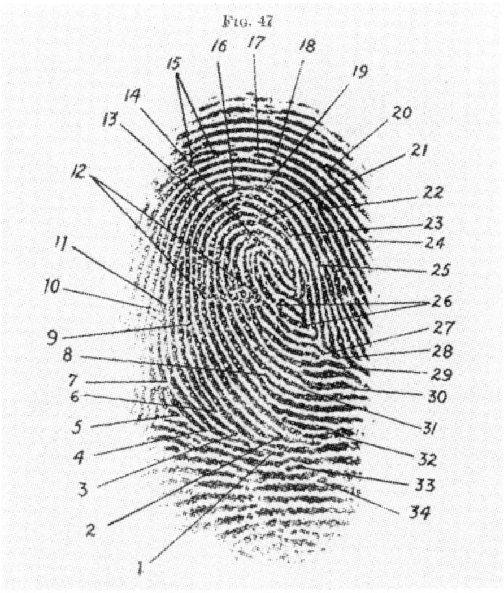

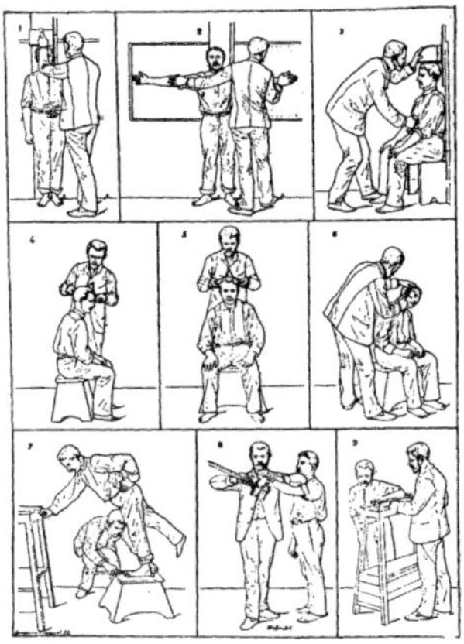

❙贝蒂荣的“指纹学”、“人体测量法”使其成为“西方刑侦技术的鼻祖”。

面貌一样，身高一样，正面、侧面的肖像都一样，按贝蒂荣的“人身测量法”去量度，居然所有测量的数据都一样——只是指纹有所不同！这个被称为“历史上最大的巧合”的“双韦斯特”案例，终于，使“贝蒂荣人身测量法”遭受了致命的一击。一个月后，美国的监狱就纷纷抛弃了“人身测量法”而采用了“指纹鉴定法”，苏格兰场（英国人对伦敦警察局的别称）也只采用指纹鉴定来破案。就在这一年，英国的爱德华·亨利勋爵出任伦敦警察局的局长，他在前人研究，也包括贝蒂荣研究的基础上，发展出一套切实可行的指纹分类系统，次年出版成书。他的指纹学理论，在英国、法国，全欧洲，甚至在美国的联邦调查局（FBI），都一直沿用至今。

在今日的世界上，指纹鉴定，可以说，已成为现代司法公正的一条坚强支柱。再没有什么东西，能比发现“两个人不可能有相同的指纹”这一点更能大大地促进了刑侦科学的发展了。追根溯源，贝蒂荣在这门科学上虽然失败了，但毫无疑问，他却是这门科学伟大的先驱者。

法治的宣言：波茨坦郊外的老磨坊

> “法院是法律帝国的理想，法官是法律帝国的王侯。”
>
> ——美国当代法学家罗纳德·德沃金：《法律帝国》

这一节，我们的“世界法律之旅”离开了巴黎，来到了德国首都柏林附近一个风光如画的小镇——波茨坦。

夏日的清晨，行走在小镇宁静的街道上，天空是蓝蓝的，阳光是暖暖的。举目四望，只见这座小城，遍地散落着法国式的园林、荷兰式的街道和英国式的石头别墅，而在一地的绿树丛中，你还不时会见到一两座俄罗斯教堂、阿拉伯清真寺的洋葱头状尖顶，甚至，有一座古老的中国式龙塔，在静静地闪光。当凉风轻轻吹来，空气中飘动着一阵淡淡的野花芳香的时候，那种清凉静谧的感觉，便忽然会令你想起了中国的庐山，想起了庐山东谷那片优雅宁静、充满了欧陆风情的老别墅群。

说起来，今日中国，可能会有许多人从来都没有听说过“波茨坦”三个字的。但是，在60多年前，在世界反法西斯战争的战史上，这个风光如画的小镇，却是一个赫赫有名的地方——1945年7月，当苏联红军攻克柏林之后，斯大林、杜鲁门、丘吉尔这“‘二战’三巨头”，便正是在这个硝烟未散的小镇上，举行了一次举世瞩目的“波茨坦会议”，来商讨如何处置战败的德国及如何去重建战后的欧洲新秩序等重要问题。会后，当时的中、美、英三国政府，还曾经在此地发表了一则庄严的联合声明——《波茨坦公告》，去敦促日本法西斯投降，并警告日本：必须向中国归还台湾、澎湖列岛。因此，在当年四万万中国同胞的心目中，这篇气壮山河的《波茨坦公告》，简直就如同是一篇正义的宣言。而战后的60多年以来，不言而喻，当年那座“波茨坦会议”的旧址——那座德国皇帝宏伟壮丽的“新宫”，便一直都成为这个小镇上最最吸引游人的景点，无论是西方的还是东方的游客到此，绝大多数都要到那儿去一游。

但我们今日此行的第一个目标，却不是那座游人如织的“新宫”，而是静静地隐藏在波茨坦郊外另一片森林里的另一座行宫——桑苏西宫（Sanssouci Park, 又译“无忧宫”）。因为，你知道吗，这座历史悠久，风光优美的无忧宫，不仅向来被人们称誉为“欧洲大陆唯一一处可以媲美凡尔赛宫殿的皇家园林”，而且，数百年来，令无数法律学人对此地心驰神往的主要原因就是：此地，还曾经是一个惊天动地的，关于“一个又穷又倔的磨坊主老头在面对野蛮拆迁的时候，是怎样循司法的途径，去告倒了一位权势显赫的大国王”的法律故事的发生地！近300年来，那座名扬四海的老磨坊，一直静静地屹立在桑苏西宫的围墙外，而那个古老的传说，及传说中那一句磨坊主的名言：“吾德尚有法律在，此不平事，我必诉之于法庭。”那种对法治的信仰，迄今为止，仍然一直还在那老磨坊的天空上，在那架不知疲倦地日夜转动的大风车的嘎嘎声中，日夜流传。

你是否能够想象得到：在今日中国，当所有的中国人一听到这个传奇故事的时候，心里面有一种怎样的震撼！

现在，追寻着这个传说的依稀足印，我们来到了无忧宫的围墙之外，并怀着一种朝圣般的心情，站立在那座声名远播的大风车之下，向读者朋友们讲述一个关于“磨坊主告国王”的伟大传奇。

根据毛泽东一生革命道路最早的指路人、杨开慧烈士之父杨昌济先生1912年赴德国考察教育时的见闻录——《静观室札记》记载，并参阅了其他众多中文文献的相关记述，这个世界法律史上空前震撼的法律故事，其基本的情节是这样的——

1866年，深秋某日，普鲁士王国（德国的前身）的国王威廉一世，在一大队御林军的前呼后拥之下，兴高采烈地来到了这座行宫里。

说起来，这位普鲁士国王威廉一世，在世界史上也还算是一个声名显赫的角色。他在德国历史上的地位，可以与中国的秦始皇、俄国的彼得大帝约略相比。他一上台，就曾说道："当其他国家在争夺陆地与海洋的时候，我们德意志人只能注视着头顶上的天空的时代，该结束了。"他任命那位著名的"铁血宰相"——俾斯麦为总参谋长，对左右邻国发动了三场闪电式的侵略战，并连战皆捷，开疆万里。他打赢了对奥地利的"七周战争"，把500万人口和64万平方公里土地划入了普鲁士的版图，然后，从维也纳大吹大擂地凯旋归来。而5年之后，在那场著名的"普法战争"中，他更是势如破竹地打到了巴黎的城下，并在凡尔赛宫著名的"镜厅"里，为自己加冕成为整个德意志的第一个皇帝。由此，你可以想见，当日的威廉一世，会是多么的春风得意、踌躇满志。

想当日，阳光灿烂的日子，得意洋洋的威廉一世登上了这座行宫的顶楼。在他的身后，簇拥着一群大臣和花枝招展的贵妇小姐。放眼望去，这座"无忧宫"的建筑式样，连同宫内的喷泉、林荫大道、草地、雕塑，都是由他的先祖腓特烈大帝在100多年前，完全仿照法国的凡尔赛宫来翻版而建造的。当威廉一世正眺望着眼前这片美丽的风景时，忽然，一座又残又破的大风车磨坊，映入了他的眼帘，挡住了他眺望全城的视线，这给威廉一世的好心情里，投下了一道不可容忍的阴影。

"拆掉它！"威廉一世发出了一道阴沉的命令。

"是，陛下！"一个大臣赶快飞跑而去。不过很快就飞跑回来："报告陛下，拆不得，那是一家私人的磨坊……"

威廉一世恼怒了："花钱买下来！再拆！快去办！"

"是！是！"大臣再次飞奔而去。然而，过一会儿，又再次飞奔回来，气喘吁吁地报告说："陛下，陛下……那磨坊……还是……不能拆……"

"为什么？"威廉一世惊讶地问。而答案却很简单："那磨坊主……死活……不肯卖。"

"多给他钱！他要多少就给多少！"国王开始不耐烦了。

"不行啊，陛下，那个倔老头儿说了，磨坊是他爷爷的爷爷从

▎无忧宫和宫殿旁边的磨坊风车。拍摄者是 Miguel Hermoso Cuesta。

腓特烈大帝时代就开始留传下来的，一家人世世代代靠它糊口为生。还说：它的价值无法计算，是一项无价之宝，给多少钱也不肯卖！”

“混账！”威廉一世暴怒了。我南征北战，攻城掠地，取人王冠领土如折路边野花，这小小一个倔老头儿，居然敢与我讨价还价？于是，威廉一世大声咆哮道：“马上派兵去给我拆掉这磨坊！谁敢抗拒，就地正法！”

一大队御林军应声蜂拥而去，铁蹄踏处，老磨坊顷刻被夷为平地。

事态发展至此，这样的一桩小事，这样的一个结局，在我们许多中国人的眼中，是完全正常的一件事。强权一定胜于公理！鸡蛋一定碰不过石头！磨坊主老头敬酒不吃吃罚酒，有“权利”可以出卖而偏不肯卖，那纯粹是他个人不识抬举，最后落了个鸡飞蛋打的命运，除了怨自己，还能怨谁？

但德国人，就不是这样想的了。

国王竟然如此胡作非为，这个国家到底还有没有天理？正当围观的群众义愤填膺、议论纷纷的时候，但据说，那个又穷又倔的磨坊主老头，却是出乎所有人意料地非常冷静。据杨老先生的记载：

这位磨坊主老头既不哭也不闹，既没有呼天，也没有抢地，而是袖手旁观，任由官兵把他的旧磨坊拆毁，然后再从从容容地对围观的人群说："为帝王者或可为此事，然吾德尚有法律在！此不平事，我必诉之于法庭。"此时，围观者们亦纷纷表示了各种或担心或赞同的意见：

"这样蛮不讲理，完全是违反法律的！"

"可他是国王呀！"

"难道国王就可以随便侵犯老百姓的权利吗？"

"如果国王就可以不遵守宪法，那国家的法律还有什么用？"

"告他去！""对！告国王！""控告国王！"

于是，金光灿烂的无忧宫外，秋风黄叶，顷刻间，便掀起了一场惊天动地的法律风暴。

追寻着当年成千上万波茨坦市民游行队伍的脚步，当天下午，我们来到了德国首都柏林最高法院的门外。据说，当年磨坊主老头就曾经在这里，郑重地向普鲁士最高法院呈递了一份古往今来破天荒第一次的"民告国王"的起诉书。起诉书的内容可能是这样的——原告人：磨坊主某某；被告人：国王威廉一世；事由：被告人利用职权擅拆民房；要求：赔偿原告人一切损失！保障国民"私有财产神圣不可侵犯"的财产权利！

起诉书一出，整个普鲁士震动了。整个德意志也都惊动了。小市民告大国王？相信，当时的整个欧洲，都在注视着这宗世界法律史上第一宗也是空前绝后的一宗"王室案件"的审判。

开庭审判的那天，据其他的文献资料记载说，柏林最高法院的旁听席上挤满了来自全国各地的人，但被告席上却空着，骄横的国王拒不出庭，也没有派律师代表前来应诉。可这并不妨碍缺席审判。

当原告磨坊主老头向法官详细叙述了事情的经过后，据说，旁听席上当即便爆发出了一阵雷鸣般的怒吼声："赔偿！赔偿！赔偿！"

对这宗案情极其简单、事实一目了然的民事小案子，最高法院的三位大法官却面面相觑，一时竟不知如何是好。

但正义女神的雕像，就矗立在法院的门外，雕像背后的那句格言，还铭刻在三位法官的心头："为了正义，哪怕它天崩地裂！"

三位法官最后终于统一了意见——“法官只有一个上司，那就是法律！法官只忠于一个上司，那就是法律！”他们毅然地一致裁定：被告人因擅用王权，侵犯原告人由宪法规定的财产权利，触犯了《帝国宪法》第 79 条第 6 款。现判决如下：责成被告人威廉一世，在原址立即重建一座同样大小的磨坊，并赔偿原告人各项损失费、误工费、诉讼费等费用 150 元。”

铿锵有力，大快人心！据说当时，欢呼而出的人群几乎挤破了法院的大门。

可以想象，当那位不可一世的威廉国王接到这份判决书时，一双手，是会怎样地颤抖。经过一番痛苦的权衡之后，威廉一世不得不向法律低头。他当即决定：完完全全，一一按法庭的判决书去照办。

在法律面前人人平等！连国王也不能例外！

于是，一座崭新的磨坊又矗立在桑苏西宫的围墙之外，而那座崭新的荷兰式大风车，便开始成为德国法律史上一道独特的风景。

150 大元也送到了老头儿手上。

磨坊主告国王的案例，终于得到了一个圆满的结局。

徘徊在柏林最高法院的法庭内，回想着这个 130 多年前的惊世奇案，真不由我们不感慨万分。西方人有事情就找法院，而中国人受欺侮则只会找中央电视台。中国人的衙门往往是“官官相护”，而西方人的法官却是真真正正的“法不容权”。这一切，真不由我们不猛然惊觉，原来，在西方的法律文化传统之中，还真的有一些是值得我们好好学习的地方。

有一点，是特别需要在这里一提的，那就是：日后，当普鲁士的国王威廉一世成为德意志的皇帝威廉一世后，那三位刚直不阿、秉公执法的大法官，不仅没有被德国皇帝秋后算账，反而，还受到了威廉一世衷心的赞扬。据杨老先生的记载：在追忆此事时，威廉一世曾感慨地说：“吾国法官正直如此……此吾国至可喜之事也。”

什么叫法治？这就是！

用香港前律政司司长梁爱诗女士的说话来说：“所谓的法治，是指政府的行为要有法律的依据并符合法律规定，公民的权利要由法律来界定及受法律保障，以及，法律面前，人人平等……”

简单一点来说：从上到下，从国王到法官、从法官到平民，人人都要依法办事，这才叫法治。

今时今日，倘若你有机会来到柏林郊外的小镇，在桑苏西宫的围墙外，你仍然能看到这座闻名遐迩的老磨坊。从威廉一世的时代起，这座磨坊，便被德国人尊称为一座“历史磨坊”。虽然在第二次世界大战后期，老磨坊曾被苏联红军的猛烈炮火打成了一地的断壁残垣，但 1993 年，两德统一后，德国政府又投入巨资，把这座“历史磨坊”修葺一新，并在此地建起了一座磨坊博物馆，而那架荷兰式的大风车又重新转动起来。当日，我来到此地时，只见那座老磨坊在历经了几个世纪风风雨雨的冲刷之后，依然是那样的容光焕发，历久弥新。它就像那个小小的磨坊主老头一样，虽不高大伟岸，但却坚强倔强，一任年年的风吹雨打，却始终不屈不挠地，矗立在金碧辉煌的桑苏西宫围墙外。

法学链接

“德国磨坊主告国王”故事最早的文献记录，出自于毛泽东的岳父杨昌济先生之手。90 多年前，杨昌济先生在其旅欧见闻录《静观室札记》中对这个“老磨坊故事”记述的原文如下——

“德国前皇威廉第一在位时，有一离宫在坡疵坦（即今波茨坦）地方。离宫之前有磨坊，欲登高远览一切景象，为所障碍。德皇厌之，传语磨坊主人曰：‘此房价值几何？汝自言之，可售之我也。’孰意磨房主人殊强项，应之曰：‘我之房基，无价值可言（即无价之宝的意思）。’德皇闻之赫然怒，令人将磨房毁去。磨房主人袖手任其拆毁，从容曰：‘为帝王者或可为此事，然吾德尚有法律在，此不平等事，我必诉之法庭。’彼竟与德皇构讼。法庭依法判决德皇重将磨房建筑，并赔偿其损失。德皇为法律屈，为人民屈，竟如法庭所判。事后且与人曰：‘吾国法官正直如此，我之大错，彼竟有胆识毅然判决之，此吾国至可喜之事也。’”

现代中国所有关于这个法律故事的各种大同小异的版本，其最初的源头，可能都是出自于这篇札记。

大风车传说：“老磨坊真相”背后的真相

> “一个法律共同体如果容忍不公正现象的话，那么，它便比那些意图在大街上抢劫的犯罪团伙更危险和更糟糕。”
>
> ——18世纪普鲁士国王腓特烈大帝

本书第一版自2004年年初问世之后，上述那个“德国磨坊主告国王”的故事，便马上通过全国各地的报刊转载、网友评论，而开始在中国的大地上不胫而走。

老实说，这种情形，真的有点儿出乎我的意料之外。从读者的反响来看，那篇关于“德国老磨坊故事”的游记，显然是本书在广大读者群中最受欢迎、最震撼人心的一篇。

但是，在一派的好评声中，实话实说，这个故事，也曾经遭遇到有些读者一阵猛烈的质疑。2007年年初，在本书出版的三年之后，亦即是重庆那宗“中国最牛的钉子户”事件正闹得沸沸扬扬的时候，有一位读者，突然在网上发表了一篇名为“德国皇帝与磨坊的真相”的评论。文中，该位读者尖锐地批评我在书中不仅“不动脑子”地去讲述了一个“传说”，而且，我在“张冠李戴”的同时，还歪曲了事实、加添了情节，使整件事情“错得离谱”。到最后，这位读者又断言：我是在“把传说当史实来讲”，而“一扣住史实，则既没有磨坊被野蛮拆迁，老弗里茨（指腓特烈大帝）的法治之功也不

绘画：磨坊主与威廉一世争讼图。

那么优秀”，云云。

本来，我是无心与任何人士去打这类“笔墨官司”的。因为，我深深地知道两点：第一，这个故事并不是我的“无中生有”，而是一个有根有据的、有着众多文献资料记载的著名案例。其中，被法学界公认为最早，也最为可靠的文献记录，便正是毛泽东的岳父、杨开慧的父亲杨昌济先生在1912年写的那部《静观室札记》。而我在本书第一版“波茨坦游记”一文里讲述过的，及中国法学界许多专家学者都曾经引用过的那个案例故事，更无一例外，都是源出于此。第二，倘若你将我在书中讲述的那个故事与杨昌济先生用文言文写的“旅德见闻录”细心对照一下的话，那么，你会不难发现——我的转述，无论是在时间、地点、人物、事件还是在事情的起因、事态的发展和事件的结局等方面，整体来看，几乎可以说：绝对忠实于杨先生的原文。

本来，此事是打算就这样算了。但转念一想：对于这个在中国法学界流传了将近100年，而百年以来，又从来都未有任何一个专家学者提出过任何异议的著名案例，现在，却开始有一位读者提出了一种毫不客气的批评和纠错意见，想来，在这位读者的言之凿凿和振振有词的背后，恐怕也未必会是毫无根据。看来，这里面，或许，也说不定真的存在一些鲜为人知的隐情？再认真想想：不管怎样，“虚心使人进步，骄傲使人落后”，而且，“实事求是”这4个字，本来就是我一生治学的根本原则。而作为一个普法作家，我觉得，为了不使神圣的学术殿堂蒙污，我似乎更加有责任、有义务，去彻底地弄清楚这个问题——如果是我错了，那我就二话不说，坦然认错；如果我确实没错，那我就欣然著文，再将那些追踪事实真相的曲折过程，来与广大的读者朋友们分享。这样处理，亦岂不善哉？

所以，一念及此，便使我心释然。两个月后，恰逢有关方面邀请我去撰写一部关于广州地铁的长篇新闻报道，而我为写好这部工程技术性、政论性都很强的深度报道，又正好要计划去欧洲六国考察一番世界地铁产业与城市规划建设的发展潮流，于是，借此机会，我便在由罗马去巴黎、伦敦的途中，抽空去了趟德国的法兰克福，并找到了两位在当地任教师的德国朋友，请他们帮忙去查对一下那座老磨坊的有关资料。

自欧洲返回后不久，一大叠厚厚的德文资料和中文翻译稿，就已经从法兰克福飞越过整个欧亚大陆，而沉甸甸地降落到我的书桌上。打开一篇由德国学者于2003年为庆祝波茨坦那座老磨坊重建十周年而写的纪念文章一看，我极其遗憾地发现：原来，就正如那位读者所指出的那样，那个轰动一时的、关于“德国磨坊主告国王”的经典案例，却竟然不是一宗真的史实，而只是一个“想象”与“史实”奇妙地交织在一起的混合体。客观地说：在那个故事里面，是既有一定的史实，也有大量的传说。不过，无可否认，恐怕还是以“传说”的成分居多。

由此看来，我在本书第一版里所讲述的那个故事，便真的是在某些情节上出错了。推而论之，我的资料来源，即杨昌济前辈100年前的旅德见闻，亦岂不会是出了点儿问题？

俗语说得好：“错了就是错了。”在现代最新的德文资料面前，我不能不承认自己的故事是出了差错。虽然，恕我直言，批评者的口气是有些尖酸刻薄，但活该，谁叫你真的有把柄让人家捏住了？不过，此时此刻，把这些私人恩怨先抛在一边，我私下以为：广大读者最关心的，一定不是“谁对谁错”的问题，而是“事实的真相又究竟如何”的问题。因此，为了尽一个作者的责任，下面，就让我本着一种“求真、求实”的精神，来努力梳理一下那些迄今仍然记录残缺的，且与许许多多相隔遥远的、连德国人自己都不知是出于何种目的而不断添加进去的浪漫传说纠葛在一起的事实真相，来向广大的读者朋友作一个简要的交代。

据我朋友寄来的、由德国学者菲利浦·奥浦曼（Philipp Oppermann）撰写的“无忧宫花园的历史磨坊”一文的介绍，这座在德国声名远播的老磨坊，其背后那些传奇故事的来龙去脉大致上是这样的——

1713年，第二任普鲁士国王腓特烈·威廉一世（注：近代史上，200多年间德国曾先后产生过勃兰登堡选侯、普鲁士国王和德意志皇帝三个不同的威廉一世）继腓特烈一世之后，登上了普鲁士国王的王位。就是在他统治的时期（1713—1740年），波茨坦这个风光如画的小镇，才急速发展成为一个有大量驻军和贵族的行宫型都市。而为了满足人口增多和粮食供应随之飞速增长的需要，于是，在这个小城中要大力兴建一些风力或水力的磨坊，就成为腓特烈·威廉一世必须要考虑的政策之一。

于是，1736年，这位威廉一世，便亲自批准了磨坊主约翰·威廉·加运利兹在加伦山上一处八面来风的地方修建一座风力磨坊的申请。1737年，磨坊建成，并开始投入运营。不过，三年之后，那位在德国历史书上被称为“战士国王”的腓特烈·威廉一世便去世。而腓特烈二世（史称腓特烈大帝）继位之后，便下令在那座大风车磨坊旁边，仿照法国凡尔赛花园的形式兴建了一座夏宫——桑苏西宫。不料，这座桑苏西宫那堵又高又大的围墙，使它旁边那座老磨坊所得的风力大大减少，进而无法正常转动。于是，磨坊主加运利兹就以维护自己的财产权利之一的“通风权”，而与腓特烈二世发生了一场著名的法律争端，而那个影响深远的“德国磨坊主告国王”的传奇故事，就是由此而开始。

这场官司的过程和结果如何？菲利浦的文章并没有提到。（据另一份德文资料《腓特烈二世时代司法形象一瞥》的记载：1746年

6 月 4 日，腓特烈二世命令波茨坦“战争与领地法院”审查磨坊主加运利兹对他的申诉，并在命令后附上一份亲笔信，说明：“由于无忧宫用高墙围绕着葡萄园并种植了高树，这确实导致加运利兹的磨坊因为风少而必须停工、还要年年交租……”因此，这位公正的腓特烈二世，面对事实，向法院表示认可了加运利兹的申诉，及批准了加运利兹提出的“要不就减免租金，要不就由国王承担费用，在其他合适的地方建一个新磨坊”的要求。）

接着，菲利浦的文章又继续讲道：加运利兹“加倍利用了国王的大度。他自己经营那个由国王出钱兴建的新磨坊，却将无忧宫旁边那座风力微弱的旧磨坊卖给了另一位磨坊主卡勒茨（Kalatz）”，而卡勒茨 10 年后又把磨坊转卖给了科格（Vogel）。简言之，18 年间，该磨坊换了三个主人。到 1781 年的时候，第三任磨坊主科格又再次因“通风权”受损的问题而再一次将那位宽宏大量的国王腓特烈二世告上了法庭。而这一次的结局，是磨坊主再一次赢得了诉讼：“国王承认其权利并从 1781 年起豁免了他的租金。”

而在这里，关于这位两次被磨坊主告上法庭的腓特烈二世，有些历史背景看来是很值得一提的，那就是：当这位腓特烈大帝继任为普鲁士国王之后，为改变当时德国的“千年落后”面貌，他便决心去实行一种叫作“开明专制”的统治政策。不说你可能不知道，就在他在位的 46 年里，普鲁士就已经悄悄地取得了两项世界上遥遥领先的文明成就——一是教育，二是立法。当时的普鲁士，教师已是最受人尊敬、收入最高的职业，他们一边在传播西欧发明的种种科学知识的同时，也一边在大力传播英法等邻国的民主、自由、法治思想的种子。更重要的是，当时的普鲁士，已建立起了宪法、刑法、民法、劳工法和行政法等一系列完备的法律体系。而在“开明专制”的政策指导下，当时的德国，甚至可以说比英国更重视工人、农民的权利。因为英国的资本家，大都是一些极端自私自利的自由主义者，他们都只是把工厂工人和农村失地农民看作“两条腿的廉价劳动力”，而腓特烈大帝却始终都认为：“劳工是一项宝贵的国民财富，它的品质会因失业而变坏。”只有大批受过良好教育、有稳定的工作和良好的福利待遇的工人、农民，才是这个国家富强的保障。而这种

航空拍摄无忧宫全景，磨坊位于照片的左上角。拍摄者是 Sven Scharr。

绘画：正义的弗雷德里希。意大利画家 Vincenzo Vangelisti（1740－1798）创作于 1780 年。弗雷德里希二世，普鲁士国王 (1740－1786)。在内政方面，他推行了农业改革、军事改革、教育改革、法律改革。他的名言是“我是这个国家的第一公仆”。他对法律的发展贡献良多：普鲁士是欧洲第一个享有有限出版自由的君主国，废除了刑讯逼供，还建立了廉洁高效的公务员制度。在弗里德里希二世统治时期，普鲁士兴建了数以百计的学校。另外，当时普鲁 士的人民可以通过上书或求见的方式向国王求助。弗雷德里希二世竭力避免封建制度的流弊，对此他对自己手下的官员非常不信任，他深深感到等级观念会作祟。“我很不高兴，那些在柏林吃上官司的穷人，处境是如此艰难。还有他们动辄就会被拘捕，比如来自东普鲁士的雅各布·特雷赫，他因为一单诉讼而 要在柏林逗留，警察就将他逮捕了。后来我让警察释放了他。我想清楚的告诉你们，在我的眼中，一个穷困的农民和一个最显赫的公爵或一个最有钱的贵族没有丝毫高低之别。法律面前人人平等！”（弗雷德里希二世 1777 年致司法部部长的信）。

“保障”，又必须依靠“公平正义”的司法制度来作保障。因此当时，腓特烈大帝就十分尊重和爱护自己臣民们的权利，而在腓特烈大帝的身体力行之下，普鲁士亦渐渐地形成了一种“厉行法治”、“在法律面前人人平等”的优秀法治传统。

只有了解了这些背景之后，我们才能明白：腓特烈大帝为何会被磨坊主告了两次。而“磨坊主告国王”的故事，为什么只能发生在德国，而绝对不可能产生在世界上任何其他的国家。

1786年，这位以身作则、厉行法治的腓特烈大帝驾崩，腓特烈·威廉二世成为普鲁士新的国王（注：与那位后来发动了第一次世界大战的德国皇帝威廉二世并非是同一人）。这位新国王登基的第二年（1787年），可能是由于像腓特烈大帝那样热爱田园风光，并把这座老磨坊视为无忧宫一个极好的装饰品的缘故吧，这位威廉二世，便命人拆除了那座已经有50年历史并即将要倒塌的老磨坊，并且自掏腰包，请一位荷兰工匠来修建了一座有三层顶楼的荷兰式风磨，并继续出租给磨坊主科格来经营。这座磨坊，便是今天游客所能见到的那座“无忧宫花园里的老磨坊”了。

事实的真相追踪至此时，读者眼中所看到的18世纪德国，便完全是一个法治的德国和几位努力使司法公正的国王。但不知何故，自腓特烈大帝去世后开始，亦即是威廉二世执政之时开始，一个关于“德国国王因不堪忍受大风车的嘎嘎吵声而派兵野蛮拆迁老磨坊，而磨坊主则通过法院的途径去告倒了大国王”的故事传说，便突然开始在西欧的大地上悄悄流传。

据现代德国学者的考证：这个不知是因为什么，也不知是出自哪一位文人之手的故事传说，第一次出现在公众的面前时，是在1787年（即腓特烈大帝死后的次年）。其最早的文本，也不是以德语的形式，而是以法语的形式，出现在一本匿名作家写作的名为“Vie de Frederic”（《腓特烈传》）的法文传记中。但很快，这个传说故事的德文版本，经过一番“以想象包裹着事实”的改编之后，就“出口转内销”回到了它的发源地——德国，而且，内容中更加入了一些发生在相隔遥远地方的传说故事，例如，加入了一个关于腓特烈大帝如何受一位狡猾的磨坊主欺骗而去干预法院公正的判决、如何本着一片“为民做主”、“主持正义”的好心却反而办了坏事、将一众坚持正义的法官错误地撤职查办、投入监牢的不幸故事，并将它改编为一个德国法官不畏强权、坚持“司法独立”、“司法公正”的感人故事。

而对于这些改编得面目全非的传说故事，那位新国王威廉二世不仅没有龙颜大怒、怒斥其“失实”，反而从这些传说中找到了很多的乐趣。他认为：这些传说，恰好反映出了他的伯父腓特烈二世是一位“公正”的国王，而且，腓特烈大帝的那句名言：“不能再允许臣民的权利因贵族的专制而受到损害了，因为，臣民的存在和工作，是国家兴盛的最好保障”一语，亦是以形象的方式来表明了腓特烈的历史功绩之一——在发展经济的同时，亦以厉行公正的“法治”来保护臣民的权利。因此，此后历代的普鲁士国王，都非常乐意见到这些传说在德意志诸邦和欧洲流传。

1821 年，第三任磨坊主科格的遗孀因磨坊的生意惨淡，而想把它卖给她的邻居——威廉三世。虽然威廉三世冷淡地拒绝了，但 1840 年，另一位新国王腓特烈·威廉四世却主动购买下了这座又残又破的老磨坊，并修葺一新，使它成为无忧宫花园里的一个组成部分。由此，波茨坦地区当年的 40 多座大风车磨坊里，便只有这一座，能成为唯一的幸存者而保留了下来。而从这一系列事件中，渐渐地，又产生出了另一段传说，即那段关于德国皇帝写信给磨坊主，并随信赠他 6000 大元，希望他能好好保存住那座老磨坊，并为德国保存住那一种法治的精神的动人后话。

到 1871 年，那位第一次统一了德意志全境并在法国的凡尔赛镜厅里加冕为德国第一位皇帝的威廉一世，更宣布这座老磨坊为“历史磨坊”，并把它作为一个炫耀历代德国帝王的文治武功，借以鼓吹狂热的“日耳曼民族优越论”和忠君主义、爱国主义的教育基地，免费开放给全德国的人民来参观。从此，这座老磨坊的传说，便一代又一代地，开始在全体德国人的集体记忆里流传。

至此，对这个老磨坊故事的真相及其传说的种种来龙去脉，相信读者会开始得到一个比较清楚的认识。此时此刻，我首先要感谢我的德国朋友在资料搜集方面对我的大力帮助，同时，我更要深深地感谢那位在网上对我提出了尖锐批评的读者。正是由于这位读者的批评，才促使我去进一步查清了整件事情的真相，从而，得以去认识错误和纠正这个在中国法学界流传了将近 100 年的错误。但是，在郑重地向本书所有的读者道歉之后，我还是想在本书的再版里，将第一版中那个原来的“传说”保留下来。这里面的原因有二。第一，这个故事，虽然在资料考证方面有错，但我却始终认为：这是近百年来，中国法学界中那些关心祖国的前途、民族的命运、人民的幸福，从而热切地期盼“法治”、推动“法治”的专家学者们（包括我这个小人物）所建的一项“最失败的工程”，而同时，就正如“比萨斜塔”那样，是这些醉心法治的工程师们所犯的一个“最美丽的错误”。第二，我从来就没有怀疑过杨昌济前辈的学识人格和道德文章，更从来就没有忖测过杨老先生是否会因想哗众取宠而去乱编故事。我深深怀疑的只是：在德国发动第一次世界大战的前夕，在杨老先生赴德国考察的时候，他从德国当时那些善于迎合统治阶级意志、喜欢伪造历史、改编故事、鼓吹狂热的民族主义和忠君爱国主义的学者们口中听到的这个传说，其故事的主角，便早已就符合逻辑地从“普鲁士国王腓特烈大帝”，而悄悄地被改编成了“德国皇帝威廉一世”！

换言之，杨昌济先生当时记录下的这个传说，在当时，便显然被许多德国人和德国学者们坚定不移地确信为一种“史实”了！

我个人认为，这可能便是“老磨坊故事真相”背后的另一种真相。

而今日回首，这一大段传说故事发生、演变的全过程，不也正是另一种非常深刻、非常耐人寻味的“史实”？

因此，本文写到这里时，对于许多读者朋友曾向我质疑过的一个问题：“在德国这样一个曾挑起过两次世界大战的军国主义国家里，是否可能会像你所说的那样，存在着一种‘法官独立’、‘司法公正’而民众则‘有事情就找法院’的优秀法治传统？”对于这一个问题，我相信，凡是耐心读完了这两篇“老磨坊故事”的读者，都可能会得出这样的一个结论：“这不仅是可能，而且，是事实。”因为，正如英国史学家赫·乔·韦尔斯在他那部著名的《世界史纲》里说过的那句名言那样：“普鲁士化了的德意志，是西欧最新同时也是最陈旧的事物。它是那个时代里最好的也是最坏的国家。”而要详尽地解说这一种极其复杂的历史现象，那看来，是远远超出了本书既定的话题之外了。不过此时，最令我欣慰的，是一位专业的法律学人在网上的感言。他原来对我写的那个“老磨坊故事”也有许多尖锐的质疑，但当他弄清楚那些错综复杂的“史实”与“传说”，并终于学会了“跳出法律来看历史”之后，他便情不自禁地在自己的博客上发表了一则这样的感想：“游人（尤其是学习法律之人）到波茨坦旅游不观看此磨坊，则终生遗憾矣。”

我将他这句发自内心的共鸣，视作是对我这本小书一种极大的鼓励。

法学链接

无独有偶，我们中国的唐都长安，也曾经发生过这样一个“老磨坊故事”。

据《旧唐书·李元纮传》的记载：公元710年，武则天的女儿太平公主倚仗权势，强行霸占了长安城东部一家寺庙的一座老磨坊。面对着这个“皇帝女”的胡作非为，那家寺庙的老和尚却未能看破红尘，居然将这个皇帝女告到了万年县的县官那儿。

当时的长安城，以朱雀大街为界，分属两个县管治——西边叫长安县，东边叫万年县。而万年县的县官，就正是那位一向以清正廉明、执法不阿而著称的李元纮。当日，他开庭审案，当查明事实之后，他二话不说，就判令太平公主的家丁将磨坊归还给老和尚。但此时，李元纮的顶头上司却急急召见李元纮，并厉声斥责，要他马上改判。但秉公执法的李元纮，却丝毫不为所动，他在此案的判决书上，挥笔写下了大义凛然的两句结语：“南山或可改移，此判终无摇动！”然而，他深深地知道：不乖乖地按上司的旨意去改判，等待着自己的命运将会是什么，因此，当写完这两句话之后，他把笔一丢，将乌纱帽摘下，便仓皇逃命，不知所终。

对比一下这两个相隔千年、相去万里的“老磨坊故事”，中国读者，除了为东西方法官的不同命运而扼腕叹息之余，或许，还会对我们自己的法律文化传统，产生了一种更深刻的认识。

德国国会大厦：司法正义的“不死鸟”

“我们所看到的法律污点，都是人类用自己的手涂上去的，这些手，也同样可以将那些污点抹去。”

——美国法理学家J·M.赞恩：《法律的故事》

我们的“法律之旅”在德国行走了许多地方——先从柏林去到波茨坦，再从波茨坦去到莱比锡，现在，我们又从莱比锡回到了柏林。

众所周知，柏林，是一座多灾多难的城市。然而，许多人却不知道，柏林又是一座绿树围城、生机盎然的城市。从我们所住酒店 30 楼的高空鸟瞰柏林，只见清清的斯普里河从城中蜿蜒流过，市区的东西两端分布着大片大片的森林湖泊。无数幢外墙粉刷成鲜艳的红、黄、蓝色的现代化高楼大厦，与众多洁白的古宫殿建筑群点缀在绿树丛中，阳光下，处处像一个色彩斑斓的童话世界，令你怎样也无法想象，第二次世界大战在这里结束时，此地，竟然只有遍地的瓦砾和废墟。

从东柏林沿着著名的菩提树下大街往西柏林走去，前面赫然出现了那座柏林市的标志性建筑物——勃兰登堡门。这座始建于 200 多年前的柏林“凯旋门”，原来是普鲁士国王威廉二世（在位时间为 1786—1797 年）为纪念其伯父腓特烈大帝的显赫武功而建造的。它的顶部，矗立着一尊胜利女神手执兵器、驾着四马战车飞奔的巨型雕像，雕刻之精美，丝毫不亚于罗马、巴黎那些杰出的艺术珍品。而当年那道举世著名的“柏林墙”，便曾紧贴着它的身后穿过，把好端端的一个城市，人为地分割成两个水火不容的世界。今日，这

照片：1945 年 4 月 26 日，苏军对柏林发动总攻。这张照片拍摄于 1946 年，被炸后的国会大厦千疮百孔。

座著名的“柏林墙”，早已在 1989 年东欧剧变时被柏林人推倒了，当年铁丝网林立、军警杀气腾腾的勃兰登堡门，已成为一个万千游客熙熙攘攘的旅游好去处。昔日东西方之间种种“冷战”、“热战”的硝烟早已烟消云散，那道曾连绵 165 公里的柏林墙也早已荡然无存，今日的勃兰登堡门下，只有一些小贩在向游客兜售当年柏林墙的残砖碎片。我们好奇地挤上前问问价钱——大的 15—25 马克，小的 7—5 马克。价钱倒是不算贵，但试想想，如果我们不远万里地从德国背几块烂砖头回国，别人知道了，一定会笑我们是头号的傻瓜。

漫步在绿树葱茏的柏林街头，柏林的城徽——一只笑容可掬的小狗熊雕像随处可见。但此时，我们却急于寻找柏林城另一座建筑物——国会大厦。那座曾被希特勒的冲锋队一把大火烧了个通天、后来又被苏联红军的猛烈炮火轰得百孔千疮的古老建筑物，在历尽战火、饱阅沧桑之后，今时今日，你可还好吗？

一抬头，原来，国会大厦就正紧邻在勃兰登堡门的旁边。于是，我们绕到共和国广场，从正面向它走过去。当我抬眼一望时，我简直不敢相信自己的眼睛——以前，在我的印象中，德国的国会大厦是一座被炮火炸得摇摇欲坠的半废墟，但如今矗立在我们面前的，却是

照片：国会建筑失火后的惨状。

一座美轮美奂、彩旗招展的宏伟宫殿！那个举世闻名的圆形屋顶、那个在“二战”时曾被苏军炮火打得粉碎的地方，现在，又重新崛起了一个更高更大的银光闪闪的“玻璃蛋”。远远望去，绿树蓝天、石墙银顶，塔楼上飘扬着几面黑红黄三色的国旗，古典艺术与现代建筑完美的结合，使这座古老的大厦焕发出无限的青春活力。

走上国会大厦高高的台阶时，我不禁忆起了70年前那宗举世震惊的“国会纵火案”，以及那场举世瞩目的“莱比锡审判”的法律故事。

那是在1933年2月27日，晚上，9点15分，这座庞大的石头建筑物里突然冒出了冲天的大火。5分钟后，熊熊的烈焰便烧穿了国会大厦的圆顶。在漆黑的夜幕下，在烈火、浓烟和刺耳的消防车尖叫声中，当时任德国总理的法西斯党大魔头希特勒和他的爪牙戈林、戈培尔等人，也神秘地出现在这台阶上。15分钟后，全德国的人民便从广播电台上听到了希特勒的狂呼：“这是共产党的阴谋！逮捕一切共产党人！”随着希特勒的叫嚣，当晚，纳粹党的冲锋队员便神速地在2小时内逮捕了1万多名共产党员。第二天，国会大厦的余烟未熄，希特勒便颁布了一项法令：删除《魏玛宪法》中有关保障公民的人身自由、言论自由、集会结社自由的条文。紧接着，希特勒又颁布一项法律：德国唯一合法的政党就是“国家社会主义工人党（简称纳粹党）”，任何加入或组织其他政党的人一律要判处徒刑。就这样，通过这场“国会纵火案”，全德国的反法西斯人士几乎被一网打尽。事后查明，这场骇人听闻的国会纵火案，其实就是希特勒、戈林一伙法西斯党徒一手策划和实施的，其目的，就是要镇压反对派，趁机实行纳粹党的独裁统治。当时，为了掩人耳目，他们把一个自称是“荷兰共产党员”的精神病人卢贝、德国共产党主席台尔曼和三名保加利亚共产党员送上了法庭，于是，世界法律史上，便产生了那场轰动一时的“莱比锡审判”。

位于德国中南部的莱比锡，是德国仅次于柏林的第二大城市。我们前几天已去拜访过这个地方。1933年9月21日，那场举世瞩目的审判就在莱城的最高法院开庭。审判中，那个在纵火现场抓到的、一直神志不清的荷兰人被判有罪，因为他当时确曾潜入国会大厦，并用一瓶酒点燃过自己的一件衣服。但真正的罪犯却应是戈林。因为，从他的住宅（戈林当时是国会的议长）通往国会大厦地下室的通道里，发现了10多个汽油桶，上面都有法西斯党的标记。据历史记载：法庭上，保加利亚党中央委员季米特洛夫不要辩护律师，自己充当辩护人，他慷慨激昂地对戈林提出了反诉：“真正的纵火犯就是你！”长达3个月的审判结果是：虽然季米特洛夫的反诉没有成功，但纳粹党对共产党的诬告却也彻底失败！至少从腓特烈大帝的时代起，就一贯有着优良的“司法独立”、“司法公正”传统的德国法官们，冒着丢脑袋的风险，对德共主席台尔曼和季米特洛夫等3名保加利亚共产党人宣布无罪释放，但对荷兰人卢贝则判处了死刑。应该指出的是：在我们的历史教科书上，对“莱比锡审判”一案，一贯是用“臭名昭著”这四个字来形容。但实事求是地看，在当时的德国，在那种法西斯恐怖主义甚嚣尘上的年代，作出了这样基本公正的判决，我们不能不佩服德国法官们的正义感和良心！更不能不感受到德国的法律文化传统那一种伟大的力量。

位于莱比锡的德意志帝国最高法院，现在是德国最高行政法院所在地。

走进当年那座伤痕累累，今日却焕然一新的国会大厦，据说在1991年，“东欧剧变”西德和东德重新统一后，联邦议会便决定不惜一切代价重新修复这座国会大厦。当时，各方对是否要恢复国会大厦的圆顶曾有过激烈的争论。当年兴建这座大厦时，大厦左右两边的皇宫和柏林大教堂都是圆顶的，为了显示民众与贵族和教会平起平坐的民主精神，因此，国会大厦的主体部分也采用了圆顶。1933年国会纵火案时，圆顶被烧坏了，1945年苏军攻克柏林时，又把它轰成了一座“平顶房”。许多人来信发表意见说：“没有圆顶的国会大厦，就不是德国的国会大厦。”最后，国会讨论终于以多数票作出决定——尊重历史，恢复圆顶。

我们现在看到的国会大厦新圆顶，是一只半球形的“钢铁与玻璃”的艺术组合。德国人亲切地称它为“玻璃蛋”。我们乘坐宽敞的电梯上到国会大厦楼顶的平台，映入眼帘的，是一座晶莹剔透的水晶宫，24根钢铁龙骨上，安装着几千块大块的玻璃板。这个“玻璃蛋”对公众和

游客开放，进入这个直径达40米的“玻璃蛋”的内部，有一条400多米长的“环蛋公路”一直盘旋上顶，到了顶部，有一个高高的观望台，站在观望台上，俯瞰脚下，国会大厦议会大厅内一切议员们在讨论和制定法律的活动看得清清楚楚，环眺四周，柏林的风光尽收眼底。

如今，这座国会大厦的新圆顶，已成为德意志民族的新骄傲和柏林的一个新标志。德国人自豪地称之为“国家之穹顶”，认为它象征了德国的民主制度。而在我看来，它更像是德国法律传统的一个象征，像一只“公开、公平、公正、透明”的法律正义的不死鸟。这只法律正义的不死鸟，近百年来，在法西斯恐怖统治的淫威之下和连绵的战火摧残中，尽管曾几度遭受重创，但是它却一直坚强不屈。而现在，它又一次重新飞起，飞翔在柏林蔚蓝的天空下。

记得有人曾经说过，历史就如同一枚硬币，有正反两面。对这座举世闻名的德国国会大厦以及由此而产生的“莱比锡审判”事件，我们又何必只看一面呢？

慕尼黑回首：风中的白玫瑰

> “新欧洲的基础是：言论自由、信仰自由、保护国民不受国家暴力的任意欺凌……”
>
> ——德国反法西斯英雄绍尔兄妹在慕尼黑散发的传单摘句

离开柏林之后，我们驱车南下，越过那条静静流淌的蓝色多瑙河，直奔德国南部边境的一座历史名城——慕尼黑，继续在德国的大地上，追寻法律的印迹。

说起来，慕尼黑是德国南部最大的一个工业城市，著名的奔驰、宝马等汽车制造厂都集中在此地，而同时，她又是德国一个著名的“啤酒之城”。她地处“欧洲之魂”——阿尔卑斯山的北麓，与素有“中欧花园”之称的奥地利萨尔茨堡是鸡犬相闻。漫步在老城区玛丽安广场周边的大街小巷里，除处处可见的巍峨壮丽的大小教堂外，还可以闻到从一些大大小小的、鲜花盛开的啤酒馆里飘出来的酒香。

时近傍晚，同行的德国朋友提议我们找家啤酒馆去“喝一杯”。而且说：“未喝过慕尼黑的啤酒，你们就未算是来过德国。”于是，我们便安步当车，从卡尔门广场的街心喷泉处返回到玛丽安广场附近，寻到了那家大名鼎鼎的、蓝白色霓虹灯招牌上闪烁着两个大大的“HB”字母的“国家啤酒馆”，并在中央乐池的旁边找了张橡木长桌坐了下来，每人都点了 4 扎啤酒（“扎”是一种厚重的大啤酒杯，每杯一公升）——两扎“黑啤”、两扎金黄色的“生啤”和一只大得惊人的“德国咸烤猪肘”。

当我们品尝着滋味浓烈的慕尼黑黑啤时，我忽然想起了一宗在此地发生过的陈年旧事——希特勒的“啤酒馆政变记”。据说，这家“慕尼黑国家啤酒馆”，便是1923年希特勒率领纳粹党徒们发动“啤酒馆政变”的地方，也是希特勒当上德国元首之前经常来发表演说的地方。但今时今日，当年一切与这个法西斯大魔头有关的痕迹均已被扫除得一干二净了，而唯一留存下来的，便只有一种酒客们边狂饮啤酒、边用厚重的啤酒杯“砰砰嘭嘭”地狠砸桌面来为军乐曲伴奏的传统。

我们花了10欧元（相当于人民币100元），请乐池里的铜管乐队为我们演奏两首中国的进行曲——《中国人民解放军军歌》和《团结就是力量》。而当激昂嘹亮的“向前、向前、向前……”的鼓号声高奏起来的时候，霎时间，那家“HB”啤酒馆的大厅顿时沸腾起来——突然有许多不知从哪儿冒出来的中国游客们，不分男女老少，都一齐应和着《中国人民解放军军歌》的雄壮节拍，而起劲地用厚厚的大啤酒杯来敲击桌面。我们手拉着手、肩搭着肩、高举着金黄色或琥珀色的啤酒杯来激动地互相碰杯，并且扯开嗓门，又蹦又跳，眼中泛着泪光，在异国他乡的土地上，一起来了场气势磅礴的“中国军歌大合唱”。

好了，闲话休提，言归正传。我们这一次的慕尼黑之行，其主要的目的，当然不只是来痛饮啤酒、狂唱军歌，来宣泄一下中国人民的爱国主义情怀，而是要来追寻一支德国的野玫瑰——一支在阿尔卑斯山的冰天雪地中永不凋谢的白玫瑰。而这支圣洁的，以人类的“良知”来反对纳粹“恶法”的“白玫瑰”，就是德国历史上的“十大伟人”之一、慕尼黑大学的反法西斯英雄——绍尔兄妹。

长久以来，一提起德国，世人的心目中便会浮现出“法西斯”、“党卫军”、“集中营”、“焚尸炉”等可怕的字眼，却很少有人会知道：在中欧这片秀美的河山上，自古以来，德国，却也曾经是一个文化兴盛、法治昌明、思想自由、产生过无数伟人巨星的伟大国家。

未来慕尼黑之前，我们就知道：2003年年底，德国电视二台曾举办过一次轰动全国的“评选德意志俊杰”的盛大活动。据说当时，有一千多万名电视观众参与了投票选举（德国的总人口才9000万），并从德国近千年的历史上，评选出了德意志全民族众望所归的“十大伟人”。其中，慕尼黑的“绍尔兄妹”便以500多万张得票而高居于第四位，与战后曾一手领导德国从废墟中爬起的德国总理阿登纳、一手领导了德国著名的宗教改革运动并在全球拥有七亿信徒的新教领袖马丁·路德，以及伟大的共产主义者马克思比肩而立，而远远位居于巴赫、瓦格纳、歌德、尼采乃至爱因斯坦等各位音乐、文学、哲学和科学的煌煌巨星之前。

而这“绍尔兄妹”又是何许人也？说出来你也许不信，他们只不过是慕尼黑大学两位年轻的大学生。

但作为两位反法西斯英雄来说，他们的英雄气概和高贵事迹，在德国却是家喻户晓。

汉斯·绍尔（Hans Scholl）生于 1918 年 9 月 22 日，苏菲·绍尔（Sophic Scholl）生于 1921 年 5 月 9 日。1942 年的深冬，当纳粹军队在欧洲战场上节节败退时，他们在慕尼黑闹市里散发了大量的传单，号召人民起来推翻法西斯的暴政、重建德国的“民主自由”，而当他们被纳粹党法庭判处死刑的时候，哥哥汉斯仅 24 岁，而妹妹苏菲尚不足 22 岁。

追寻着德国法律史上这黑暗的一页，次日清晨，我们一大早便来到了慕尼黑北郊的路德维希·马克西姆利安·慕尼黑大学。

这座始建于 15 世纪的、全德国规模最大的大学，其校名的前面，便一直都冠以两个古代国王的名字。而被捕前，绍尔兄妹就正在这所德国最著名的大学里学习医学和政治学。

说起来，出生于两次世界大战之间的绍尔兄妹，从一出生，便目睹着德国在“一战”战败后的种种惨况——领土被瓜分、政府要割地赔款、工厂倒闭、大量失业的工人农民流落街头，等等。因此，满怀着一腔的爱国主义，绍尔兄妹正如当时许许多多热血沸腾的德国青年一样，一度曾被“希特勒是德意志民族崛起的大救星”的流行思潮所迷惑，而早在十多岁的时候就加入了乌尔姆市的“希特勒青年团”，哥哥汉斯甚至还在纳粹党的纽伦堡会议上，成为 4000 名乌尔姆市青年团的旗手。不过，自那次大会之后，汉斯·绍尔很快就认清了纳粹党反民主、反自由、反人权、反法律正义的丑恶面目，于是，失望的汉斯，开始勇敢地走上了反对法西斯极权主义的道路。

中学毕业后，汉斯·绍尔曾一度被征入德国国防军，服役期满

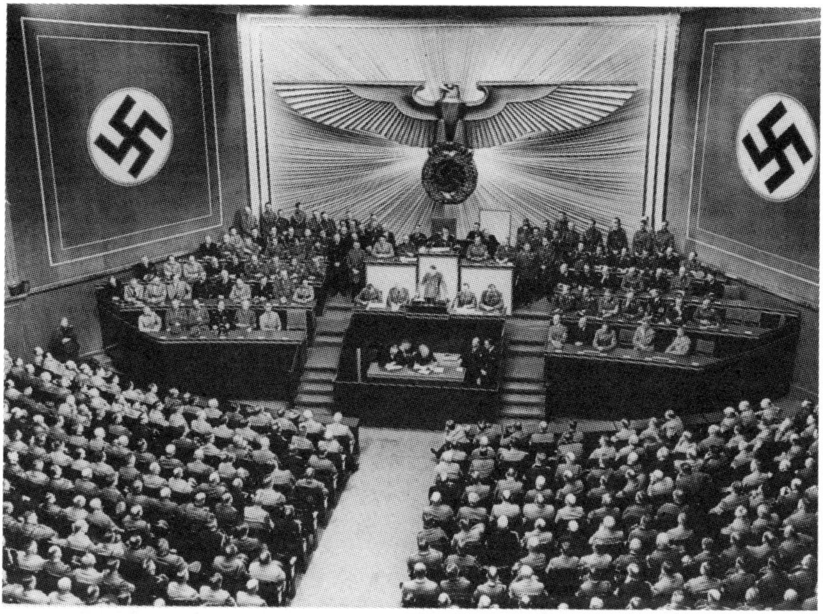

德国纳粹在国会大厦召开会议。

绍尔兄妹的老照片。

绍尔兄妹广场上的“白玫瑰纪念碑”。

后，他离开兵营，进入了慕尼黑大学学习医学。但1939年9月1日，德军突然袭击波兰，第二次世界大战随即爆发。隆隆的炮声，无情地粉碎了慕尼黑大学里所有学生平静的校园生活。当时，医科学生在假期时必须征调到前线去救护伤兵。1942年6月，在被迫卷入了侵略战争、目睹过战争的野蛮、纳粹德军对被征服国家人民的残暴屠杀之后，汉斯·绍尔毅然在慕尼黑大学的学生中组织了一个反战、反纳粹的地下组织——“德国抵抗运动”。在其后的半年里，他们在慕尼黑到处散发传单，传单中，愤怒地揭露了希特勒军队在欧洲大地上犯下的滔天罪行，并强烈地号召德国人民：“从希特勒嘴里说出的每一个字都是谎言！推翻法西斯政权！制止战争！”而每份传单的最后署名都是——“白玫瑰”。

众所周知，历史上，慕尼黑曾经是德国纳粹党和希特勒法西斯主义最早的发源地。现在，这个德国法西斯的“后院”却忽然起火，而这支带刺的白玫瑰，无疑就像是一把插向法西斯党心脏的尖刀。

当法西斯主义的滚滚寒流正在席卷欧洲，当寒光闪闪的德国战车正在横扫一切的时候，这支在慕尼黑的冰天雪地里迎风绽放的白玫瑰，不正显示了德意志民族一种高贵的勇气与良知?

说起来，这个“白玫瑰”组织的成员并不多，只有8个。除了两名乌尔姆市（绍尔兄妹的故乡）的中学生之外，其余6人，均为慕尼黑大学的教授和学生。但就正是这8个人，却成为第二次世界大战时期德国的“平民勇气”和“知识分子良心”的最伟大代表。汉斯·绍尔的妹妹苏菲·绍尔，是一个温柔娇小的姑娘，但也是这个战斗组织里最积极最活跃的一个。在她和哥哥一起被捕的前几天，曾有朋友劝她说：不要以一介书生的微小力量，去对抗整个邪恶的国家机器时，这个温柔娇小的姑娘却坚定地说：“我们不能再沉默。已经有太多的德国人、欧洲人因为这个暴政而死，现在，应当有人为反抗这个暴政而死了。”于是，她视死如归，又继续携带着大量的传单走向了街头。音乐家胡伯教授是“白玫瑰”的核心成员，绍尔兄妹所散发的最后一份传单，便正是出自他的手笔:“自由与尊严!十年了，这两个美妙的词语被希特勒及其同伙榨干了汁液、砍尽了枝叶、拧歪了脖子，让人一听就忍不住恶心。只有像希特勒这样拙劣的业余演员，才能如此成功地把一个民族至高无上的价值观念扔进猪圈里。十年来，他们剥夺了德国人民所有物质上和精神上的自由，毁灭了德国人民全部的道德基础……1813年，我们曾经战胜过拿破仑的暴政，现在，我们要用同样的精神力量去摧毁纳粹党的暴政！”

而在汉斯·绍尔自己执笔撰写的一份传单中，他甚至提到了一项未来欧洲解放道路的基本原则：“新欧洲的基础是：言论自由、信仰自由、保护国民不受国家暴力的任意欺凌。”而60年后，在那份由法国前总统德斯坦起草的《欧洲宪章》中，我们可以很惊讶地发现：汉斯·绍尔这些闪光的思想，便几乎是一字不差地被写入了今日的《欧洲宪章》之中!

怀着一种对这些民主斗士、法治先驱们的崇敬，我们下车步行，走进了慕尼黑大学的校园里。

据同游的德国朋友介绍：1943年2月18日，当汉斯·绍尔和苏菲·绍尔第六次在慕尼黑大学校园里散发传单时，终于被人告发，被纳粹党的秘密警察——盖世太保逮捕了。五天之后，这一对英雄

德国于 1961 年发行的绍尔兄妹纪念邮票。

兄妹，便在慕尼黑郊外的斯塔德海姆（Munchen — Stadelheim）监狱里被当时的“人民法庭”以“阴谋颠覆国家罪”和“通敌叛国罪”的罪名推上了断头台（注：1933 年“国会纵火案”事件后，希特勒对“莱比锡审判”中德国法官的“司法独立”、“司法公正”传统大为不满，于是，他上台不久，便一脚踢开了原先的德国司法系统，而任命了大批纳粹党徒，另立一个没有法律、没有程序、没有律师、没有正义，而只听从纳粹党指令的“人民法庭”，来为他的法西斯专政服务）。这个纳粹党的法庭，向来以毫无人性、践踏公义而著称。而最令人震惊的，就是它执行死刑的方法，竟然还在沿用着 150 年前法国大革命时期臭名昭著的断头台斩首方式！据史载：行刑前，狱卒把绍尔兄妹和另一位同时被捕的“白玫瑰”成员普罗普斯特带到断头台前，他们边默默打量着这具丑恶的杀人机器，边在一起共同抽完了生命中的最后一支烟。普罗普斯特说：“再过一会儿，咱们便在永恒中再见。”然后，苏菲打头，以惊人的平静，第一个登上了断头台。据狱卒的回忆说：“她连眼皮都没眨。”而踏上断头

处决绍尔兄妹的断头台。

台时，汉斯则振臂高呼道："自由万岁！"

行刑后，狱卒在清理牢房时，发现了一份对苏菲的起诉书。而起诉书背后，则赫然写着一个同样的大字——"自由！"

就这样，1943年2月22日，在一个冰天雪地的隆冬里，而同时也是在一个春天的气息触手可及的日子里，有三个青春的头颅，在寒风中，满怀着"自由"的理想，在深情地拥抱着慕尼黑的大地……

即使在当时，"白玫瑰"这三个字，也已经成为德意志民族在纳粹党统治下争取自由、争取民主的伟大象征。而35年后，即1968年，这两位反法西斯英雄的母校——慕尼黑大学，便把战后重建的政治学院命名为"绍尔兄妹学院"，并将大学主楼前的广场，命名为"绍尔兄妹广场"（位于马路对面、路德维希大街东侧的那个广场，则命名为"胡伯教授广场"）。而在"绍尔兄妹广场"上，更建造了一组独特的雕塑，来对这两位反法西斯英雄作永恒的纪念。

漫步在如今鲜花盛开的绍尔兄妹广场上，我发现：那组雕塑的设计创意非常独特——它不是采用人们通常惯见的那些高高矗立在蓝天白云之下的石碑或石像的形式，而是在广场的铺路石中，嵌入了许多块白色的大理石，做成了一张张自由地飘落在地面上的“白玫瑰”传单的样子。当人们低头阅读、漫步追寻着这些传单的时候，那一段可歌可泣的历史，那一种天地之间的浩然正气，便会随着你追寻的脚步，而不知不觉地在你的胸中升腾。

步出广场，走进慕尼黑大学的主楼，在楼下大厅的一侧，我们还看见了一个简朴的“白玫瑰纪念室”。纪念室中央，矗立着一尊苏菲·绍尔的雕像，四面墙壁上，布满了许多关于“白玫瑰组织”活动的浮雕，有许多男男女女的德国大学生、中学生正在此地参观凭吊。而苏菲的雕像前，更静静地立着一支含苞待放的白玫瑰。工作人员告诉我们：这儿的一年 365 日，无论是百花吐艳的春天，还是冰天雪地的寒冬，日日都必定会有人来献上一支新鲜的白玫瑰。因此，苏菲像前的这一支玫瑰，便真的可说是一枝永不凋谢的白玫瑰了。

而在紧邻着斯塔德海姆监狱旁的切拉泽(Cerlacher)森林墓地里，在两个用黑色的大理石十字架刻着绍尔兄妹名字的墓前，我们发现这里更是一个白玫瑰的海洋——这儿没有巨大的纪念碑，也没有华丽精美的天使或女神雕像，那个简简单单的十字架周围，只有德国人民和外国游客自发献上的成千上万朵白玫瑰，一年四季，日日都在这森林的微风中静静地绽放。

当我们伫立在苏菲墓前的时候，有一位德国老人也在苏菲墓前点燃了一盏长明灯。只见他凝视着墓前遍地在风中绽放的白玫瑰，用德语不停地对我们说：“Sie hat unsere Demekatie gebaut。”

德国朋友把他的话翻译给我们听：“他说：是她铸就了我们的民主。”

于是，我们——这一群中国人，便在那白玫瑰的海洋里，在绍尔兄妹墓前的青草地上，静静地，插上了一支从慕尼黑老城区花店买来的白玫瑰。

恶法非法：纽伦堡大审判

> “真正的法律必须是与道德保持一致”。
>
> ——20世纪美国法学家富勒：《法律的道德性》

很早就听人说过：德国人是一个极端遵守法律和纪律的民族。先前，我们在柏林参观夏洛特王宫时，听人说过这么一个真实的故事：1917年，德国斯巴达克同盟（德共的前身）在柏林发动十一月革命时，起义者只会一味地在王宫门前奋勇冲锋，发动一次又一次的猛烈进攻，伤亡惨重，尸积如山，可就是无一人会越过草地去进行两侧的包抄。原因何在？据说，是因为当时草地上竖立着一个小小的牌子，上面写着4个字：“禁止穿行”。

即使是在革命造反的时候也不忘“守法”！这个故事深刻地道出了德国人的民族性。

但正如一枚硬币有正反两面一样，这种“守法”的民族性的另一面就是“盲从”，不问情由地盲目服从和坚决执行一切“法律”指令，这种性格，有时候，便造成了这个民族的浩劫。

不幸的是，第二次世界大战时，德国人这种既可敬可佩而又可悲可叹的民族性，造成的，不仅仅是自己民族的浩劫，而且，更造成了世界人民的浩劫！在纳粹党的残暴法令下，德国军队和警察杀害了欧洲各国至少2000万的平民，其中，有男人、有妇女、有孩子，还有600万完全是手无寸铁的犹太人。战后，当这些杀人狂魔在法庭上受到审判的时候，他们竟振振有词地以“执行命令不算犯罪”来为自己的罪行找借口。如何将这些罪大恶极的“执法者们”绳之于法？一时间，对人类真正的法律、对法律的“公平、正义”，倒是构成了一个巨大的考验。

于是，第二次世界大战结束后，在德国，便产生了一场举世瞩目的“纽伦堡大审判”。

现在，离开慕尼黑之后，我们又往北越过那条著名的多瑙河，来到了德国东南部一个美丽的小城——纽伦堡。

纽伦堡是巴伐利亚州的第二大城市，人口50多万。它地处多瑙河的北岸、波希米亚山的西麓，一条小小的运河从它的城中穿流而过，雪峰青山、湖光白云，使这座小城的风光美得令人心醉。

我们几经问路，才找到了当年进行“纽伦堡审判”的那座司法宫。放眼望去，这座司法宫完全不像我们见惯了的那些政府大楼的模样：它既不高大，也不庄严；既不是雄伟的石头建筑，也没有那些巨大的罗马柱和满墙的浮雕。它就像一座典型的巴伐利亚州乡间地主的别墅庄园，矗立在数十株疏疏朗朗的古木下。然而，就在这座庄园里，却曾经进行过一场人类历史上最永垂不朽的审判。

1945年10月，一个由英、法、美、苏8名法官及一大批法警、宪兵组成的“国际军事法庭”曾云集此地。他们要审判的是：除希特勒、戈培尔、希姆莱三个已死去的法西斯党魁之外，其余23名纳粹党匪首和战争狂人。他们肩负的任务是：按严格公正的司法程序去进行一场公正的审判，去伸张人类的正义。而他们面对的最大挑战是：怎样用人类社会固有的法律正义，去裁决德国纳粹党徒们那些“史无前例”的罪行？

随着司法宫工作人员的引领，我们走进了那座钉有“600号审判室”字样的审判大厅，这里的法庭布置和一切物件，据说，都保持着当年审判纳粹战犯时的原样，而1945年11月20日，那幕激动人心的“纽伦堡大审判”就在这座宽敞的大厅里上演。据说，当天上午9时55分，8位大法官鱼贯出庭。两名美国法官和两名英国法官都穿着黑袍，两名法国法官身穿着褐色长袍，而两名苏联法官则身穿棕色的军服。当8名法官全部入座之后，上午10点整，“国际军事法庭”的首席法官、英国上诉法院大法官杰弗里·劳伦斯把法槌一敲，所有纳粹战犯们，便被荷枪实弹的宪兵从大厅侧边一扇小门，

美国联邦最高法院大法官罗伯特·杰克逊在纽伦堡担任审判纳粹的美国首席检察官。

纽伦堡审判期间的赫尔曼·威廉·戈林（带墨镜者）和其他纳粹高官。

押上了审判厅中央的被告席上。他们是戈林（纳粹党二号领袖、国防部长、国会纵火案的元凶）、里宾特洛甫（纳粹党四号领袖、外交部长）、凯特尔和约德尔将军（陆军元帅）、邓尼茨将军（海军元帅）、施佩尔（军备部长）、沙赫特（经济部长）、纳粹党波兰总督汉斯·弗兰克，以及德国国家银行总裁瓦尔特·冯克等，一共23名。

在这些纳粹战犯中，戈林的态度最为嚣张。从司法宫保存的一大批当年的珍贵照片来看，他一直都摆出一副毫不在乎的样子，但有时又像个中学生那样，很紧张地拿着个小本子记录着法庭对他的指控。大多数战犯看上去都像丢了魂，而几位陆海军元帅都一直是坐得笔直，像一具具面无表情的僵尸。这些战犯们，都曾一度高踞于希特勒法西斯党最有权势的宝座上，现在，被剥去了头上的光环，穿着不合身的旧衣服，他们一个个都无精打采，看上去与普通的街市小民没有什么两样。

在公诉人对他们的战争罪行进行指控时，这批战犯们都无一例外地回答说：自己只是奉“上级命令”而行事。但，对他们的种种狡辩，国际法庭的公诉人之一、美国的杰克逊大法官却给了其当头一击。他义正词严地对着法庭发表了他那篇义薄云天的演说：“有一个不容否认的事实是：纳粹党徒，在一个相当大的范围里对人类犯下了前所未有的残酷罪行！谋杀、拷打、奴役、种族屠杀这些行为，不是早已被全世界的文明人认定了是一种罪行吗？我们的提议，就是要惩罚这些罪行！”杰克逊法官接着说：德国法西斯党的种族屠杀、践踏公民权利的“法律”与“法令”，是与人类最基本的道德与人性完全相悖的“恶法”。任何一个有良知的人，都不会执行这样的“恶法”；而这样的“恶法”，亦不能成为任何人拿来为自己的犯罪行为作辩护的理由。一句话，“恶法非法”！这批昔日穷凶极恶的法西斯匪徒们，开始哑口无言了。

在其后三个多月的时间里，公诉人向法庭提交了大量这23人的罪证。这些证据，包括了几卡车纳粹党和政府的指令、报告、日志、信件和私人日记。白纸黑字，铁证如山，证明这些纳粹党徒们确实犯下了大量令人发指的罪行。某日，法庭播映了一部名为“纳粹集

▎审判期间，纳粹暴行的证据展示。

中营”的影片，在这部长达100多分钟的电影里，真实地反映了达豪、布痕瓦尔德和波尔根三座死亡营的状况——一个画面是一座推土机，正将堆积如山的尸体推入挖好的坟墓里。另一个画面是党卫军将一大批囚犯带进一座仓库，然后用水龙头向仓库内喷射汽油，再放火点燃。还有一个画面是几百名小孩被活活地抛入焚尸炉……另一部影片，是德军自己拍摄的在乌克兰一场大屠杀的真实记录——一支盔甲鲜明的德国党卫军部队，押着5000名犹太男女老幼来到一个深深的大坑旁。没有哭泣，没有尖叫，他们被迫脱光身上的衣服和戒指、首饰，每个家庭都站在一起，互相紧握着手……一个黑发苗条的女孩从镜头前行过时，对着镜头指指自己，忧郁地说：“23岁。”然后，100支党卫军的自动步枪“突突突”地开火，5000名遇难者血肉模糊的尸体，都被掩埋在那个巨大的深坑里……

被告们都被惊呆了。沙赫特转身背着银幕不敢看下去，戈林瞪大无神的双眼，其他被告全部都显得心烦意乱。据说，后来在法庭上，戈林说：“他们一放那部可恶的电影，我就知道，一切都完了。”

是的，从这一刻开始，便真的是一切都完了。杰克逊法官的演说，变成了“国际法庭”钢铁一样的意志——“恶法非法”！一切纳粹匪徒的狡辩都无用了。而他们自己，便再也不敢说自己是“无罪”了。

1946 年 3 月 6 日，指控程序结束。其后，律师们的辩护又持续了 5 个多月。8 月 31 日，每名被告被给予 15 分钟作最后的陈述。大多数被告的发言都显得语无伦次，只有凯特尔将军的讲话充满了悔恨：“我没有看到，即使是一个军人（以服从命令为天职），作出这样的行为也是不对的……这是我的命运。”

又经过了一个多月，法官们终于再回到这座“600号”审判大厅里，宣布了对这场长达 11 个月的审判的裁决——23 名被告中，有 19 人犯有以下这四种罪行:“共同策划或密谋侵略别国罪”、“破坏和平罪”、“战争罪”、“反人类罪”。10 月 1 日，法庭作出最后判决——戈林、里宾特洛甫等 5 名被告四罪俱犯，判决绞刑。6 名纳粹党保安局的首脑、大规模屠杀犹太人的策划人犯有“反人类罪”，亦被判处绞刑。其余 12 名被告被判处无期、20 年、10 年徒刑不等。“同盟国对德管制委员会”拒绝一切赦免请求，也否决了戈林和两位将军要求以枪决代替绞刑的申请。

追寻着当年历史的足印，我们去到司法宫旁边的一座监狱里，参观了当年囚禁这些战犯们的牢房。在这监狱的健身房里，还保留着三具当年处决这些纳粹战犯的绞刑架。当年，那些罪大恶极、双手沾满人类鲜血的纳粹党匪首们，就是沿着刚才我们走过的那条昏暗的甬道，走向了地狱。

1946 年 10 月 16 日，凌晨，这一刻值得记入人类的史册。因为在这一刻开始，法律的正义终于得到了伸张。戈林在几小时前已服毒自杀了，美国宪兵们便首先绞死了里宾特洛甫，其他纳粹匪首也一个接一个地被吊上了绞刑架。下午 2 时 45 分，这 11 具尸体被运往慕尼黑的一座火葬场里，等待着这些纳粹党匪徒们的最后归宿，也是他们以前常常把犹太人送进去的同一个地方——焚尸炉。

我们步出司法宫的大门时，纽伦堡的天空，是一片湛蓝。

法学链接

“纽伦堡审判”在世界法律史上的伟大功绩，在于它彻底铲除了德国自“三十年战争”（1618—1648年）以来所形成的那种极其野蛮的军队传统，即那种——“以抢劫为战争的合法行为、以暴行为士兵的特权”的“无法无天”的军队传统，而首次为世界各国的军队创立了一项国际性的法律原则——在战争中，军人对平民的屠杀是一种罪行，要对其负有个人责任。同时，它也首创了一项“反人类罪”，为国际社会今后制裁类似的种族屠杀的罪恶行径，提供了一种法律上的依据。

第五章

CHAPTER 05

新大陆阳光

——法治的成长

从英国人的“天赋人权”，到法国人的“自由、平等、博爱”，到美国人的“你有权保持沉默”，世界法律的故事是如火如荼地继续展开。国家有兴亡，王朝有更替，文化有散聚，宗教有盛衰，只有“公平”和“正义”，默默无声地站立在无数次失败和毁灭的基础上，顽强地一直向前发展。

Justitia.   Justice.

威廉斯堡游记：美国历史的遗传密码

“乡镇自治的传统，是美国人的‘人民主权’和‘公民自由’原则的根源。”

——19世纪法国历史学家、政治家托克维尔：《论美国的民主》

1607 年 5 月，有三艘其貌不扬的英国帆船，搭载着 100 多名英国寻宝者，在历尽大西洋的狂风恶浪之后，终于悄悄地驶到了北美洲詹姆士河口附近的海岸。他们在疟疾横行的沼泽地里搭起了一个营寨，于是，英国在美洲便有了第一块殖民地——詹姆士城。

然而，第一个冬天过去了，宝藏没有寻到，黄金也不见影踪，美洲原野的暴风雪却令这一批寻金者们死掉了一大半。幸好，活着的 30 人得到印第安土著的帮助，开辟森林，种植玉米、马铃薯以活命。并在绝境之时，无意中发现了一种绿色的黄金——烟草。

就这样，冥冥之中，便有一只看不见的手，将写下美利坚民族未来发达史上三个显著的遗传密码——万宝路（烟草业）、麦当劳（炸薯条快餐业），还有——罪犯。

为迅速扩大烟草业而快快致富，当时，人数寥寥无几的第一批英国移民，竟然风波万里地奔回到祖国，开出“十镑一人”的价钱，诱使英国政府把犯人卖到这荒蛮大陆来做苦工。而见钱眼开的詹姆士一世又居然同意了这宗肮脏的交易，于是，其后，便有了 1620 年第一批英国犯人被卖猪仔、乘坐著名的“五月花”号三桅帆船抵达美洲的故事，便有了那 102 名犯人和受迫害的清教徒难民们在船上共盟著名的《五月花公约》、共创“自由、平等”的美国精神的传奇。此后的100多年间，仅有官方记录可证的、被卖去美洲烟草种植园的猪仔罪犯便多达10万名，其他以各种方式涌入美洲的流放犯、逃亡犯更是多得不计其数。这些胆大妄为，无法无天，对政府和法律心存愤恨的犯人们，无可讳言地，便成为美国白人最早期和最主要的祖先。

现在，我们终于踏上了这块神奇的大陆。我们的法律之旅的第一个拜访地，首先，便来到美国南部弗吉尼亚州的威廉斯堡，来到了这个“美国历史开始”，也是“美国法律开始”的地方。

威廉斯堡位于詹姆士城的东北方约10公里处，它的前身是弗吉尼亚州的首府。当年的詹姆士河两岸，大片大片的烟草种植园绵延30多公里。1619年，随着殖民地的日益兴旺，英国派来了一名总督，总督则随身带来了英国的法律和制度，于是，“法律”这东西，也随着犯人们一起漂洋过海，登上了这片金色的大陆。据说，当时，詹姆士城仅有1000名罪犯和公民，他们平等地选派出22名“公民代表”，组成一个“议会”，与总督一起议事论政。可见，“议员”、“国会”、“法律”这些遗传基因，在美利坚合众国远未诞生之前，就已经缓缓地流淌在这些新移民的血管里了。

一走进威廉斯堡，我们不禁怀疑起自己是否返回了古代——只见这里满目是17世纪英国小镇的风景：一幢幢乔治亚式的大尖顶楼房上，飘扬着一面面英国的米字旗；街上行走的人们，都穿着300年前的服装；一个古老的大风车磨坊下，几个古装的村妇正悠闲地拿着木杷扒拉着金黄色的麦梗；风车旁边的几家农舍院内，白色的木篱笆墙下，几个农妇正在用小刀劈木条、编织箩筐，一团团雪白纤细的橡木条在她们灵巧的双手下编成一个个漂亮的篮子，一边织、一边嘻嘻哈哈地唱歌。在她们身旁，几只骄傲的大火鸡在草地上踱步，对游客们好奇的赞叹不屑一顾。最奇特的是，街道上不时会响起一阵鼓乐声和整齐的脚步声，一小队头戴华盛顿式的三角帽、身穿白衬衣、脚穿白长袜、手持长长的旧式火枪的民兵巡逻队，威严地在粗砂地上列队走过，吸引了不少游客们惊讶的目光……

绘画：五月花公约（Mayflower Compact），美国画家Jean Leon Gerome Ferris（1863–1930）创作。

这一切并不是时光倒流。其实，这些古朴的街道、农舍和风车，都是30多年前才重新修复或重建起来的，那些村姑民兵们，亦都是由工作人员扮演的。由于美国人十分珍视他们那一段短短的历史，所以，在昔日的威廉斯堡，他们就建起了这么一个美国历史的“国家公园”。当年的詹姆士城，据说曾因一场火灾而被烧成白地，总督府和议会迁来此地后，威廉斯堡便由此而发展起来，而今日的詹姆士城，则只剩下一个芦苇丛生、满目荒凉的小岛了。

在小镇大街的尽头，我们参观了那座堂皇气派的总督府。总督府的红砖院墙外，摆放着几尊古老的铁炮，一大群孩子，不分男女，都戴着一顶民兵三角帽，在古炮上跳上跳下地玩耍。一进总督府的大门厅，那个奇特的天花板映入我们眼帘：以天花板的中点为圆心，由内向外，放射性地镶嵌着一圈数十把短刀，短刀圈外，是更大一圈的长枪。据介绍，这短刀与长枪的装饰物，象征着总督的权力，表面看似杀气腾腾，但其实，历任美洲殖民地的总督们，大都是十分“民主”的。因为英国远在天边，对殖民地的关注微乎其微。殖民地总督们的吃饭、穿衣和办公经费问题，一向要靠“公民代表”组成的议会来决定，靠“纳税人”的血汗来供给，所以，也算是“存在决定意识”吧，威廉斯堡及以后北美十三州的总督们，受人民的控制，远远多于他们对人民的压迫。而要维持他们体面和尊严的生活，那最好的办法，就是把英国的普通法搬来，公平正义地“依法办事”。因此，在威廉斯堡总督府小小的会议厅里，我们看到了一本1776年6月在此地制定通过的《弗吉尼亚州权利法案》。而这部殖民地的法案，后来，就成为美国宪法中的《权利法案》部分（美国宪法修正案）的蓝本。在此地，我们又看到了美利坚合众国未来发达史上另两个十分显著的遗传密码，那就是——“民主”和“法治”。

在小镇的一个公园里，我们还看到了一尊高大的印第安妇女铜像。据介绍，这位名叫波卡洪塔斯的酋长之女，善良而聪明，19岁时，她自愿与第一批移民的幸存者中一名叫约翰·罗尔夫的白人青年结婚，使早期白人与印第安人的关系得以和平共处，亲如一家。1922年，美国政府为她设立了这尊铜像，也算是“饮水思源”、永远怀念美国白人与印第安民族那一段伟大的友谊吧。

在威廉斯堡的海湾畔，我们意外地看到了当年那三艘帆船的复制品，静静地停泊在码头上。那艘大一点的三桅船，叫“苏珊·康斯坦特”号，另两艘小型的双桅船和单桅船，分别叫“幸运”号和“发现”号。400多年前，正是这三艘小小的帆船，远涉三千公里重洋在此地靠岸，才使英国人和英国的法律离开了一个旧世界，而漂移到这个全新的新大陆和新世界，无意中，才造成了这世界上一场天翻地覆的巨变！抚今追昔，这三艘古老的帆船，可以说，是人类法律史上的又一座里程碑！

我们赶快站在这三艘帆船面前，拍了张照片留念。背景是，那烟波浩渺的大西洋，以及，在海湾水面上荡漾的白云、蓝天……

伟大的妥协：独立宫中的祈祷

> “只有那些以某种具体的妥协方式将刚性和灵活性完美地结合在一起的法律制度，才是真正伟大的法律制度。”
>
> ——当代美国法理学家博登海默：
>
> 《法理学：法律哲学与法律方法》

离开了威廉斯堡小镇，我们沿着大西洋岸边曲折蜿蜒的公路，驱车往北前进了数百公里，来到美国东岸一座著名的大城市——费城。

如果说威廉斯堡的光荣是“美国历史从这里开始”的话，那么，费城的骄傲，则是“美国从这里诞生”。而对于我们的法律之旅来说，更重要的是：费城，是美国宪法——这部世界史上第一部成文宪法诞生的地方。

费城是全美国的第四大城市，人口有近500万，地理纬度与中国的北京差不多。据说，300多年前，英王查理二世因欠下威廉·本家族一笔巨款，无力偿还，便干脆将这一片土地赐给了本来抵债。本这位贵族富豪，却拥有一颗伟大的仁爱之心，他计划在此地建立一座城市，使那些从世界各地远渡大西洋而来的新移民们，能在一个没有宗教歧视、种族歧视和阶级歧视的自由之地，平等地落脚谋生。他这样想了，也就真的这样做了，而且，他还为这座城市起了个“费拉德尔菲亚”的名字，意思为：“兄弟之爱”。

漫步在费城的街头，只见遍地现代化的高楼之中，相间散落着许多希腊式、瑞典式、荷兰式、英国乔治亚式的古老建筑。在市中心富兰克林大道的尽头，绿树丛中，有一座洁白的市政厅大楼，大楼顶上，那座高高矗立的威廉·本的青铜像，至今仍在费城的阳光

绘画：在独立宫内进行的制宪会议。

下熠熠生辉。而在离市中心不远，我们突然看到了一座雕梁画栋、黄色琉璃瓦的中国牌坊，上面用红漆写着四个大字“费城华埠”，当时的心情，真有一种“他乡遇故知”似的惊喜。

如果说岁月如歌，那么建筑物就是一首诗。一首首无声的小诗交织在一起，便织出了一座城市往昔的光辉岁月。而费城最著名的建筑物，就是那座举世闻名的独立宫。它坐落在特拉华河畔一座大桥的桥头。这桥头有座长方形的公园，是一座开放式的公园——公园没有围墙，只有一排排绿树将它与马路分隔开来。公园的前面，是两片方块形的茂密树林。公园的中央是一个小小的广场、喷泉和一大片绿草地。草地后边，矗立着一座红褐色的二层楼，楼顶上，一座乳白色的三层钟塔直指蓝天，这就是大名鼎鼎的独立宫了。

每当我亲身去到一些伟大的历史遗址的现场，或亲眼看到一些历史上伟大行为发生地时，心底里，总是会涌现出一种比从书本里读到的更为感动的激情。想当年，进出这幢小楼和广场、草地上的人们，都是一些被世界历史铭记着的叱咤风云的人物——乔治·华盛顿、本杰明·富兰克林、托马斯·杰弗逊、约翰·亚当斯、亚历山大·汉密尔顿……这些出身于律师、商人、军官、传教士、农场主、机械师的普通人们，于1776年7月4日，云集在此地，郑重地在一份《独立宣言》上签上了自己的名字，并同时发誓：要将自己的生命、财产和荣誉，贡献给一个带有浓浓的唐·吉诃德味道的理想——“一切人生而平等”！面对着十倍于己的英国火枪和大炮，他们依然坚毅地挺身而战，那种为了自由平等，“虽万千人吾往矣”的豪迈气概，至今回想，似乎仍激荡在这幢小红楼的内外。

在独立宫旁边，有一幢名为“格拉夫”的小楼，这里就是托马斯·杰弗逊当年起草《独立宣言》的地方。想当年，杰弗逊在这儿二楼一个简陋的小房间，花了足足两个星期，才写成了那篇现代世界中最富革命性的文件：“所有人生而平等！他们享有由上天赋予的种种生命、自由和追求幸福的权利！为了保障这些权利，人民成立了政府。而政府合法的权力，来自于人民的同意……”今日游客来参观这小房间时，还可以看到墙上挂着一幅杰弗逊像，那张粗木书桌上，还像当年一样摆着一支鹅毛笔、一瓶墨水和那本大气磅礴的《独立宣言》。

凝视着这个小房间，我忽然觉得，人类最闪光的语言，最伟大的思想，往往不是产生于那些富丽堂皇的学术宫殿里，也不是产生于那些浪漫优雅的书斋沙龙之中，而在原野上、丛林里、陋室中，以及在这陋室窗户也锁不住的那片天空之上。

出了“格拉夫”小楼，在一片绿草地的中央有个凉棚，凉棚下，我们看见了那口大名鼎鼎的“自由钟”。铜钟的顶部，铸刻着一句《圣经》上的名言：“向全世界的人民们宣告自由！”1776年7月8日，当华盛顿在这片青草地上向万千费城市民激情宣读《独立宣言》的时候，这口大铜钟也同时敲响了庄严的钟声，向全世界宣布了美利坚合众国的诞生！当年那种万众欢呼、豪气干云的场面，想起来都令人动容。

穿过那些在“自由钟”前忙着拍照的游客人群，现在，我们怀着一种虔敬的心情，终于走进了独立宫里。独立宫二楼的会议厅，就是美国宪法诞生的地方。这里的摆设，据说是完全保留了当年“制宪会议”时的原样。会场两个壁炉的中间就是主席台，台上那把高

照片：费城独立宫内复原后的制宪会议现场。

高的靠背椅，就是当年华盛顿坐过的那把“旭日椅”。主席台下，很随意地放置了13张大方桌，每张方桌旁边，都摆放了4张带扶手的圈椅，整个会场，看起来就像一个轻松散漫的咖啡厅。但当年，独立战争胜利后，北美十三州的55名代表们正是在这个“咖啡厅”里，为新生的美利坚合众国，打造了一个“法治”的摇篮。

遥想当年，在此地聚会的55位美国的开国元勋们，可以说，都是些人类历史上5000年来难得一见的、半人半神式的非凡人物。他们的卓越之处，在于他们虽不是什么历史学家、政治博士，但他们却深刻地明了历史上一切君主专制独裁政体的弊端，而更令人惊讶的是，他们也同样深刻地预见到：日后法国大革命式的“多数人专制”的“民主”的危险。怎样为美国寻找出一条“民主而非君主，法治而非人治”的驾驭自己社会的最理性的道路？这就成了55名代表们心目中一个最共同、最坚定的神圣信念。

据说，当年的美国制宪会议有许多鲜为人知的内幕。为了完成这个神圣的使命，他们像杰弗逊一样，把自己关在这幢小红楼里三个多月，阅读了大量古往今来的历史、政治、法律和宗教方面的书籍，企图从中寻找出一种理性的力量，既能保持住人民个人的自由，又能建立起一个有效率的政府。他们设想过许多方案，提出过许多理想和梦想，也为了各自的阶级利益和地区利益而爆发过许许多多激烈的争吵。但最难能可贵的是：他们都有一个理智清醒的共识——绝不让自己的这些分歧，演变成美国十三州人民的分裂和街头的暴力抗争！因此，当时的独立宫内外，据说是岗哨林立，而且，小红楼二楼的门窗全部紧闭，绝不让半点争吵的声音外传。当代表们在“法律至上”、“主权在民”、“三权分立”、“州权自治”等宪法基本原则问题上吵得不可开交的时候，据说，那位聪明的富兰克林曾破天荒地提出了一个高超的创意——不如我们请牧师来，带领大家祈祷？这建议一提出，便立即被全体代表们一致接纳。

于是，1786 年 7 月 4 日，在美国建国 10 周年纪念日那天，有三位牧师被秘密请进了小红楼。在牧师们的带领下，55 位代表们平心静气地齐声祈祷：“全能的上帝啊，请赐给我们智慧，以让我们放弃‘唯我正确’的念头；请赐给我们力量，以便我们能作出让步和妥协；请赐给我们机会，以让我们能重新达成一致”！

试问，人类历史上，你几时见过有如此伟大而光辉的场面？古往今来，无数或平庸、或残暴或雄才大略的帝王们和政治家们，都只会把一己的私志，强加于全体民众的头上。有时候，他们或许会成功一时，但到最后，他们无一人不是身败名裂、功不补患而遗臭万年。而像费城独立宫此时这样，豪杰如雨，猛士如云，却又能彼此尊重、互相妥协，以全体人民的幸福为依归，终于缔造出一部不偏不倚、大公无私的“根本大法”出来，把政府与公民这对立的双方和谐地团结在一起，那种杰出的理性和智慧，这样的光辉时刻，在人类的历史上，又真的能有几回？

一场伟大的妥协，产生了一部伟大的宪法和开辟了人类历史上一条全新的宪政道路。美国宪法之所以称得上伟大，主要地，不是说它的立法技巧和法律条文有多么的高超，而在于当年的 55 位立法者们，都有着一颗公正的心灵和一个富有远见的头脑。他们最杰出的政治智慧是认识到：一个国家的繁荣和活力，最根本的原因，来自于每一位公民的权利与自由。而立法者的首要职责，就在于要尽力去增进和保障每一位公民的权利和自由。200 多年来，不管美国的社会生活发生了多么巨大变化，这宪法都能以不变应万变，以“民权、法治、公平、正义”的伟大原则，去把持着美国社会前进的方向！所以，尽管当时以及后世，许多人都曾对这部宪法有过许多批评或不满，但最后，全体美国的富人和穷人，却大都以拥有这样的一部宪法为荣！

流连在独立公园的草地上，凝视着夕阳照耀下的这幢小红楼，我的神思，却不知不觉，飞回了很远很远的故乡——中国。

法的精神：自由神像的故事

> “法律的目的不是要废除或限制自由，而是要保护和扩大人民的自由……哪里没有法律，哪里就没有自由。”
>
> ——17世纪英国法学家约翰·洛克：《政府论》

有一个不算奇怪的问题，但可能会有很多人答不出来，那就是：这世界上，一共有多少座自由神像？

答案——六座。一座在法国巴黎的巴士底狱广场，一座在巴黎塞纳河畔的格奈桥下，一座在美国国会大厦的楼顶，两座在纽约（自由岛一座，纽约赌场门前一座）。而最后一座，则是在我们中国，矗立在广州黄花岗七十二烈士的纪念碑上。

再问你一个问题：世界上最高的塑像是哪座？如果这问题是在60年前问的，那这答案就绝对是纽约自由岛上的自由神像。她身高46米，连基座高达100米，在当时世界上是首屈一指。不过，自第二次世界大战后，苏联建了一座“祖国母亲”像，刚好比她高1米，所以，今日世界，自由神像便只好屈居第二了。

我们的世界法律之旅，今日，便终于来到了纽约，来到了这座高耸入云的自由神像的脚下。

矗立在哈德逊河口一个小岛上的自由女神像，历来便是全世界人民都熟悉的美国化身和象征，此地一年365日，日日都是游客如云。我们在自由神像的广场上先兴致勃勃地转了一圈。往上仰望，女神高大的身躯巍然屹立，稳如泰山。她左脚踏地，右脚微抬，踏着一条断裂的锁链，象征着她终于挣脱了枷锁，赢得自由。她的左臂弯曲，手捧一部《独立宣言》，上面用金色大字刻着“7月4日”的字样，而右手则高举一支冲天的火炬。这火炬，有人说它是一支象征着烧毁一切旧制度的“革命之火”，有人说它是一支象征着照亮人类自由之路的“自由之火”，总之，此时此地，不同的人们，都会有着不同的感受。从远处看去，女神的面容清瘦，端庄典雅，双唇紧闭，杏眼微睁，是典型的希腊美人的面貌。她头戴花冠，上面有七束放射的光芒，日夜照耀在哈德逊河上，迎接着大西洋上的第一缕朝阳。

转了一圈之后，我们来到塑像基座的底部大厅里。这里是神像登顶楼梯的入口处，也是一座美国的移民博物馆。想当年，这小岛是美国的东大门——纽约海关的一个检查站，所有海外来美的移民们，包括我们中国每一位旅美华侨的祖先们，都要先在这里接受盘查问话、检疫，才可以乘上轮渡进入对面的曼哈顿市区。我们沿着自由神像腹内的170多级楼梯盘旋而上，直登至头部。在自由神像花冠的位置，原来是一排20多个观景的窗户，为了防止意外，观景窗上全部都封上了细格的铁丝网，从窗孔里往外眺望，只见水天一色，绿树高楼，纽约市全景尽收眼底。

站在自由神像的顶上看世界，这世界真的是显得很壮丽。

从神像顶部下来时，漫步在底座的小广场上，凝视着眼前的纽约港，有个故事不知你是否知道——这位自由女神其实也是一位新移民。原来，关于这座自由神像，背后还有这样一个传奇的故事。

1875年的一个夏夜，有一班巴黎的文化人，在塞纳河畔的一家小咖啡馆里聚会。不知是否就是那家位于西岱岛对面、我们曾进去饮过一杯咖啡的“伏尔泰咖啡馆”。总之，几杯咖啡喝过，几瓶白兰地灌过之后，他们的话题很自然就转到“政治”上来。那时候的法国人，有人说，与我们的北京人一样，“一家大小围着火炉吃白菜炖豆腐时，谈的，却是政治局的话题”。他们一面痛恨法国大革命的失败，痛骂着法国政治的腐败；一面却又赞叹着美国革命的成功，向往着美国的“民主、法治”和“自由、平等”。酒酣耳热之际，突然有人提议——在美国独立战争胜利100周年的时候，说服法国政府出钱，送一座自由神像给美国人，以纪念拉法耶特当年率领“志愿军”参加美国独立战争时所结下的那一段伟大友谊。这个提议当

THE GREAT BARTHOLDI STATUE,
LIBERTY ENLIGHTENING THE WORLD.
THE GIFT OF FRANCE TO THE AMERICAN PEOPLE.
ERECTED ON BEDLOE'S ISLAND. NEW YORK HARBOR.
The statue is of copper-bronzed, 148 ft in height, and is to be mounted on a stone pedestal 150 ft high, making the extreme height 298 ft. The torch will display a powerful electric light, and the statue thus present by night as by day, an exceedingly grand and imposing appearance.

自由女神像。

场赢得了满堂喝彩，在座的一名年轻的雕塑家巴陶蒂，当即兴奋地跳到桌子上，拍着胸口承担了设计的重任。

此后，经过这班人的热心游说，法国政府果真同意了这个计划。于是，巴陶蒂便马上自费前往美国去游历、考察，搜罗设计灵感。

当他乘船越过大西洋，驶入纽约湾时，一眼就看中了这个原先名为“贝德洛斯”的小岛——“就是它了”！看着这个美国东岸的大门，看着日日千千万万的海外移民怀着一腔对“自由平等”的热望涌来此地，一个“自由女神”的设计方案在他的心中酝酿出来。返回巴黎后，他立即与那位著名的古斯塔夫·埃菲尔——后来建造了埃菲尔铁塔的那位工程师合作，一个负责外表的铜板造型，一个负责内部的钢架结构，经过9年的艰苦劳动，终于大功告成。

1884年7月4日，一艘法国轮船驶入了哈德逊河口，把一整船“自由神像”的钢铁、铜片零件卸到了贝德洛斯岛上。又经过两年紧张的基座建设、整体组装工程，这位“希腊大美人”，终于矗立在这个现今已改名为“自由岛”的地方。1886年10月28日，落成典礼终于开始了。这一日，纽约港上空礼炮隆隆，汽笛长鸣，自由岛上，鼓号嘹亮。海面上，桅樯林立，陆地上，人山人海，100多万支法国三色旗与美国星条旗挥舞得如火如荼。在响彻海天的“自由万岁”的欢呼声中，自由神像——这位美国的化身和象征，美法两国的友谊使者，终于高高地耸立在世人的面前。

据说，巴陶蒂在设计自由神像时，是以他女朋友的身材、他母亲的面容为造型依据的，这就使得这座铜像，融入了他深深的爱意。此时的巴陶蒂，为建造这座女神像已经足足奋斗了十年，虽然法国政府承担了主要的费用，但此时的他，亦已经是家财耗尽、一贫如洗了。不过，人生有此成就，夫复何求？一座自由神像，便足以令他流芳百世了。

说实话，法国人在设计这一尊自由神像时，脑海里面，其实并无多少法学的理念。他们只是一腔热血地在这尊女神身上倾注了满怀的“革命”、“独立”、“战争”和“自由”的浪漫激情。但“自由”究竟是什么？“自由”不正是“法治”吗？英国伟大的法学家约翰·洛克说得好：“法律的目的不是要废除和限制人民的自由，而是要保护和扩大人民的自由。……哪里没有法律，哪里就没有自由！”而那位法国法学家孟德斯鸠也曾经说过：“自由是做法律许可的一切事情的权利。”一个国家，如果许可和保障公民参与社会生活的“权利”越多，那么，这个国家就越“自由”。美国立国200多年来，年年都有千千万万世界各国的普通平民乃至科学家、思想家等知识精英分子，不惜冒一切危险都要投奔这个国度，原因就在于，美国是一个“法治”的社会。在这个移民的社会里，不分种族、不分阶级、不论成分、不论出身，只要你肯努力奋斗，所有人，都有一种事业成功的平等权利，都有一种追求幸福、追求理想的自由。自由源于权利，有权利才有自由！那些万千海外移民的心目中，虽然不见得人人都明白这些法学的道理，但个个新移民都把这座自由神像视为“流亡者的母亲”，视她如这些弱势群体们的保护神。他们从她身旁开始踏上这块新大陆之时，眼眶里，都满含着幸福的热泪！

岁月沧桑，自1886年以来，这位“流亡者的母亲”已迎来了数以千万的各国移民。这些黄皮肤、黑皮肤、白皮肤的移民登上这片土地时，许多人是两手空空、身无分文的。但经过几十年、几代人的奋斗，他们中的许多人，都已经在这里取得了不同程度的成功。

我们在自由神像脚下熙熙攘攘的人群中，除了看到许多游客和兜售纪念品的小贩之外，还看到有许多一家大小的各色人群，或兴高采烈地，或默默无言地在此地举行着庆典，庆贺他们在这尊自由女神的守护之下，终于得到的新生。

临离开自由岛时，我突然在自由神像的花岗石座基上，发现了一块镶嵌在石上的铜版，铜版上，用英文铭刻着100多年前一位美国女诗人爱玛写的一首十四行诗——

“送给我，你那些，/疲乏的和贫困的，/挤在一起，渴望/自由呼吸的大众。/你那些熙熙攘攘的/岸上被遗弃的/可怜的人群。/把那些无家可归/的人们，/一齐送给我。/我站在金门口，/高举起/自由的火炬！”

此时，对那个在许多游客中争议不休的老问题，在我的心目中，已有了一个新的答案：自由女神手上的火炬，其实就是一支公民“权利”的火炬！是一支“法治”的火炬！

自由女神，其实是一个“法治社会”的化身。

新闻自由：目无法律的陪审团

"新闻自由就是人类自由的实现。……没有新闻自由，其他一切自由都会成为泡影。"

——马克思：《论普鲁士书报检查制度》

有人说，纽约就像一个美丽而又冷漠的女人，无论对谁，她都具有一种深深的吸引力。且不说她的灯红酒绿，缤纷时尚，无穷活力，文化气息，单单就秋天的早晨而言，远眺着中央公园那一大片连天碧树，渐渐地变成一地晕染似的红黄时，你会惊讶：为何每天醒来，纽约的窗外，总有一片会令你微笑的风景？

但从高处俯瞰华尔街，你的微笑就可能会变成了惊叹。只见狭窄的街道两旁，密密麻麻地拥挤着无数幢壁立千尺的摩天大楼，万千行人汽车就像小小的蚂蚁，在这条阴暗嘈杂的钢筋水泥大峡谷里缓缓地爬行，日日如此，永无休止。

说起来，今日纽约不仅是现代世界最大的金融经济中心，而且，也还是全球最大的新闻出版业中心。全美国70%的出版商都集中在纽约曼哈顿这一个小岛上，什么美联社、《纽约时报》《华尔街日报》《时代周刊》《新闻周刊》《读者文摘》……都是世界上最具影响力和发行量最大的报纸杂志。而这一切，说起来，追本溯源，又竟然全都与华尔街这一条小街密切相关。你很难想象得到，那条终年不见天日的街道，竟然会是一项充满阳光的伟大法律原则——"新闻自由"原则的发源地。

华尔街位于曼哈顿岛的最南部，西连百老汇，东至中国城，全长仅 500 多米，而街道最宽处才仅有 11 米，距离“9·11”事件世贸中心遗址仅两个街区。传说 300 多年前，荷兰人只花了约值 24 美元的一堆玻璃珠子便从印第安人手里买下了这个小岛，而今日曼哈顿的地价，则何止上千亿美元？因此，在印第安语里面，“曼哈顿”这个词，就是“我们受骗了”的意思。

据说，最先来的荷兰人曾在这里建了座总督府，也筑起了一道高高的围墙，后来英国人来了，拆墙修路，建起了这一条著名的“墙街”（Wall Street），用来作为摆卖蔬菜水果的农贸集市。但今日的华尔街，却演变成了全世界的金融中心，全美十大银行中，有 6 家的总行，就设在这条小街上。漫步在华尔街头，不仅当年的鸡鸭菜摊早已烟消云散，就连殖民地时代的建筑物亦都早已荡然无存。在我看来，这条小街风貌的巨大变迁，正无声地展现着美国历史的沧海桑田。

我们现在就正在这条举世闻名的华尔街上漫步，在熙熙攘攘的人群中穿行，去寻觅着当年一个遥远的法律故事。

我们走过了华尔街 11 号的证券交易所。在这座帕特农神殿式的“财神庙”门前，还保留着一棵 18 世纪的梧桐树，据说，1792 年，有 24 个股民在这棵树下定期聚会进行股票交易，这棵梧桐树就成为这个大“金鱼缸”的发祥地。据说，这棵树，已经是这条街上难得的古董了。再前行不远，我们又见到一座希腊式的古建筑，那就是著名的“联邦厅”了。1789 年 4 月 30 日，华盛顿就是在此地正式宣誓就任美国第一任总统。你猜猜当时，华盛顿走出市政厅二楼的阳台上，向数万名纽约市民宣誓就职时，他的心情会是怎样？据说当时，他对他身边的朋友说：他的感觉，“同一个罪犯走向刑场没有什么两样”。由此可见，总统这份工，真的不易混。

今日联邦厅的门前，还矗立着一尊华盛顿的高大铜像。每到中午，成千上万附近银行、公司的白领职员们都会纷纷跑来此地，他们手捧着大包小包的热狗、炸薯条和咖啡，在华盛顿脚下的台阶上坐下，边享受难得一见的正午阳光，边狂嚼快餐，这也算得上是华尔街的一大奇观了。

不过，我们今日要追寻的故事却比这座联邦厅更古老。这故事

绘画：1789 年 4 月 30 日，乔治·华盛顿在纽约的老市政厅宣誓就职，成为美国历史上第一任总统。

发生在华盛顿还未出生之前，那时候，此地还未有这座希腊式的联邦厅，当时矗立着的，只是一幢乔治亚式的红砖二层楼——纽约旧市政厅。这案件的名称非常简单：就叫作“曾格案”，但这案子的影响却非常深远，它成为后来全世界宪法里“新闻自由”原则的一个伟大的开端。

这宗经案例发生在 1735 年。故事的主角是个出版商，名字叫约翰·彼得·曾格（J.P.Zenger）。英国政府控告他在《纽约周刊》发表的文章中，“批评和诽谤”了英国皇家总督柯斯比。如果这些指控能够成立，那么，在那个年代，曾格就将面临着被判处“煽动叛国罪”的极刑。

而案件的实情又是怎样的呢？原来，曾格只是一个普普通通的印刷商兼《纽约周刊》的发行人。当时，纽约的新总督柯斯比贪婪成性，

绘画：一幅关于曾格案审判现场的水彩画，安德鲁·汉密尔顿律师在法庭上做结案陈词。

不择手段地多方敛财，于是，在纽约的政界掀起了一股“反柯”的风潮。他们给《纽约周刊》投来许多篇讽刺柯斯比的评论、漫画，而曾格本着“言论自由”的原则，是“来稿照登”。于是，柯斯比勃然大怒，他下令全城大搜查，没收了这几期《纽约周刊》，并在市政厅前面广场上当众焚烧，然后，他把曾格逮捕了，关在这旧市政厅的地牢里，再然后，就开庭审判。

审判开始时，形势对曾格非常不利：他老老实实地承认，这些报纸是他印刷并出版发行的。他也老老实实地承认，他连这些文章在说些什么也不清楚。而且，整份报纸上只有一个署名：曾格，其他任何作者的名字都无。于是，检察官便认定——曾格须负上全部“诽谤罪”的责任。

曾格的朋友们星夜给他从费城请来了一位大律师——安德鲁·汉密尔顿。汉密尔顿的第一个辩护方案是找证人出庭作证，证明这些文章内容的真实性。但那些写文章的人，平时个个都似“铁肩担道义，妙手著文章”的高手，但此时，却全部变成了缩头乌龟——无人肯出来作证！汉密尔顿被逼到了悬崖上。

但汉密尔顿绝非是一个等闲之辈，他能被称为当时美洲最有名气的律师，并不是浪得虚名。当此案面临着一个绝境的时候，他思前想后，想到了陪审团。他意识道："曾格案"最后的机会，就在于鼓动陪审团造反，鼓动陪审团不按现行法律而是按自己的良知来判决，去对法官说"不"！对政府向不同政见者的残暴压迫说"不"！如果能做到这惊险的一跃，那么，这案子便最终能改写历史，并将被永载史册、永垂不朽！

于是，200多年前，在这个纽约旧市政厅里面，诞生了美国司法史上一篇最伟大的演说。汉密尔顿在结案陈词时，用满腔激情，面对着12位陪审员慷慨激昂地说："你们有权用自己的眼睛去看！用自己的耳朵去听！用自己的良知和理解，对自己同胞们的生命、自由或财产作出负责任的裁决！……摆在你们面前的，不仅仅是一个可怜的印刷商的案件，也不只是纽约的案件，它事关美洲大陆每一个自由人的生活，这是一个事关自由的案件！……我毫不怀疑，你们今天的行为，将奠定一个保护我们自身、我们后代和我们邻人的神圣基础。法律已经赋予我们一项权利——那就是自由！让我们自由地说出真实、写出真实，暴露和反对这块土地上的专制！"

这番闻所未闻、震聋发聩的伟大演说，深深地震撼了每一位陪审团成员的良心，也震撼了法庭上的每一个人。最后，他终于成功地引发出一场英美法律史上最富革命性的变革——陪审团的12名成员，居然会集体破天荒地第一次"目无法律"、置现行的法律规定于不顾，并置大法官的再三教导于不顾，对"曾格有罪或是无罪"的问题，全体一致地说出一个斩钉截铁的字："NO!"

这个"NO"字一说出口，500年的法律风云顷刻为之变色。

500多年来，英美法系中陪审团的作用，一贯都只是局限在现行法律的规定下，在法官的摆布下，去对被告人有罪无罪的问题说一个简单的字——YES，或者NO。由于那时的法律观点认为：只要是公开攻击某个人的荣誉就是"诽谤"，不管你说的是真的还是假的。因此，审判一开始时，大部分人都认为，曾格被作出"有罪"的判决是必定无疑的。但现在，陪审团，这个昔日法官手中的傀儡，在汉密尔顿演说的激励下，却突然间化作了"公众的良心"，他们毅然决然地大步跨越了僵化陈腐的旧法律规定，第一次，自定了一条新的法律原则——“新闻自由”，并第一次以法庭主人的身份，来行使那项本来仅属于法官的“自由裁量权”，勇敢地作出了一个公正的裁决——无罪。

据说，当时的法庭上，全部的法官、检察官都被惊呆了，而全场的群众却发出了一阵阵热烈的欢呼！本案戏剧性的审判结果，很快就传遍了北美十三州，并越过三千公里的大西洋迅速传到了英国。不管它传到哪里，引起的都是一片热烈的支持。

这宗小小的“曾格案”，在人类法律史上，奠定了两个伟大的法律原则——一个是“新闻自由”原则，另一个是“陪审团否决权”。这两个光辉的法律原则，后来，在美国和英国的宪法中都得到了确认。尤其是那条伟大的“新闻自由”原则，200 多年来，更远远超过了英美法系的疆界，而写入了全世界大多数国家的宪法中。

走进这座巍峨壮丽的联邦厅里，当年那场审讯的遗迹，今日是一点儿都找不到了。但伫立在大厅中，我耳边，仿佛还回响着汉密尔顿那激情澎湃的声音：“你们有权用自己的眼睛去看，用自己的耳朵去听……”

法学链接

“陪审团制度”，是英国人对世界文明的又一个贡献。早在 12 世纪的时代，英国习惯法就已基本形成了“由 12 名诚实正直的公民组成陪审团去衡量事实”等现代刑事司法活动的一系列基本原则。而美国法的贡献，则在使陪审团从法庭的“见证人”演变为具有司法权的“裁决人”，从而培育了千百万公民自觉参与“法治”的法律意识。假如在司法活动中，法院或法官一旦严重背离了民主之路，则陪审团可以运用最后的否决权，来纠正司法的不公。法国法学家托克维尔曾经说过：“陪审团将人民本身提升到法官的地位上……它对一个民族自然智力的增加有重大的贡献。”

谁掌管美国：轰动世界的“水门案件”

> “执政官是会说话的法律，而法律乃是不会说话的执政官。”
>
> ——古罗马法学家西塞罗：《论法律》

在这一节里，我们的法律之旅将去拜访美国一座花园式的城市——华盛顿。

美国的首都华盛顿，位于费城以南100多公里波托马克河的东北岸，刚好正处在当年独立之初的北美十三州的中间。这座美丽的城市，是世界上少数几个在一块选定的土地上兴建的首都之一。全市以国会大厦为中心，有13条以各州州名命名的大道，以国会山为圆心向全城辐射出去。站在高处看华盛顿，很有点像在巴黎看凯旋门那样的感觉。

这里既没有纽约曼哈顿那些高耸入云的摩天大楼，也没有费城那种车水马龙、喧嚣拥挤的景象。全城的最高处，就是那座矗立在林荫大道尽头的华盛顿纪念碑。这座一柱擎天的大理石方尖碑高达169米，乘碑内的电梯登上碑顶，眺望全城，只见“一城绿树，满城鲜花”。我们来到时，正值阳春三月的樱花时节，放眼望去，杰弗逊纪念堂旁的潮汐湖畔与白宫南面的宪法大道上，3000多株高大的日本樱花树，团团簇簇、粉红绯白，盛开得如火如荼。国会大厦、白宫、最高法院这三座洁白的古典式殿堂矗立在满城的绿树花海中，呈三角形排列，显示着立法、行政和司法的“三权分立”。街道宽阔，笔直而深远，整座城市显得十分庄严、雄伟、美丽而又幽静。

我们从碑顶走楼梯下来时，只见碑体的内壁上镶满了180多块碑文，这是当年方尖碑落成时，世界各国政府赠送给美国的礼物。忽然，在这些琳琅满目的石碑中，我们很惊讶地看到了一幅清政府赠送的中文石碑，上面铭刻着的，是道光年间福建巡抚徐继畬所著《瀛环志略》一书中评价华盛顿的一段文字："按华盛顿异人也，起事勇于胜广，割据雄于曹刘。既已提三尺剑，开疆万里，乃不僭位号，不传子孙，而创为推举之法，几于'天下为公'，骎骎乎三代之遗意，可不谓人杰矣哉！"以一百多年前清朝一位封疆大吏的身份，能对洋鬼子的大统领华盛顿作如此高度的赞扬，能有如此一腔对西方"民主法治"之赞叹，其头脑见识，令人赞叹。

从纪念碑上下来后，游客们大多是涌去林肯纪念堂等地赏樱花，或去白宫、国会大厦、五角大楼去参观这些美国权力的中心。很少有人会注意到国会山东侧还有一座美国联邦最高法院。如果问你一个"百万富翁"式的问题（注："百万富翁"是香港一种电视观众的智力问答游戏，连过十关者可获得100万元奖金）——谁掌管美国？答案选择是A.国会、B.白宫、C.最高法院的话，你会选哪个？如果你像大多数人一样，选了"B.白宫"的话，那就不好意思，你这个答案是错的。而正确的答案应该是："C.最高法院"。

我们现在就来到了美国最高法院的门前。这座矗立着32根科林斯石柱、用洁白的大理石筑成的雄伟司法殿堂，令人想起了古罗马帝国昔日的光荣。法院正门的三角形门楣上，镌刻着一句光辉的名言："法律面前，人人平等"（Equal Justice Under Law）。在高高的台阶旁，有一尊大理石雕刻的坐像，他就是美国历史上最伟大的法官——约翰·马歇尔的雕像。正是他，在200年前一宗著名的"马伯里诉麦迪逊（国务卿）"的"官告官"案例中，巧妙地确立了一项"宪法至上、司法最终"的伟大原则，为最高法院赢得了一项"有权对国会或总统违反宪法的行为作出制裁"的权力，从而为美国社会的走向"法治"和"宪政"，奠定了一个坚实的基础。从那时候起，在美国，不管你是什么人，也不管你是什么事，哪怕你贵为一国之总统，但只要是涉及法律的问题，涉及公民权利被侵犯的问题，到最后，都还是要听从宪法的裁决，都要由美国宪法的守护神、最高法院的"九

"水门事件"的特别检察官阿奇博尔德·考克斯（Archibald Cox）

头鸟"——9名终身大法官说了算！

而1974年那场轰动世界的"水门事件"，就正是这项"马歇尔原则"最伟大的胜利。

现时，在我们身后的这一座椭圆形建筑物，就是那家举世闻名的、位于华盛顿东郊的水门饭店了。想当年，导致尼克松总统被迫下台的那桩官司，其起因，就全都是这家饭店惹的祸。

这宗蜚声全球的"水门事件"发生在1972年。当年，6月17日夜，正当美国总统大选活动进行得热火朝天的时候，有5个大汉，偷偷闯入了设置在水门饭店三楼的民主党竞选总部，当他们动手安装偷听器时，被饭店的保安当场抓获。作案者是谁？全部都是共和党员。主谋是谁？是否是欲竞选连任的共和党总统尼克松？尽管这五名大汉紧咬牙关、保持沉默，但一瞬间，传媒上大肆张扬的新闻报道，

美国《时代》周刊 1974 年 7 月 22 日出版的深度报道美国联邦最高法院审讯尼克松案件的封面。

已在全美国引起了满城的风雨。

我们现在又来到了位于宾夕法尼亚大街1600号的白宫门前，这里是历届美国总统办公和居住的地方。在白宫南草坪旁边的玫瑰园里，今日，一地的红玫瑰开得正艳，但当年的白宫内，却是一片的秋风萧瑟。因为当时，华盛顿地区联邦法院向尼克松发出了一张颇不客气的传票："为查明'水门事件'的真相，请您向法庭交出白宫会议厅的一套秘密谈话的录音带。"经过三个星期的紧张密谋之后，尼克松按谋士们的建议，交出了13份经过删节的文字副本，以为这样便可以把法院打发了。谁知，地区法院不依不饶，紧接着又发出另一张更不客气的传票，命令白宫将全部录音带的原件立即呈交法院。尼克松的律师向法院抗议道："为了国家的利益，总统享有绝对的保密特权！"但地区法院却是不理不睬。于是，这场总统官司，便闹到了最高法院。

"美国诉尼克松案"，在当时是全美国空前轰动的一宗程序案件。它既不是民事案也不是刑事案，而是对某一案件中的某些法律程序是否合法的问题，由最高法院来解释宪法、给个说法的"释法"案件。现在，我们又回到最高法院的大门外。1974年7月8日，当联邦最高法院为这宗著名的总统官司开庭的那天，法院门前台阶上，挤满了从全美各地赶来的围观者。据说，当时此地，欢呼声、口号声不绝于耳。当美国九名大法官鱼贯而入、落座大法官席上时，天地间，一时都全部肃静无声。

针对尼克松律师提出的"总统应有保密特权"的主张，首席大法官、"九头之头"的沃伦·伯格，在法庭上作出了一个石破天惊的说法："总统特权并非绝对！"他长篇大论地说："自由平等"的精神，是美国立国的根本。而"司法公正"的原则，也是美国宪法最重要的原则。而根据美国宪法的精神，保障"司法公正"的需要，是远远地高于总统"保密"的需要！当尼克松的律师圣克莱尔以"公众利益"为借口，拒交录音带时，"九头鸟"之一的大法官刘易斯·鲍威尔质问圣克莱尔："在一宗涉及刑事责任的罪案中，要求保密，到底是出于哪些公众的利益？"一向能说会道的圣克莱尔，破天荒第一次在法庭上被问得哑口无言。于是，尼克松的上诉被裁定驳回。

当远在加州海滩上逍遥度假的尼克松得知这个消息时，不禁仰天长叹。他知道，他如果再顽抗下去，法院便真的会定他一个“妨碍司法公正罪”，那时候，连总统也得要坐牢房。想到这一点，尼克松又长长地叹了一口气。他在第二天便果断地发表了一篇声明：“我对这一结果深表失望。但我如同所有美国公民一样，完全尊重和接受法院的决定。”

尼克松被迫交出了64盘录音带。这些录音带确凿无疑地证实：“水门事件”确实与尼克松本人有关。一个月后，尼克松总统宣布辞职，如果不辞职，等待着他的将是“弹劾总统”的命运。本来，他一直是一位美国最受欢迎、最成功的总统之一，但在美国，“法不容权”，“法比权大”，他触犯了法律，只有惨淡收场，提前结束了自己的政治生命。幸好，副总统福特在接位之后，追念他勇敢地结束了越战、成功地敲开了中美友好交流大门等历史功绩，马上宣布特赦了尼克松，不再追究他的任何刑事责任。

美国法学界和美国的民众们却几乎是“一面倒”地一片欢呼。美国法律院校的教科书上，还将此案例列为“法大于权”的一宗经典的案例而警戒后世。自此案之后，20世纪80年代和90年代，在里根总统的“伊朗门事件”和克林顿总统的“拉链门事件”中，最高法院的“九头鸟”们又接二连三“砰砰砰”地敲响了白宫的大门，敲得总统们无不胆战心惊。因此，到底是“谁掌管美国”？此时此刻，对这个问题，我想，读者们已应该有了一个清楚的答案。

法学链接

美国司法实行的是“诉讼对抗制度”，双方律师要在法庭上斗上几十个、几百个回合，让利剑交锋时撞出的火花照亮事实的真相。为此目的，双方律师在审判前，有权要求对方向自己提供所知道的证据和材料，也有义务向对方提供自己将在法庭上提出来作辩护的一切证据和材料，无论是刑事案件还是民事案件，双方都有权利和义务这样做。如违反这些规则，便会犯下“妨碍司法公正罪”。而“水门事件”则充分显示了美国社会一贯的“宪法至上、司法最终”的宪政特色。

“你有权保持沉默”：家喻户晓的“米兰达警告”

> “司法过程的最高境界并不是发现法律，而是创造法律。”
>
> ——19世纪美国法官本·内森·卡多佐：《司法过程的性质》

在美国，你经常可以见到这样的一种场面——警笛突然响起，警灯狂闪，一辆警车呼啸而来。警察跳下车，飞身扑向一名疑犯。手铐喀嚓一声，疑犯被反扭着双手铐住。然后，警察气喘吁吁地开口了：“你有权保持沉默……”

对于听惯了“坦白从宽、抗拒从严”喝令的中国人来说，这种情况往往会令我们大惑不解——为什么会这样呢？为什么美国的警察要这么温柔地说这些明显不利于自己查案的话语呢？这不是明摆着教犯人“抗拒”吗？原来，谈到这“沉默权”，谈到这句美国人家喻户晓、耳熟能详的警察开场白，这里面，还有一段颇为有趣的故事，那就是：那宗颇有名气、颇为经典的案例——亚利桑那州的“米兰达上诉案”。

为了追寻这宗经典的法律故事，我们的世界法律之旅在美国作了一次长途的飞行——我们从位于美国东海岸大西洋畔的华盛顿，乘飞机直飞美国的西海岸、太平洋海滨的洛杉矶。整个旅程横贯美国全境、跨越两大洋。当飞机飞过著名的落基山脉、飞越科罗拉多州境内那些挺拔峻峭的山峰而进入亚利桑那州境内时，脚底下，蓦然出现了那条像巨龙般盘旋300多公里长的“科罗拉多大峡谷”！日落时分，这条著名的大峡谷显得十分迷人，各种颜色、各种不同地质年代的岩石层层叠叠，在夕阳下变幻出万千种色彩，从飞机上

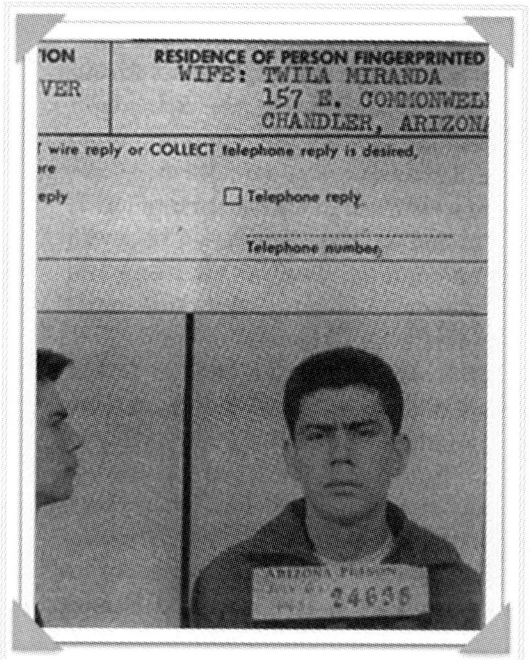

美国亚利桑那州凤凰城警察局登记的欧内斯托·米兰达档案。

看下去，千里深谷恰似一条千里的彩带，在一片荒凉的大漠上飘舞。飞过大峡谷之后，万家灯火的洛杉矶就出现在眼前了。

在洛杉矶住了一夜，次日清早，我们驱车返东，直奔亚利桑那州的首府菲尼克斯镇而去。1965 年，在这个风光明媚的小镇上，曾发生过一宗罪恶的绑架强奸案。

据案卷记录，被害人是一名 18 岁的青春玉女，犯罪嫌疑人是一个五大三粗、无业游荡的野汉子。一个月白风清的夜晚，野汉子看见一位青春可人的小姑娘，独自一人走在这静谧的街灯下，于是贼心陡起，悄悄开车跟上去，一下子就把女孩挟持上了车。然后，飞驰到城外的树丛中，再后来，就把女孩子给强暴了。

事后，被推出车外的女孩子痛哭着跑回家，一个电话打到警察局。警察马上出动，很快就将这野汉子拿获归案。而这野汉子也就马上乖乖地全部招供了，并亲笔写下了认罪的供状。

案子很快便送到法院。

案情本来就不复杂，疑犯对事实又供认得清楚明了，于是，法官很快就作出了裁决：野汉子犯下了绑架和强奸两项大罪。两罪相加，判处刑期50年。

监狱的大门跟着就打开了。

这个犯人的名字叫作欧内斯特·米兰达。

当监狱的铁门在他身后哐啷一声关上的时候，米兰达这个可恨又可悲的家伙，想来只能像臭虫一样在这里默默地度过一生了。可谁都没有想到，在狱中蹲了几天后，突然有个律师来探访他。交谈之下，米兰达方知道自己做了傻事。

律师告诉他说：根据美国宪法第五修正案的规定，他拥有一项叫作“反对自我归罪”的权利。也就是说，即使他真是一个货真价实、十恶不赦的罪犯，但面对警察的盘问时，他也可以一声不吭，保持沉默。不需要回答任何问题，更不必自己去写供词证明自己有罪，因为这是一项宪法规定的“公民权利”。如果有足够的证据，能证明警察确实有强迫你，确实侵犯了你的“公民权利”的话，那么，我们就可以……

“告那家伙！”米兰达狂叫一声蹦了起来。

于是，在律师的一手策划下，米兰达开始了漫长的上诉。经过百般的曲折，最后，官司居然一直打到了联邦最高法院。

当时，由联邦最高法院大法官厄尔·沃伦主持，9名大法官一起，认真研究了米兰达的诉状。

上诉理由称：第一，是警察“强迫、威迫”他写下供词，违反了宪法第五修正案的规定。第二，在他接受审讯时，由于读的书少，并不知道自己有“沉默权”这样一条宪法权利，也从无任何人告诉过他可以享有这样的一项权利，所以，他便被“欺骗成招”，而现在，哼哼……最好是把案子翻过来。

法院于是展开调查。发现不幸的是，米兰达所谓的“警察逼供、诱供”的问题还真的存在。首先，审讯室与外界隔绝，米兰达眼前是一字排开的五六名警察，警察们一会儿摇摇手铐，一会儿挥挥手枪，令米兰达心惊肉跳，精神崩溃。而在整个审讯期间，也无律师在场，这种环境显然是一种威迫。

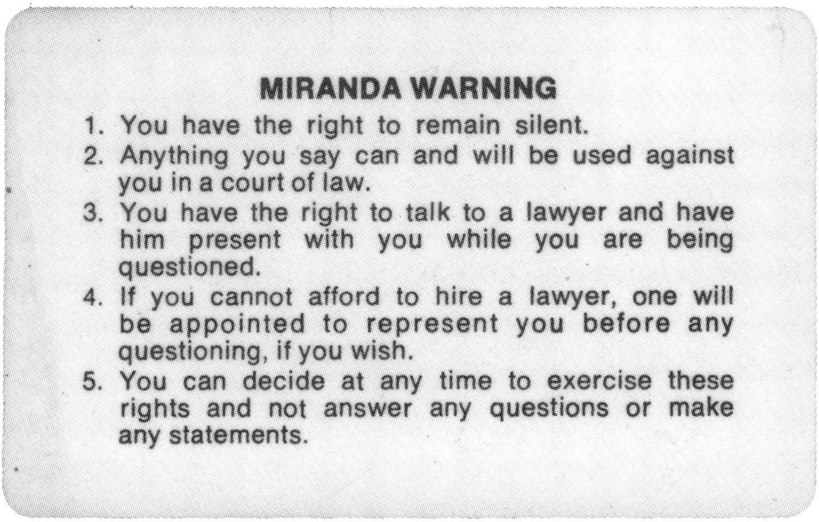
MIRANDA WARNING

1. You have the right to remain silent.
2. Anything you say can and will be used against you in a court of law.
3. You have the right to talk to a lawyer and have him present with you while you are being questioned.
4. If you cannot afford to hire a lawyer, one will be appointed to represent you before any questioning, if you wish.
5. You can decide at any time to exercise these rights and not answer any questions or make any statements.

警察随身携带的写有米兰达警告的卡片。

其次，从讯问记录上看得出，警察根本就没问你干了什么，而只是一味追问你怎样干？摆明了就是先入为主的“有罪推定”，然后再迫其认罪。

事实昭然若揭。亚利桑那州的警察们虽然没有动手打人、没有刑讯逼供，但却违反了宪法有关规定去逼人“自证其罪”，“以违法去治违法”。

根据美国宪法第五修正案：警察法官不得强迫任何人作出对自己不利的证词。如果违反了呢？那么，这份用强迫方法获得的供词就得宣告无效。无效的供词，就不能作为定罪的依据。而没有定罪的依据呢，那米兰达就……

经过激烈的争论，9 名大法官最后以 5∶4 的微弱多数，通过了沃伦大法官起草的判决——“米兰达上诉得直，无罪释放”。

这下子，美国的群情沸腾了，舆论一片哗然。美国的警察们更是目瞪口呆，义愤填膺。质疑的、抗议的电话，不停地打到联邦最高法院。

而联邦最高法院也觉得意犹未尽，还有话说。

美国与英国一样是判例法国家，司法有权立法。联邦最高法院的这一判例，等于是建立了两项必不可少的刑事诉讼规则。沃伦大法官通过传媒公开告诫全美国警察说："第一个规则是：警察在审讯中，用强迫的方式获得的被告人口供、证词，不得用作该案定案的依据。第二个规则是：大凡拘捕或审讯犯人时，美国警察事先必须要告诉被捕者以下这番话语——'你有权保持沉默。否则，你说的话将会用作不利于你的呈堂证据。你有权会见律师，如果你请不起律师，那么，政府可以为你免费提供。'以避免米兰达式的'读的书少，不知权利'的狡辩重演。"

对于"沉默权"使米兰达逃脱了正义的惩罚，今后必会有更多的奸徒借沉默权来逍遥法外，沉默权是不公正的等抨击，沃伦大法官回应道：不是沉默权使米兰达得脱法网，而是亚利桑那州的警察破坏了司法程序，才导致了放走米兰达的恶果。判处米兰达50年刑期，是不公正的程序产生了公正的实体；而释放米兰达，虽是实体的不公，但却维护了程序的公正。实体不公，只是个案正义的泯灭；而程序不公，则是全部司法制度正义性的普遍丧失。换句话说，明知实体不公，也要维护程序公正，这就是最高法院坚定不移的立场。

最高法院的规则一下，自然就产生了最高的法律效力。自此以后，美国警察的衣袋里都装有一张小卡片，上面清楚明白地印上这番话语。这张小卡片的内容，就被称为"米兰达警告"（Miranda Warnings），或"米兰达忠告"。

"米兰达警告"公布以后，许多人批评：沉默权规则大大降低了执法机关的办案效率。但更多的人赞同：沉默权规则对于保障公民权利不受侵害、消除警察由来已久的刑讯逼供野蛮行为是利大于弊，有积极的、重大的现实意义。

争论归争论，出乎意料的是，打这以后，"米兰达警告"，竟然在美国人当中风靡一时，家喻户晓。美国人一旦被拘捕或被指控，第一句话就是气壮如牛的"我要见律师！"而所有警察在拘捕或审讯犯人时，第一句话就总是客客气气的"你有权保持沉默"。

说真的，美国司法，不论世人对它有多少批评都好，但它有一个优点却是举世公认的，那就是——十分注重司法的程序问题。在美国人的眼中，司法公正，首先就要程序公正。司法人员在执法时要十分严格地遵守程序，而不能任意地破坏司法程序。因为在美国，以正义化身自居的法官们，宁愿牺牲个案的实体公正，宁愿让真正的凶手逍遥法外，也不愿和不能由此而开了一道任由司法机关以违法方式去侵犯公民权利的口子。因为法官们懂得，只要证据合法、确凿，法律仍然有机会把米兰达、辛普森之流送入监狱。而一旦纵容司法机关去滥用权力、非法行事呢，那么，这就无异于容许有人在防洪大堤之上去挖一锄头。此风一开，执法犯法的事情便将无日无止，而民主法治大堤的全线崩溃，也就为时不远了。

沃伦大法官用一种最通俗易懂的方式——沉默权的方式，给全体美国人民上了一堂深刻的普法课。而对于2亿美国老百姓来说，他们中的大多数，可能未必会明白这里面有这么多高深的法学道理，但他们却清楚明白地知道了一句话，那就是——“我有权保持沉默”！这就足够了。

法学链接

美国法学界对“沉默权”的内涵有如下四条司法解释——

一、被告人有权在讯问中始终保持沉默。

二、不得因被告人保持沉默而作出对其不利的裁判。

三、检控方采取任何非人道或有损被告人健康、人格尊严的方法强迫被告人作出供述是一种犯罪，要受到法律的追究。

四、法院不能把被告人迫于外部强制或压力所作出的供述，作为定罪的依据。

今日世界，“沉默权”规则的这些内涵定义，已逐渐发展成为现代国际刑事司法的一些最基本的准则。

民权至上：倒霉的洛杉矶警察

> “培养国民权利感觉的涵养，是对国民进行政治教育中最高、最重要的课题之一。”
>
> ——19世纪德国法学家鲁道夫·耶林：《为权利而斗争》

这一节，我们的法律之旅，又从荒凉的亚利桑那州返回了洛杉矶。在这里，有许多同样精彩的法律故事，也曾经同样地轰动过全球。

洛杉矶是美国西岸最大的一座城市，无论是城市面积或人口，都仅次于纽约而居美国第二。相传在200多年前，有一个西班牙传教士来到了此地，无意中，发现了这一片依山傍海的美丽地方。据说，他当时激动得不停地喃喃自语，并仰天祈祷道：“感谢上帝及崇敬的天使、女王、圣母玛丽亚，赐给我们这一块美丽的村庄。”后来，他就用这一长串共计57个字母的西班牙文来命名此地，但人们却嫌这个名称太过麻烦了，他们在称呼此地时，只使用其10个字母的缩写：“洛杉矶”（Los Angeles），意思就是“天使”，所以今日，此城便有了一个美丽的别名——“天使之城”。

人们初到洛杉矶时，第一个印象就是：这里的汽车多得简直可称为“世界之最”。此地三面环山、一面临海，在这片南北宽80公里、东西长104公里的滨海地带上，有无数座小山丘，把一个城市分隔为70多个小镇和街区。此地的居民上班、上学或上街购物，动不动就要跑几十公里路，假如没有汽车的话，那你在这个城市简直是寸步难行。据统计，洛杉矶平均每家就拥有汽车2.23辆，每1.5人便会有一辆车。600 万人的城市里，日日在马路上面滚动的汽车竟有 400 多万辆。站在洛杉矶街头，环目四顾，高速公路、高架立交桥处处皆是，满眼都是汽车轮子在飞转。而一旦塞起车来，那种浩浩荡荡、无边无际的壮观场面，令我们这些从北京、广州等大城市来的人也要为之咋舌。因此，洛杉矶便又有了一个别名——“汽车轮子上的城市”。

而第二个印象便是“明星多”。此地一年 365 天里面，竟然有 300 多天是艳阳天，碧海、蓝天、棕榈树、加州阳光，吸引了无数游客的同时，更吸引了全美国的电影公司纷纷来此地拍摄电影。在市中心西北 13 公里处的贝弗利山上，有座举世闻名的“好莱坞”电影城。这里，一幢幢豪华别墅依山而建，云集了美国及世界数以万计的电影明星和顶级富豪，日日夜夜、灯红酒绿。每逢奥斯卡颁奖典礼或什么大电影的首映式时，此地更是美女如云、星光熠熠。漫步在贝弗利山上的好莱坞大道上，连空气中都弥漫着一股衣香鬓影。这条大道有一段人行道叫“星光大道”（Walk of Fame），青绿色水磨石铺设的地砖上，中间那一行，镶嵌了 2000 多个粉红色的五角星，每一颗星，都刻有一位演艺界明星的名字：玛丽莲·梦露、马龙·白兰度、查理·卓别林……突然，我们看到了一个令中国人怦然心动的名字：“Bruce Lee”！这不就是那位“龙的传人”——李小龙的大名吗？我们立即停住脚步，并蹲下身去，用手轻抚着这颗星，心里面，充满了一种难以言喻的自豪感。

但好莱坞毕竟只是一个“梦工场”，而洛杉矶则是一个实实在在的贫富悬殊的“火药桶”。在加州这同一片蓝天下分布着的，还有一个个墨西哥人、黑人、中国人、日本人、菲律宾人、韩国人等有色人种聚居的贫民窑。贫富悬殊，再加上美国社会那种由来已久的对有色人种的歧视，这就使这座美丽的城市，又有了另一个别名，那就是——一个随时潜伏着“种族骚乱”的“危机之城”。

就在富丽豪华的贝弗利山下的一处路边，我们就看到了这样一番景象：一幢幢被大火烧得焦黑的房舍，几十辆被火烧成一堆废铁的汽车残骸，这是最近一次种族暴乱之后留下的悲惨现场。现场中，我至今仍清楚地记得的是，有一幅标语牌，当时深深地震撼着我们

“洛杉矶暴乱”组照。

的心——标语牌上，画着一个跪地哭泣的黑人，上面写着一句口号："Stop the Violence!"（制止暴力），下面，则写着那句著名的美国圣经——《独立宣言》上的名句："All men ware created equal！"（所有人生而平等）。

看着这幅标语牌，看着那几位在附近巡逻的警察，十多年前，在此地发生过的一宗经典的法律故事便不禁浮上了心头。那宗有名的、曾引发了美国最大规模的一次种族暴乱的案件，就叫作"洛杉矶警官案"，而案件的结局，是4名本应是正义的执法者的警察们，却因滥用暴力、执法犯法而被送上了法庭。

这宗经典的法律故事的开头是这样的——1991年3月3日，凌晨1时，洛杉矶警察在马路上，发现了一辆以时速高达180公里的速度在"午夜狂奔"的汽车。警察试图令其停车时，车手反而更疯狂地加速逃脱。警察们勃然大怒，他们出动了10多辆警车，一路围追堵截，疯狂追逐了10公里，才终于将驾车者罗德尼·金截下。

我们现在就来到了洛杉矶郊外的一条高速公路上，据说，这里就是当年故事发生的现场。当时，在20多名警察的团团包围之中，罗德尼·金，这个犯罪累累，刚从狱中假释出来的黑人违章者，一推开车门就疯狂地逃跑。为了制服这个年轻力壮而又服食了过量兴奋剂的黑大汉，警察被迫使用了电击枪。一般人被电击枪击中后，大都会立即瘫倒在地，但据说金当时却马上重新站起，向警察挥拳还击。愤怒的警察们于是一拥而上，10多条警棍一齐向金猛烈招呼。

这一场行动的后果是可想而知的：金的头盖骨11处被打裂，面颊骨被打塌，10多颗牙齿被打飞，脚踝骨折，肩背胸腹多处内伤，血流如注，被殴打得不似人形。

警灯闪闪，警棍飞舞，成群警察在殴打一个违章驾驶的黑人……这场面吸引了一个手头恰巧有部夜视摄像机的路人。他将镜头对准金，录下了一段长达2分钟的"警察暴力"场面，然后，这家伙将录像带卖给洛杉矶电视台，发了一笔小财。

录像带在电视上一播出，在洛杉矶和全美掀起了一股轩然大波。"这是严重的种族歧视！"洛杉矶的黑人们群情激愤，纷纷涌上街头，砸烂商店，焚烧美国国旗，还放火烧屋烧汽车，殴打白人和黄种人，骚乱迅速在各大城市蔓延。

迫于压力，联邦检察官终于在事隔两年之后，对其中四名当事警员提出起诉。洛杉矶联邦地区法院根据“滥用暴力”的事实，认为两名警员“侵犯公民权利”的罪名成立，判处 36 个月监禁，另两名警员则无罪释放。洛杉矶民事法庭还判决“洛杉矶政府纵容警官侵犯公民权利”，结果是市政府赔给了这个黑人罪犯 380 万美元。

说到这里，我们中国人可能会很不理解：为什么，一个犯罪分子被警察例行“修理”之后，（这在我们那儿可以说是司空见惯）执行公务的警察反倒会成为罪犯而锒铛入狱？市政府还要向这个犯罪分子赔付巨款？原来，这其中的原因，就在于美国社会有一种根深蒂固的“公民权利”意识。罪犯有罪，应该由法律来制裁，却由不得警察来随便“修理”。美国人普遍认为：如果一个罪犯的权利可以被执法者随意剥夺、肆意蹂躏的话，那么，又有谁能保证其他公民不会有这样可怕的一天？所以，当全美国公众都支持罗德尼·金这个犯罪分子起诉那 4 个倒霉的警察、向市政府索赔的时候，看来，他们并不是像我们许多中国人所想象的那样，是“是非不分”、“以反政府为乐”，他们其实是在郑重地要求司法制度：打击犯罪是必要的，但在打击犯罪的同时，却一定要把对公民权利的尊重摆在至高无上的位置！

据说，洛杉矶警局在这一事件后实行了大整改大换血：警察局长引咎辞职，一批作风恶劣的警员下岗，整个警局的执法风格，开始向与人为善的服务型转化。而且，打那次事件以后，美国警察职业最权威的团体——国际警察局长协会还制订了如下的美国警察职业道德准则——

“我在上帝面前起誓：作为执法官员，我的基本职责是服务社区，保卫生命与财产，保护无辜者不受欺诈，弱者不受压迫与恫吓……我要尊重宪法赋予人民的自由、平等与正义的各项权利，我绝不滥用职权，绝不让个人感情、偏见、政治信仰、欲望、仇恨或友谊来支配我的决定。我绝不过度使用武力，我以警徽作为公众信任的凭据。我在职一日，绝不辜负公众的信任……”

看来，这一篇誓词，也很值得让我们的警察局长们参考参考。

疑罪从无：
震惊全球的辛普森“世纪之审”

> “如果法律不忠于正义，只以实利为目的，那么，法的公正严肃就不复存在，实利也将不能得到。”
>
> ——19世纪普鲁士法学家祁克：《德意志私法论》

在中国几千年的旧法律传统中，可以说，从来都没有过“犯罪嫌疑人”这个文绉绉的概念。凡是被抓到公堂之上的人，无论是官还是民，我们都已先天地把他看作一个有罪的人。等待着他的，只有县官大老爷或刑部大老爷把惊堂木一拍，然后大喝一声：“从实招来”！否则，便“大刑伺候”这样一种悲惨的命运。在现代，这句司法口头禅虽然已换成了另外8个字：“坦白从宽、抗拒从严”，又虽然，近两年来，这8个大字亦已经消失得无影无踪了，又换成了一些别的什么口号，但换汤不换药，个中观念，依然还是这样一种“有罪推定”、“疑罪从有”的旧司法传统。

但在西方，世界各国从18世纪起，便普遍确立了一种叫“无罪推定”、“疑罪从无”的新司法观念和司法规则。警方若怀疑一个人犯了罪，就必须向法庭提交出有关这个人犯了罪的证据，去证明他“罪在哪里”、“罪是什么”，若提不出证据，或虽有证据，但不“确凿”，还有一些“超越了合理怀疑”的疑点，证据还未能达到“无可置疑”的地步的话，那么，不管怎样都好，最后，法庭便要说一声：“对不起”，然后将你无罪释放。

这就是“疑罪从无”。

这种新的司法规则与“沉默权”规则一样，在世界法学界中亦一贯是争议极大。许多人批评它纵容了犯罪，但又有许多人赞扬它是一种司法的文明。尤其是在洛杉矶发生的那一宗举世闻名的“辛普森杀妻案”之后，对于这条“疑罪从无”规则的争论，更是在美国和全球都掀起了一场迄今不息的轩然大波。

我们的法律之旅，现在，就又来到了洛杉矶好莱坞的贝弗利山上。1994 年 6 月 13 日，一对在大街上遛狗的老年夫妇，就在此地——布伦特树林区一幢豪宅前，被一幅惨像吓呆了：一男一女两具尸体，倒卧在门前的血泊中，在昏黄的街灯映照下，这场面显得十分恐怖。几分钟后，警察赶到，确认死者为妮可——大明星辛普森已离婚的前妻，和一个业余演员古德曼，死因都是被锋利刀刃刺杀。

血案现场，除了一串大码鞋的血印之外，还留下一顶辛普森的帽子，一只左手的手套。

自杀、他杀？情杀、劫杀？茫无头绪的警员们在半夜三更按响了辛普森的门铃。但这间同样是位于布伦特树林区的豪宅内，却无人回应。警员翻墙而入，发现了点点血迹，直通向车库，车库里，一辆野马牌越野车内也有血迹，附近还有一只沾满鲜血的右手手套，辛普森，顿时成了凶案的嫌疑人。

一小时后，辛普森一进家门就被警察围住。在他左手的手指上，还有一处瞩目的刀伤伤痕！辛普森对警察的盘问先是支支吾吾，继而是“我有权保持沉默”。血迹的化验报告又未出来，证据不足，虽有怀疑，但警察暂时还不能逮捕辛普森。

三天后，辛普森却突然失踪了。辛普森畏罪潜逃？辛普森要自杀？辛普森想干什么？……有关这位大明星的电视新闻，一时间骚动了全美国。

原来，这位辛普森曾是一位在美国风靡一时的橄榄球明星。在他 20 年的橄榄球生涯中，创造过不少辉煌的进球纪录，退役后，他又摇身一变成了影视界的大明星。这就难怪，关于他的案子会在美国引起如此的轰动。

当日傍晚时分，辛普森的野马越野车却突然在加州一条高速公路上被发现。已经取得逮捕证的警察们，马上展开了大追捕。一时间，

上、中图是辛普森当庭展示他能否戴得下案发现场的手套。下图为辛普森案件的主审法官伊藤。

全美国所有电视台都在播放着同一个画面：一辆白色的野马车在高速公路上缓缓爬动，天上地下几十辆警车、几十架直升机像护卫一样跟着慢慢地行驶，来往车辆全部停下让路。由于辛普森举着子弹上了膛的手枪嚷着要自杀，所以警察一时也束手无策，唯有跟着他的野马车，毫无目的地四处游荡。

当晚，追捕辛普森的电视实况转播，据说创下了美国电视有史以来最高的收视率！此后，长达一年半的法庭审理过程，更成了全美国最受人欢迎的"法制题材长篇电视连续剧"。各大电视台纷纷聘请了法学专家，随着此案的进程，日日加以评论。有人开玩笑地说过：在长达一年半的审判过程中，全美国家家户户都在上同一门的大学法律课程——刑事诉讼法！而在控辩双方的律师、法官及法学评论家们精彩生动的"以案说法"的"普法教育"下，到辛普森案结束时，全美国几乎有 1/5 的人口，即大约 5000 万人，变成了刑事诉讼法方面的专家。

在长达一年半的审理过程中，检控方共用了 5 个多月的时间，在法庭上询问了 58 位证人。展示了 488 件实物和图片。而辩护方也用了 3 个月的时间，询问了 27 位证人。之后，双方便进入了拉锯似的辩论和反驳，光是法庭记录的文件便长达 5 万页！最后，1995 年 9 月 26 日，女检察官玛莎·克拉克花了 6 个多小时来作结论陈述；而辛普森的律师团，他花费一千多万美元请来的全美国最好的刑事诉讼律师们，则用了整整两天的时间来作结论陈述。

本案最奇妙一点是，辛普森的律师们从来都没有对公众说过半句辛普森"无罪"。辛普森是杀人凶手！这一点全美国人都是心照不宣。如果愚蠢地从这点上为辛普森辩护，那就无异于公开侮辱全美国人的智慧。所以，律师团的策略是——集中火力，猛攻证据的疑点。

策略之一，反复打种族牌。辩方律师不停地攻击主办警官（白人）福尔曼以往有许多谩骂、殴打黑人的种族歧视劣行，引导陪审团对福尔曼留下了一个"出于对黑人明星的嫉妒而栽赃"的坏印象。策略之二，抓住警局刑侦技术人员的马虎，强调血迹是如何被污染而使化验结果不可靠。一句话，仅这两点，已足够令黑人占大多数（12 人中只有一个白人）的陪审团相信：检察方的证据，没有达到"无可置疑”的标准!

案件审到这个份上，其结局，大家也就可想而知了。

现在，在我们身后的这一幢大楼，就是洛杉矶的联邦地区法院。说起来也真好笑，1995 年 10 月 3 日上午 10 时，全美国民众上至总统克林顿，下至小学生、流浪汉，居然会全都聚集在家里和办公室里或商店酒吧里的电视机前，焦急地等待着，法院里面这场“世纪审判”的大结局。当日裔法官伊藤神情肃穆地就座时，全美国是一片寂静。所有人都屏住呼吸，聆听着书记员罗伯森女士宣读最后的判决：“本陪审团，裁决：奥伦多·詹姆士·辛普森，无罪。”这时，死一般寂静的美国如同突然爆炸了一颗原子弹——所有的黑人都在同一瞬间爆发出一阵巨大的欢呼，而所有的白人，则在同一瞬间发出了一声巨大的哀鸣。

这场惊天动地的“世纪之审”虽然已经过去了 10 多年，但在全世界人们的心里，却对之仍然记忆犹新。老实说，这回，辛普森虽然逃过了法网，但这场“世纪审判”却没有赢家。可以说，所有人都是失败者。

难道维护“司法正义”（疑罪从无）和“程序正义”就一定要以牺牲“社会正义”（放走真凶）和“实体正义”为代价吗？社会正义牺牲了，司法正义又是否能单独存在？如何在“程序正义”和“实体正义”这两种正义之间寻找到一个正确的平衡点？美国的法官们，又一次面对着一杯苏格拉底式的苦酒，而美国的司法制度，又一次遭受到猛烈的责难和抨击。

一方面，美国是一个表面上最自由平等、最讲人权正义公理的国家；另一方面，美国实际上又存在一种最严重的白种人对有色人种的歧视。在一个黑人白人情绪严重对立的社会中，究竟还有没有一种能超越一切种族肤色、超越一切阶级利益、政治制度、不同政见之上的一种“纯社会正义”？这个问题，看来，只有上帝才能回答。

所以，撇开这一切复杂而又混乱的恩怨不谈，全美国人，全世界人，从本案中唯一可得到的和唯一有正面意义的教训，就是：要想将罪犯切切实实地绳之于法，那么，检控方的呈堂证供，就必须要做到“确凿无疑”！

消费者权利：万宝路280亿美元的赔款

> “正义，作为法的目的，是个人活动与拥挤的世界里所有人的活动之间最理想的妥协。”
>
> ——20世纪美国哈佛法学院院长罗斯柯·邦德：《公正执法》

如果你问我：280 亿美元是一个什么样的概念？我的回答是：这很难形容。作为一个浪迹天涯的穷记者、穷作家，我只能说，这是一个我连做梦都不敢去想的天文数字。

据 1992 年美国《财富》杂志的统计：当今世界的头号富婆——英女王伊丽莎白二世，全部身家财产总值才约为 107 亿美元。如果谁拥有 280 亿美元的话，那么，他的权势地位，便将会超过英女王的一倍以上。

但 2002 年，美国一个女烟民竟然向一家烟草公司提出了 280 亿美元的索赔！这消息一传出，便马上轰动了全世界。

这宗轰动一时的官司就发生在加利福尼亚州。现在，我们就从洛杉矶往北行，来到了加州的首府——圣弗兰西斯科，去追寻一下这宗有趣的法律故事。

一百多年前，大量中国广东的劳工曾被贩卖来此地开掘金矿，这些流落异乡、又不懂英文的劳工们记不清“圣弗兰西斯科”这么长的一串名字，索性就用谐音简称它为“三藩市”，或干脆就叫它作“旧金山”。

今日的旧金山，聚居着 20 多万华人，此地的唐人街，向来被称

早期菲利浦·莫里斯公司为“万宝路”香烟做的广告，广告上的男孩儿看上去似乎就是未成年人。

为欧美第一大唐人街。漫步在唐人街狭窄的街道上，一座座似曾相识的骑楼、店铺，一幅幅琳琅满目的中文招牌不断地映入眼帘，满耳乡音，满目乡情，使我们仿佛回到了广州、中山、香港和澳门的街道上。在都板街的路口，我们还见到了一座富丽堂皇的中式牌楼，上面用金漆大字书写着“天下为公”4个中文大字，前边的广场上，更高高矗立着一尊孙中山的不锈钢雕像。而不远处，还有一座香火鼎盛的“广州庙”（Kong Chou Temple），庙门内外，香客如云。此情此景，令我们不禁想起了广州的中山纪念堂、光孝寺、六榕寺，而几乎忘记了此刻自己正置身于遥远的太平洋彼岸。

好了，我们来旧金山的目的，并不是单纯地来旅游观光或怀旧，而是要去此地的加州高等法院，去追寻那宗轰动一时的“消费者告万宝路”的法律故事。这宗“女烟民索赔280亿美元”的故事，在2002年的时候，曾惊动了全球。

早在游览威廉斯堡的时候，我们就已经见识过美国南部那一望无际的烟草田。可以说，历史上，“烟草”与“美国”就一直是息息相关的。

300多年前，正是这种绿色的黄金导致了美洲大陆的迅速开发。200多年间，那种淡蓝色的烟雾便一直在白宫里盘旋不去，并隐隐约约地影响着美国的经济和政治。而从20世纪开始，全美最大的烟草商，那家香烟销售量占市场一半、红白色盒子的“万宝路”销遍全球的菲利浦·莫里斯公司，却不断地面临着一个个黑色的噩梦：它一次又一次地被消费者告上法庭，而赔偿的数字亦一次比一次更加巨大。在最近的一宗官司里，那位深受其害的女烟民向它索赔的款项更是达到了一个天文数字——280亿美元。

2002年年初，居住在洛杉矶纽波特湾区、现年64岁的白人妇女贝蒂·布洛克，被当地医院确诊为身患肺癌，而且，癌细胞已经扩散到了肝部。这噩耗，令刚刚喜得一名外孙女的布洛克遭受到沉重的一击。当她确知自己将不久于人世的时候，她愤而向洛杉矶法院呈交了一份诉状，状告菲利浦·莫里斯公司。在诉状中，她愤怒控告了该公司在20世纪50年代一场规模巨大的“万宝路”牌香烟促销宣传活动中，蓄意欺骗消费者，令当时年仅17岁的她“误入歧途”。

2009 年，加利福尼亚州最高法院对一个案件作出终审裁决，画面中的液晶显示屏公开了法官的判决宣读。

2009 年 5 月 20 日，佛罗里达州最高法院审理 Pleus v. Crist 一案时的照片。

自此以后，她47年来，一日也离不开“万宝路”，长期的吸烟，给她的身体健康带来了巨大的损害。因此，她向法院提出诉讼请求：以“欺诈罪”和“过失行为罪”，判决万宝路公司向她支付280亿美元的赔偿。

诉状一出，万宝路公司的老板们吓了一大跳。随即，在法庭上，双方的律师便爆发了一场激烈的辩论。原告的律师米高·皮乌兹向法庭指出：菲利浦·莫里斯公司当年为推广万宝路香烟所策划的那一场宣传广告活动——“旭日东升，前途光明，这里是万宝路的世界”，是美国商业界有史以来“最为恶劣”的对消费者的欺诈活动（这组广告曾被全球广告界誉为杰出的经典）。它以极美丽的画面，极健康的形象，极动听的词句，引诱不少青少年加入了吸烟的行列，但它却蓄意隐瞒了“吸烟危害健康”的真相。而辩方律师奥勒梅耶则反唇相讥道：在布洛克40多年的吸烟历程中，医生曾多次劝过她戒烟，但她却坚持说：“这是我自己的事，我有权决定干什么。”因此，辩方律师极力否认烟草商曾进行过“欺诈活动”，在布洛克吸烟致癌的问题上，烟草公司也并无任何的过失责任，并嘲笑原告人“漫天要价”是“发穷恶”，想“趁火打劫、发一笔横财”。

烟草公司的这种态度激怒了洛杉矶陪审团。2002年10月4日，他们一致作出裁决：原告得直。被告必须支付280亿美元的惩罚性赔偿！判词一出，菲利浦·莫里斯公司的股票价格应声下跌了5%。不仅如此，在纽约、东京、伦敦等各地的证券交易所里，所有烟草公司的股票都被这宗诉讼案拖累而纷纷下跌。菲利浦·莫里斯公司如热锅上的蚂蚁，几经求情不遂之后，他们便决定向加州高院提出上诉，于是，这场官司便移到了旧金山。

其实，这些年来，菲利浦·莫里斯公司都一直是官司缠身，屡屡被消费者们告上公堂。远的不说，从1998年起，该公司就一年都未曾喘息过——

——1998年，美国数十个州政府状告五大烟草公司危害健康，首当其冲的就是“万宝路”。菲利浦·莫里斯公司被迫答应在25年内支付大约1000亿美元的巨额赔款，并立即停止在一切公共场所宣传香烟产品的广告。

——1999 年，俄勒冈州法院判决，该公司要向一位吸烟受害人家属赔付 3200 万美元。

——2000 年，在一宗数百名烟民的集体诉讼案中，佛罗里达州法院判决该公司的赔款总额为 739.6 亿美元。

——2001 年，加利福尼亚州法院判决该公司向一位患了肺癌的烟民赔付 1 亿美元，但该烟民在获知判决不久后就死去，并未真正获得这笔赔款。

……

2002 年 12 月 18 日，加州高等法院终于对这宗有史以来个人索赔金额最高的“万宝路”上诉案作出了裁决。据说，当时审判的过程充满了戏剧性。法官埃格在法庭上，首先声色俱厉地警告菲利浦·莫里斯公司说：该公司在商业领域里一贯是“劣迹斑斑”，过去几年来，不管官司打到什么程度，总的来说，该公司其实都没有向烟民们支付过“一分一厘的赔款”。而不管该公司在其他州是靠玩什么花招来达到自己的目的，但在加利福尼亚州，加州法院可以很明确地告诉该公司一句话，那就是——没门！因此，当时，该烟草公司的律师老板们都把心提到了嗓子眼上。但紧接着下来，对布洛克女士的索赔要求，埃格法官却语气一缓，不紧不慢地说：从法律上的“赔偿比例”的角度来说，本案索赔金额的比例是“显然过高”。因此，他在判决书中大笔一挥写道：“法庭判决，菲利浦·莫里斯公司须向贝蒂·布洛克女士支付索赔要求的千分之一，即 2800 万美元。”

判决一出，舆论大哗，公平与否，众说纷纭。但依我个人的看法，埃格法官作出这一判决，还是相当公平合理的。因为，在这一类案件的判决中，法官最困难的一点就是：如何既保护消费者的合法权益，又保护社会经济整体的利益？要知道，如果坚决判罚万宝路 280 亿美元，那么，全美国千千万万烟民们在这一判例的鼓舞下，不出几分钟，便会像一大群亚马逊食人鱼一样，把美国的五大烟草公司全部吃光！烟草公司破产了，许多工人农民就会失业下岗，千千万万股民的身家财富亦会付诸流水，而美国的政府就会减少了大笔税收，同时还要面对许多令人头疼的股市动荡和社会救济问题！如何去避免这种噩梦一般的后果？如何去不偏不倚地实现“正义的平衡”，并通过正义的平衡，去使社会的政治、经济秩序重新恢复稳定与和谐？而这一点，就正是埃格法官判词“批判从严、发落从轻”的用心良苦之处。看来，埃格法官，是一位很懂得“政治”亦很懂得“顾全大局”的法官。

但出乎意料，这判决一出，双方的律师竟然一齐不服。原告律师米高·皮乌兹愤愤不平地说：“这家公司在兜售死亡，这点赔款算不上是真正的惩罚。”而万宝路的首席律师则认为这个裁决是“与正义背道而驰的”……看来，这场官司最后一定还要打到华盛顿、打到联邦最高法院“九头鸟”那儿去。不管怎样都好吧，“有问题，找法院”，这是美国公民的权利，也总算是美国社会的一种好传统。

离开加州法院的时候，已经是暮色苍茫时分，我们驾车来到了旧金山的“世界第一长桥”——著名的金门大桥。这座橘红色的大桥，在夕阳的映照下，通体像一条金红色的火龙。漫步桥上，远眺金门桥外的太平洋，烟波浩瀚，近观金山湾内的水面，游艇点点，景色十分壮观。但据说，这条风光优美的大桥，却是一座著名的“自杀之桥”，自大桥建成以来，已经有4000多人在这里纵身一跳，葬身鱼腹。漫步此地，我真的有点儿大惑不解——布洛克女士身患绝症，仍然为争取自己及广大消费者的权利而奋斗不止，到底还有些什么原因，会令有些人竟然觉得活不下去，要跑来此地纵身一跳呢？

夜色茫茫中，有个警察正带着怀疑的眼光向我们走来。可能他见我们在桥上徘徊了很久，正怀疑我们是否也想纵身一跳而准备出手加以制止？于是，我们边继续散步，边微笑着，向这位尽职的警察送去了一声：“HELLO!”

“我有一个梦”：人权斗士马丁·路德·金

> “法律秩序的形成得益于以下两个历史条件：一是多元利益集团的存在……二是‘自然法’的信念深入人心。人们普遍相信存在一些最高的、神圣的法则（如自由、平等、公平、正义等），使他们在论证或批判现行的实在法时，可用于作为一种终极性的依据。”
>
> ——当代美国法学家昂格尔：《现代社会中的法律》

在美国人心目中，能与总统华盛顿并驾齐驱，并像他那样享有一个全国性纪念日这种崇高荣誉的伟人，只得一位。他是谁？是总统杰弗逊·林肯？是科学家爱因斯坦·贝尔·爱迪生？是电脑大王比尔·盖茨，还是摇滚乐歌星披头士“猫王”？都不是。他就是那位著名的民权斗士、黑人牧师——马丁·路德·金。

如果说，美国社会长期存在着的那种丑恶的种族歧视状况，在今天已大大改善了的话，那么，在种种的原因之中，很大的一部分，便要归功于马丁·路德·金，以及，归功于广大黑人群众长期的、艰巨的“非暴力抗争”。金博士生前，曾发表过一次著名的演说——“我有一个梦”，1968 年，他虽然死于暗杀者的枪下，但他墓前燃烧的不熄之火，却至今仍日日在风中飞扬。

追寻着金牧师的“自由平等”、“公平正义”之梦，我们在美国的南部穿州过府，展开了一次可歌可泣的黑人“民权运动”之旅，实际上，也展开了一场美国法律正义的“成长之旅”。

首先，我们来到被称为“南部心脏”的亚拉巴马州。这个州近

1955 年 12 月 1 日，时年 42 岁的裁缝罗莎·帕克斯（Rosa Parks）被捕后在警局留下指模。

2/3 的土地覆盖着茂密的森林，一望无际的沃土上种植着大片的棉花，1936 年，在柏林奥运会上夺得 4 枚金牌、狠狠地给了希特勒 4 个耳光的黑人田径明星欧文斯就生长在这个著名的“棉花州”、“圣诞树州”里。但这个州，历史上却是一个种族歧视相当严重的州，例如，黑人的孩子不能与白人孩子在同一间学校；工厂里的饮水桶要挂上一个牌子：“有色人种”；在巴士上，黑人不能坐只能站，谁敢反抗，则马上会遭到警察的逮捕。这种种悲惨的情况，只有在马丁·路德·金到来之后，才开始发生了改变。

我们现在就站在亚拉巴马州首府蒙哥马利市的一个十字路口。这里有条路灯柱，上有一块牌子写着“ROSA PARKS BLRD”（罗莎街）。进入罗莎街不远，马路边上有一块“历史文物保护”的牌子，上书“罗莎·帕克乘巴士遭逮捕的地方”。不说你可能会不知道，这个小小的牌子，原来，却记载着美国法律史上一个伟大的转变。

那是 1955 年 12 月 1 日的下午，天气寒冷而阴沉。当时，一位

左图：罗莎·帕克斯和马丁·路德·金在一起。右图：1963年8月，马丁·路德·金组织了美国历史上影响深远的“自由进军”运动，率领20多万名黑人向首都华盛顿进军，为全美国的黑人争取人权。这张照片拍摄于他发表著名的演讲《我有一个梦想》那一刻。

中年的黑人妇女在此地登上了一辆公共汽车。她刚在座位上坐下，耳边忽然就响起了一声怒喝：“黑鬼，站起来！这车上只有我们白人才可以坐，把座位让给我！”外表文静而性格刚强的罗莎，这位普通制衣店的女裁缝，此时，却出乎所有人意料之外地、勇敢地说了一声：“NO！”她马上便遭到了白人们的一场殴打，而车上站着的黑人们个个敢怒不敢言。不一会儿，两个警察登上车来，以“违反本州座位隔离法令、扰乱治安”为由，将罗莎·帕克斯拘捕了。

当时，刚从波士顿大学取得神学博士学位、刚到蒙哥马利市一家教堂任职牧师的马丁·路德·金得知这个消息后，真的是忍无可忍了。他马上发动了全市5万名黑人，开展了一场长达381天的“拒乘巴士运动”，使巴士公司老板的收入大减，面临亏损破产，终于，使州法院通过一项判决：“取消亚拉巴马州公共汽车上的种族隔离条例”。饱受压迫欺凌的美国黑人们，300多年来，为争取自己的权利而终于取得了第一次胜利！而金牧师，则成为几千万受歧视、受侮辱的黑人心目中的“民权之父”。

现在，我们又来到了亚拉巴马州的另一座城市——伯明翰。在这座南方的钢铁城里，黑人的数量占了一半以上，但种族歧视的现象却比其他地方更为严重。在20世纪的五六十年代，这里经常会发生用炸弹袭击黑人住宅区的暴行，但警方对此却一直是视若无睹。当时的法令更规定：凡示威游行、抗议活动都要向警方申请批准，而警方对黑人的示威游行则往往是阻挠、刁难、拖延不批。1963年，马丁·路德·金曾来到伯明翰，准备在耶稣受难日和复活节当天，组织数万名黑人上街进行和平的“民权大游行”。他按法律规定，派了个代表去市政厅提出游行的申请。岂料，市政厅的公共事务长官比尔·康纳这只狂牛（Bill,英文中“狂牛”的意思）竟口出狂言：“在伯明翰市，你们在任何时候都不会得到游行的许可，我只会把你们抓到牢房去！”马丁·路德·金闻讯，当即发表了一篇声明：“我们不能服从不公正的法律，我们也无法尊敬政府对法律不公正的运用。”他决定挑战市政府的“恶法”，于是，示威游行在复活节当天按计划进行了。结果，游行队伍被警方的警棍和高压水龙驱散了，马丁·路德·金也被拘捕，囚禁在伯明翰监狱的牢房。

当年，金博士就是被囚禁在眼前这间小小的铁笼子里。在他一生为黑人的民权事业而奋斗的生涯中，总共三次被戴上手铐、投入铁窗。伯明翰市政厅控告他的罪名是：“未经批准便违法组织游行、扰乱治安”，而在法庭上，金牧师慷慨陈词：“法律有两种类型：正义的与非正义的。我提倡遵守正义的法律，我也提倡，一个人有责任不遵守非正义的法律。”结果，州法院判决他犯了“藐视法庭罪”。金牧师不服，于是，这场官司一直打到了联邦最高法院。

这场官司，对美国的“司法公正”也提出了一个真正的考验。经过激烈的争议，最后，最高法院9位大法官以5∶4的微弱票数通过了一项裁决。这份判词，至今读来，仍令人觉得十分的可圈可点：“我们是法律之下的政府和人民。不仅政府必须在法律之下生存，我们每个人也必须在法律之下生活……我们对金博士在伯明翰抗议事件中的行动没有道义上的批评，他的信仰有善良的基础……但一个公民不能在要求政府及他人遵守法律的同时，却声称自己有权不守法

1964 年 7 月 2 日，林登·约翰逊总统在白宫东厅签署了《民权法案》，令这份美国历史上最为广阔的民权法成为国家法律。美国的民权领袖马丁·路德·金博士和支持者们目睹了这个伟大的时刻。

律而又不受惩罚”，因此，维持原判，驳回上诉。但值得钦佩的是，金博士对此判决却没有任何抱怨，他勇敢地承认了自己原先对“恶法非法”观念在理解上的过激和失误，并真诚地接受了依法监禁 30 天的判决。全美国的民众，不管是黑人还是白人，都由此而上了一堂深刻的“法治”课。

多么伟大的一种法治传统！多么伟大的一位“正义囚徒”！金牧师这种善良、真诚地服从现行法律而又勇敢顽强地争取司法公正、不屈不挠地为弱势群体争取平等权利的伟大精神，不仅赢得了广大黑人群众的尊敬，也深深地感动了美国万万千千的白人公民。1963 年 8 月，出狱不久，金牧师又依法组织了一场全美国黑人向首都华盛顿的和平进军，要求黑人的“职业自由”和“居住自由”。而当年，在浩浩荡荡、上百万人的大进军行列中，与黑人并肩行进在一起的，就有许许多多的白种人士。我们在华盛顿游览时，就专门去过一次林肯广场，去凭吊过金牧师当年的遗迹。当年，马丁·路德·金就在那个广场上，发表了他那篇举世传扬的伟大演说：“我有一个梦：白人和黑人的孩子们，能一起去上学！我有一个梦：白人和黑人们能和平地，在同一所教堂里祈祷！……我有一个梦：这个国家总有一天会觉醒起来，真正实现她伟大而神圣的信条，即——所有人，生而平等！”

今时今日，金牧师的这句名言，早已随着无线电波在空气中传播，超越了一切种族，超越了五湖四海的一切国界，而传遍了全球。

追随着金牧师的声音，我们又来到了田纳西州的孟菲斯城。这座密西西比河畔的城市不仅与埃及的孟菲斯市同名，而且也像埃及的孟菲斯一样，有一座巨大的金字塔。在这座“美国大金字塔”玻璃大楼前的广场上，还矗立着一尊埃及法老拉美西斯二世的雕像。最奇妙的是，这里与埃及的孟菲斯一样，也同样是盛产棉花的地方。1968 年 4 月，金牧师就是来此地组织黑人罢工时而不幸遇刺身亡。

在孟菲斯市城南，我们找到了一家简朴的汽车旅馆，二楼，有一个同样简朴的单人房间，房间前面的走廊栏杆上挂着一个花圈，4 月 4 日，金牧师就是站在这走廊上，被从马路对面楼房里射出的一颗罪恶子弹夺去了生命。噩耗一传出，美国黑人全都失声痛哭，而一场种族暴动的怒潮，顷刻就席卷了全美国的 125 座城市。

追随着当年金博士灵柩的足印，我们最后终于来到了佐治亚州的首府——亚特兰大。亚特兰大是金博士的故乡，也是他灵魂的最后归宿地。在奥本街 501 号，一幢棕白两色的维多利亚式小楼就是他的出生地，他的童年时代，就在奥本街的街头上度过，而他的遗体，也被安葬在奥本街的一座陵园里。据说，1968 年 4 月 9 日，亚特兰大市万人空巷地为金牧师送行。人们在他的石棺上刻上了一首古老的黑人圣歌：

“终于取得了自由，
终于赢得了自由。
感谢上帝，
我们终于取得了自由。”

我们伫立在金牧师的陵园里，只见一池清澈的池水围绕着巨大的石棺，水中倒映着蓝天、白云和世界各国敬送的几十面迎风招展的国旗，墓地的正前方有一束长明灯，日夜不熄，象征着金牧师“正义与友爱”（Justice and Brotherhang）的崇高理想，永不泯灭。

1990年，蒙哥马利市市政府，又在这个黑人民权运动的发源地，为马丁·路德·金建立了一座纪念碑——一堵黑色的花岗岩石上镌刻着一句金牧师的名言：“直至公平与正义像滚滚江河，像滔滔溪流，奔腾向前。”碑上有水在不停地流淌。这座纪念碑的设计师，据说是我们中国留美的建筑学博士林海雅小姐。凝视着这座纪念碑，我忽然觉得，林小姐在这片巨大的花岗岩上，也寄托了我们中华民族一个千古的梦想。

我忽然又想起了镌刻在美国肯尼迪航天博物馆门楣上的一句伟大的格言——“只要有梦想，梦想可成真。”

缓刑之父：波士顿鞋匠的爱心

“只要有一种慈善的力量做引导，就能使罪犯为公共福利服务。”

——18世纪意大利法学家贝卡利亚：《论犯罪与刑罚》

波士顿城，素有“美国的雅典”之称。

位于美国东北海岸的波士顿，是建立在麻省（马萨诸塞州）一个伸出大西洋海湾的半岛之上的“岛城”。漫步在波士顿街头，只见市区小巧玲珑，房舍精美。她不像洛杉矶那样辽阔分散，也不像纽约那样高楼林立，但这里，处处闲适之中，却处处透露出一种大气——五步一草坪，十步一园林，无论你走在哪条街上，拐两个弯，透过那丛丛绿树，你总会看到那无处不在的滔滔海景。风光之优雅和美丽，我觉得犹在真正的雅典之上。

这种令人羡慕的优雅和大气，其实，是同波士顿的历史与生俱来的。1620 年，当美洲还是一片荆棘丛生、美洲豹出没的荒蛮大陆时，美国人的第一船犯人祖先就乘坐一艘叫“五月花号”的三桅帆船，漂洋过海，来到了这里以南的海面上。透过茫茫的大雾，遥望着这片洒满金色阳光的新大陆，那 102 名长期被压迫侮辱的城市贫民与农夫们，禁不住心情激荡，相互拥抱，共同盟下了一个誓言——从此刻起，不分国籍，不分种族，无论贫富、不分贵贱，在上帝面前人人平等！凭自己的双手，在这片自由的新大陆上，开创我们自由的新生活！这就是美国历史上那篇著名的《五月花公约》，而“自由”、“平等”，则从那一刻开始，就成为了公认的“美国精神”。

此后不久，此地便崛起了一座波士顿城。成千上万来自英国及欧洲各国的流亡者们，拖儿带女，纷纷涌到这座城市。于是，这里便诞生了美国的第一家铁匠铺、第一家毛纺厂、第一座灯塔，也诞生了美国第一所中学和大学（哈佛）、美国第一张报纸——《国内外公共事件》、第一所公共图书馆、第一条地铁、第一家歌剧院……后来，在此地的列克星顿小镇上，波士顿人更打响了美国独立战争的第一枪。

今天，波士顿城仍保留着昔日众多值得自豪的历史遗址。从市政厅大楼前的广场开始，有一条地面印着红漆路标的历史遗址观光线路，沿着这条曲折蜿蜒几公里的“自由之路”行走，你就像在浏览着200多年前美国先民们一页页光辉的奋斗史。

但我们今日来到波士顿，不是来追寻美国人往昔独立、自由的革命激情，而是要来追寻人性中最宝贵的一面——感恩、慈爱的一面。说起来，今日风行美国的“感恩节”还是波士顿人的一个发明哩。话说当年，当“五月花号”那102名新移民在异乡的土地上饥寒交迫、濒临死亡的时候，幸好，像詹姆士城那三船寻宝者一样，他们也得到了当地印第安人热情的帮助，教会他们种植玉米、南瓜、打猎、捕鱼，使一半移民能够侥幸存活下来。次年秋天，喜获丰收的白人们，用自种的玉米、南瓜和捕猎的火鸡大摆筵席，来答谢印第安人，90名印第安人则带了鹿肉、大火鸡前来联欢。双方吃喝玩乐、围着篝火唱歌、跳舞、摔跤、比武，一连狂欢了三天，以后，年年如此，便成为美国一个独特的节日，名为“感恩节”。在这个节日里，家家户户都要大吃火鸡和南瓜馅饼，以感谢当年印第安人的救命之恩。或许，正是因为在这种传统的熏陶下，波士顿，才得以产生出了又一个充满爱心的故事——“缓刑之父”的故事？

我们现在就来到了波士顿法院的门外。160年前的一个早晨，一名波士顿的补鞋匠，那位又穷又老、无亲无戚的老鞋匠约翰·奥古斯都，像我们现在这样，怀着参观的目的，走进了这座庄严的法院。

约翰·奥古斯都的工作地点就在法院门外的大街上。他在大街上摆个小摊，为过往行人修补皮鞋、缝线、钉掌，把皮鞋擦得乌亮，就仗着这门“为人民服务”的手艺，他的日子过得无忧无虑。

在法院开庭审判的时候，通常都是人们行色匆匆、没有什么顾客的时候。这时候，枯坐无聊的约翰，往往就会把小摊子收起，随着人流进入法院，去观看各种案件的审判。据说，他很喜欢观看庭上各种人物的表演，喜欢看辩护律师的机智谈吐和雄辩滔滔，喜欢看陪审团正襟危坐、全神贯注的样子，喜欢听法官们语重心长的结案陈词，也常常为各种案件中那些不幸的人们而担忧。

1841 年 8 月，某日清晨，一个衣衫褴褛、蓬头垢面的青年人被带进了法庭。约翰凭着那双“阅人多矣”的锐利眼睛，一眼就看出这又是一个在公共场所酗酒闹事者。那时候，在麻省的法律中，“酗酒闹事”只是一种轻微的罪行，一般来说，被告人只需交付一笔保释金，便可判决在“监外守行为”一年。但如果被告人没钱交保释金呢，那等待着他的，毫无疑问，就只有那冷酷的铁窗。在那种小偷扒手、抢劫犯、强奸犯、诈骗犯云集的“监狱大学校”里关一年，即使原先是一个 100%的纯洁青年，出来时，也十之八九都学坏了，变成了一个对社会充满怨毒、对法律充满敌意的职业罪犯。约翰·奥古斯都在法庭上，便见过不少这样的例子，当他看着眼前这个被带进来的年轻人眼里还闪现出一种惶恐、不安之意的时候，一股恻隐之心便涌上心头。

于是，约翰走到这个青年人的身边，悄悄地和他交谈起来。那醉汉带着极为内疚的心情向他说：他本是一个机器维修工人，有一手良好的钳工技术，有一个女朋友，还未结婚，但女朋友已经怀孕了。他不想进监狱，不想失去这份工作，不想让孩子一出生便要去监狱探望爸爸……如果能不入狱，他将保证一生戒酒，好好工作，重新做人……但他现在的困惑是，他没钱交保释金。约翰对这个年轻人充满了同情，他暗暗思忖：这个青年人还有希望。于是，他毅然地向法官表示：做他的担保人，保释他出去。

约翰·奥古斯都这种古道热肠，深深地打动了法官。而且，那时候的波士顿，犯这类轻微罪行的犯人也实在是太多了，一来，监狱有人满之患；二来，正如刚才所说的那样：一进监狱，好人也会变坏，全世界从来如此，不思改进的监狱司法制度，正徒然地为自己制造着更多的敌人。如何去解决这个棘手的司法难题？那法官灵机一动，同意了约翰鞋匠的请求。他下令：被告人延期三周审判，三个星期之后再回到法庭上来，法官到时将视具体情况而作出最后判决。

鞋匠和法官的灵光一闪，便终于开创出美国法律史上一个全新的思维——“惩罚与教育”相结合的新局面。

三个星期后，约翰鞋匠亲自陪同被告人返回法庭。这时，以前那个蓬头垢面的醉鬼，据说，已经变成了一个容光焕发的年轻人。约翰鞋匠只读过两年书，但据说，他用他不多的文化努力地写了一页纸的书面报告呈交给法官，上面写着：他——约翰·奥古斯都，以上帝的名义发誓作证，证明这个年轻人三个星期以来滴酒未沾，一直是勤奋地工作，空余时间还去照顾社区的孤寡老人。作出证词的，还有这青年所属街区的“片警”和教堂的牧师，他们的证词与约翰鞋匠所说的基本一样。法官一见大喜，当场宣布释放被告人，并象征性地对被告罚款 1 分钱。那个年轻人紧紧地拥抱着约翰鞋匠，喜极而泣。据说，从此以后，这个人终生不再饮酒，变成了一个守法勤劳的好公民。

一个补鞋匠的爱心，却深刻地改变了一个人一生的命运，同时，也极深刻地影响了美国司法制度的文明进程。此后的 17 年间，约翰鞋匠共为 2000 多人做过“缓刑担保人”。他与这些贫穷无助、偶犯过失的犯人们交朋友，帮助他们找工作，鼓励他们改过自新、照顾家庭和邻里。当缓刑期满，鞋匠约翰总是亲自陪同被告人出庭，也总是亲笔向法官提交一份报告，描述被告在缓刑期间的表现。而法官也往往很相信他的报告，对表现良好的被告人，通常也是遵循先例——象征性地罚款1分钱便予释放。在许多法官和议员的推动之下，不久，麻省正式通过一项法律，在州司法部之下成立一个“缓刑司”的机构，来推广这种“仁心仁术”的新刑事司法制度。不出几年，全美国 30 多个州也纷纷效法麻省设立“缓刑司”，而鞋匠约翰·奥古斯都，则无意中，成为全美国的“缓刑之父”。

波士顿又一次创下了一项“美国第一”。而小人物，又一次为法律事业作出了大贡献。

今日美国，全国 535 万名犯罪人员中，据说有近 60%是采用“缓刑”方式来进行教育和改造的。而除了“缓刑”之外，美国司法界还发展出了一系列诸如假释、赔款、强制治疗、重返社会教育、少年犯训练营、社区内改造犯人等多种人道主义的司法方式。每当回顾这一切进步的时候，人们便不禁以满怀尊敬的心情想起那位又穷又老的波士顿鞋匠——约翰·奥古斯都，但现今法院门外的大街上，人们已找不到鞋匠当年的身影了。

站在鞋匠约翰当年摆摊子的地方，我想，这儿，应该有他的一尊塑像。起码，也应该像好莱坞星光大道那样，在人行道上为他镶嵌一颗星星，为后人留下一个永久的纪念。

法学链接

美国“缓刑制度”的利弊也一直是美国司法界争论不休的一个话题。赞成者肯定了它对罪犯改造的人道主义精神和节约司法资源的社会经济效益，反对者则认为：缓刑者中有51%以上的人后来会重新犯罪并被再次逮捕、审判定罪和重新入狱，它实际上鼓励和纵容了犯罪。但随着时日的推移，现在，已经有越来越多的人倾向于认为：缓刑制度实践效果的好坏，其实，主要应看缓刑官的素质高下，及各种管理制度是否规范健全。而缓刑制度本身，就立法思想而论，则可以肯定是司法文明的一大杰作。

第六章

CHAPTER 06

环球法旅

——法律的趣闻

今日世界，西方先进的法律文化已经在全球各国普遍开花结果。“依法治国”、“司法文明”已成了一股汹涌澎湃、不可阻挡的历史潮流。

法无明文：悉尼海滩上的“亚当”和“夏娃”

> “法无明文不为罪。”
>
> ——西方古代法律格言

提起澳洲的历史来，还真与美国有点血缘关系。1783 年，美国独立战争胜利后，美国便再也不肯成为英国持续了 100 多年的罪犯收容地。于是，英国监狱里大量“人满为患”的罪犯别无出路，便被迫流入了澳洲这片刚刚被发现的，离欧洲更遥远、比美洲更荒蛮的黄金海岸。这样，今日的澳洲人便被留下了一个挥之不去的、比美国人更甚的“罪犯祖先”的烙印。

时至今日，因祸得福，噩梦醒来发现跌入了一个金窝里的澳大利亚人，却还会时时莫名其妙地，对“美国佬”这个同母异父的兄弟有点儿怀恨在心。

平心而论，第一个踏上美洲大陆的英国人只是一批寻宝者，准确点儿来说，只是一批劳工，而第一个踏上澳洲大陆的英国人却真的是一个海盗。500 年前，欧洲人凭着他们天文地理知识的进步，早就隐隐地察觉到——在南半球辽阔的海洋上，在与北半球欧洲大陆相对应的对跖地上，应该有，也肯定会有一片未知的大陆存在。但二三百年过去了，无数探险家千辛万苦、冒死搜寻，几次就在它的身旁擦过，而这片神秘的大陆却始终不肯现身。

威廉·丹皮尔这名作恶多端的英国海盗，却有幸成为世界上首个真正发现澳洲的人。某年，他在菲律宾抢劫了一条商船，然后，他向南方的海洋拼命逃窜。1688 年 1 月 4 日，他无意中闯入了这个梦幻般的袋鼠国度。返回英国后，他逢人便胡吹一通，而伟大的作家乔纳森·斯威夫特则根据他的信口开河，写成了一部脍炙人口的《格列佛游记》——大人国，小人国……

将近一个世纪过去了，却从无一人能再一睹这片神奇大陆的芳踪，于是，丹皮尔便被人视作一个精神失常的骗子。直到 1769 年，英国著名的库克船长驾船在南太平洋闯荡，他在新西兰绕了一圈，判定它是一个新发现的大海岛（New Sealand）之后，便掉头向西航行准备回家，然后，才一头撞上了澳大利亚。

库克船长在今天悉尼附近的植物湾登陆，并插上了一面英国国旗。18 年后，即 1788 年，美国革命胜利的 5 年后，菲利普船长（澳洲的第一任总督）率领满载英国罪犯的“第一舰队”也在植物湾再次登陆。于是，大英帝国在刚刚失去北美十三州的大片殖民地之后，又侥幸地获得了一片相当于原来 4 倍的更大的殖民地——澳大利亚和新西兰。由“第一舰队”送来的 736 名小偷妓女、扒手骗子，便自然而然地成了澳洲白人的祖父祖母。而诸如“内德·凯利小子”之类的江洋大盗，罗宾汉式的反政府绿林好汉，便成了澳洲人家喻户晓、世代景仰的民族英雄。

不过，今日澳洲，已随着世界各地高文化移民的进入，而逐步地肃清了昔日的罪犯文化，发展为一个繁荣富裕、安定悠闲、世外桃源似的天堂国家。这个天堂国家里的人民，不论男女老少，一生中都有近 1/3 的时光是在海滩上度过的。像美国人一样热爱追波逐浪的澳洲人，除了对“美国佬”还有点莫名其妙的不怀好感之外，也如美国人一样的热情奔放，强烈地尊崇“自由至上”的法律精神。

下面这个发生在澳洲海滩上的法律故事，与发生在美国夏威夷海滩上的故事简直是“异曲同工”。与美国的“民告官”故事（或传说）相反，这个澳洲“官告民”的法律故事，却真真切切，是世界法律史上的一个经典故事。

我们现在，就来到了悉尼市郊的一片海滩上。

多年以来，悉尼就是因那座举世无双的、造型浪漫优美的悉尼

▎绘画：偷食禁果的亚当和夏娃被守护伊甸园的天使逐出伊甸园，佛兰德画家Jan Gossaert（1478–1532）创作。

歌剧院而闻名于世。但鲜为人知的是，悉尼，还是一个“亚当与夏娃的天堂”。在悉尼北郊著名的曼利海滩上，我们惊讶地发现：在这里，几乎所有的美女都赤裸着上身，仅穿一条小小的三角裤衩，在蓝天白云、碧海黄沙的拥抱下，毫无顾忌地在游泳、嬉戏和悠闲自得地晒太阳。

而据导游介绍，此地从来就是一个著名的“天体海滩”，刚才我们见到的，只不过是些“小儿科”。定睛一望，果真，海滩上，处处还散落着许许多多一丝不挂的男男女女。他们不仅以天体进行日光浴，以天体出没于碧波白浪中，还时时带着几分微笑和自豪，以天体在沙滩上闲庭信步，情侣拖手。在他们眼中看来，旁人反应无关紧要，因为据导游说：这叫作“美的展示”和“回归自然”。

不过，在曼利镇政府官员眼中，这却是极其恶劣的“伤风败俗，有碍观瞻”的事情。他们并不想自己的子民们回到伊甸园的时代。

因此，几年前，镇政府的官员终于忍无可忍，出动大批警员拘捕了数十名裸泳者，并以“违反法令、诱发犯罪行为”为由，向悉尼市法院进行了起诉。

据说，当年镇政府官员手上的“法”宝，是经千辛万苦、翻箱倒箧地找出来的一部颁布于1919年的《澳大利亚地方政府法案》。法案中有这样的一条规定：各级政府可以用游泳者“着装不当”、“衣料透明”的罪名，禁止他们进入公众场所，并依法拘捕和起诉他们。好不容易找到了这把“尚方宝剑”，曼利镇政府以为这场官司已经稳操胜券，便兴致勃勃地准备大开杀戒。

在悉尼法庭上，政府律师慷慨陈词，要求法庭“依法从重从快”严惩这些不良分子。而辩方律师的答辩却出乎意料：我们都是赤条条，根本无着装，何来“着装不当”？我们本来就无衣料、一丝不挂，这又如何扯得上是“衣料透明”？真是上有政策，下有对策。一句话，镇政府用来检控裸泳者的两条法令完全不适用！查遍澳洲现行法律，并没有关于裸泳违法的条文，而“法无明文”，则任何机构都不能对公民随意定罪！

一席滔滔雄辩，愣得镇政府官员目瞪口呆。双方律师随即展开了一场大辩论。据说当年，在整个诉讼期间，全个澳洲社会都卷入了这一场“道德与法”、“法与自由”的大论战。

赞成者说：裸泳完全是澳洲人民的一种权利和自由。正如人们有权把一部漂亮轿车驶入公共停车场，如果引来偷窃者的邪念，干出各种犯罪行为如偷车、毁车等罪案，则应追究犯罪者的责任而不应责罚车主。

反对者则说：诱惑是犯罪的根源。裸泳者的答辩是纯属狡辩。他们这种明目张胆挑战法律、挑战社会公德的行为，更应受到法律的严惩。

而社会的舆论，后来却渐渐地趋向于一种共识，那就是——权利至上，自由至上！据说当时，有一位女郎在接受悉尼电视台的采访时说：“我不赞成裸泳者的行为。但在不违法、不妨碍他人自由的情况下，我认为，他们应该有选择自己行为的权利和自由。”

众说纷纭。而法院的判决却早已成竹在胸。

“法无明文不为罪”！这是西方司法传统里一条从古到今坚定不移的司法原则。我们中国在 1996 年修改刑诉法的时候，也吸收了这一原则的精神，明确建立了“罪刑法定”的现代司法原则。既然法律没有明文规定裸泳的罪名罪责，那么，无论镇政府的拘捕行动是出于一种多么高尚的动机，都只能驳回镇政府的起诉，将裸泳者无罪释放。

一如既往，法官在结案陈词中，又照例语重心长地对政府官员和市民们作了一番普法教育，他说：一个公民的权利和自由，是澳洲这个国家一贯最珍视的财富。法院凡涉及要对一个公民行为的权利自由问题进行处罚的时候，其一贯的立场便是“依法办事”和“慎之又慎”。而谨慎遵从这两点原则的结果，就必然是“法无明文不处罚”，否则，人们的行为对错就没有了一个标准，人民对自己的荣辱命运就没有了一个合理的预期。在一个是非混淆、标准模糊不定、一切以政府官员的是非为是非的社会环境里，人们若动辄得咎，无罪也受罚，就会人人自危，扼杀了自由和活力。长此下去，这个国家和民族还会有什么前途?

澳洲法官以一个坚定的疑问句结束了他的陈词。但法庭内外，却是一片欢呼。裸泳者全部被无罪释放，而曼利海滩，则至今仍是这些“亚当”和“夏娃”们自由自在的天堂。

在离开曼利海滩的时候，我脑海里时时回响着悉尼女郎的那句话：“我虽不赞成你的这种选择，但我却坚决捍卫‘你有权去选择’的这种自由！”

你猜这时候我正在想什么?我忽然想起了 4000 年前中国的“大禹治水”。大禹当年治洪水时，我推测他与黄河之间，也可能有过这样一场类似的对话：“黄河呵，我虽不赞成你的泛滥，但我却尊重你有‘择地而流’的自由。”所以，他只是去疏导它，帮助它打通出路，而不是凭自己的喜好去堵截它，规范它，所以他成功了。后来的人，却硬是要将自己单方面的意志强加给黄河，硬是要高筑堤坝，去严堵那条天性就爱自由流淌的黄河，结果治乱相循，搞到危机四伏，而又积重难返。

那些后来的治河者，真的是一群蠢东西。

离婚之城：拉斯维加斯趣闻

“社会与经济的变迁，也引起法的变迁。改变社会和经济生活基础的同时而不带来法律上的相应变化，是不可能的。”

——20世纪奥地利法学家埃利希：《法社会学的基本原理》

在去寻访“米兰达警告”的故事之前，我们曾抽空去了一趟拉斯维加斯。

而未到拉斯维加斯之前，我们只知道它是一座沙漠中的“赌城”，每年都有几千万游客，从世界各地飞来，然后在此地挥金如土、赌他个天昏地暗。

但到了“赌城”之后，我们才知道，原来，此地还有另外一个闻名遐迩的大名，叫“离婚之城”，一个婚姻法的“特区”，这倒激起了我们对这座赌城另一面的浓厚兴趣。

于是，我们便从洛杉矶出发，沿着高速公路往东北方驱车疾驰了6个多小时。一路上，映入眼帘的，是一片茫茫的大沙漠，和稀稀落落的仙人掌。当火红的太阳正要落下沙漠之际，突然，在公路的前方，在沙漠的深处，却冒出了一座大放光芒的不夜城。当汽车终于驶进拉斯维加斯市区时，只见五光十色的霓虹灯，把全城照耀得如同白昼，各家酒店、赌场、娱乐场里，人山人海，震耳欲聋的欢呼声和硬币叮叮当当的撞击声响彻大街小巷。街道上、赌场中，很多穿着各式古装的服务员和歌舞艺人穿梭往来，载歌载舞，街上的游客行人，熙熙攘攘，眼前的情景，令人仿佛置身于《一千零一夜》的梦幻时代，而忘记了我们此刻，正处身在四面黄沙的包围之中。

说起来，拉斯维加斯真是堪称一个人间的“奇迹”。它地处美国西部内华达州的一片大沙漠里，此地终年气候炎热干燥，寸草不生，本是一个荒无人烟的铁路小站，只是偶然有几个矿工和一些游牧民在此地出没。为发展经济，70 多年前，美国人却忽发奇想，要在这片沙漠里建一座赌城，来发展旅游业。于是，州议会马上便通过了一项法律，使赌博合法化，同时，他们又在沙漠中筑起了一座巨大的水利工程——胡佛水坝，截住那条科罗拉多河的上游，为赌城提供充足的水源和电力，于是，一夜之间，拉斯维加斯便变成了一颗沙漠上的明珠。

但美国人可能不知道，他们这样做，却使科罗拉多河下游的墨西哥农田出现了大面积的荒漠化。当然，这些都已是后话了。

漫步在赌城之夜，只见赌城处处都有赌场，而赌场又大都设在酒店里。不说不知道，一说吓一跳，原来，在目前全世界 10 大酒店的排行榜上，拉斯维加斯的酒店竟然就占了 9 家！这些超级大酒店，全部都集中在一条长达 8 公里的拉斯维加斯大道上，而且，它们的富丽堂皇、多姿多彩，都远远超出了你的想象——号称“全球之最”、“酒店业中的巨无霸”的米高梅酒店（MGM Grand），据说拥有客房 5005 间，其中贵宾房、总统套房就有 751 间，可同时招待数百位阿拉伯王子及亿万富豪入住。米高梅酒店外层，全部以绿色的玻璃为装饰，远远望去，就像是沙漠中的一片绿翡翠。金字塔酒店则以深蓝色玻璃幕墙的金字塔型建筑为主体，酒店前，矗立着一尊与古埃及原物一样大小的狮身人面石像，酒店内的装饰布置，处处充满了古埃及的风情。而古堡酒店、宝岛酒店、Casino Center（赌博中心）、恺撒皇宫、火烈鸟希尔顿饭店和“Circus,Circus”（马戏团、马戏团）等著名大酒店、大赌场，无一不是金碧辉煌、美轮美奂，无数喷泉水池，在五颜六色的灯光照射下，不停地喷射出数十米高的水柱，夜色越深，灯火越辉煌，处处充满了一种狂欢节似的气氛。

出于好奇，我们走进了“Casino Center”，据说，这里是每一个初来赌城的游客必看之处。赌场的地上铺着猩红色的地毯，头顶上，是大型的水晶吊灯，在散发着柔和的光辉。来自世界各地的各色人等自由自在地进出着，大厅里，通道边，处处都摆满了成千上万的“吃角子老虎机”。据说，在这个只有 33 万人的城市里，却拥有 303 万台老虎机！这 303 万台老虎机，遍布在全城各个角落，日夜不停地、“咔拉、咔拉”

这座建筑是联邦邮政和拉斯维加斯联邦法院所在地，位于克拉克县（United States Post Office and Court House Las Vegas, Clark County）。

地响着，面无表情地吞进和吐出无数的硬币。我们也像千千万万游客一样，“入乡随俗”地给老虎机喂了几枚硬币，但那台老虎机吃了我三个角子之后，只是咕噜了几声，便一直沉默不响，那神气，似乎是对我小小的三枚硬币不屑一顾。看这样子，我们赶快拔脚而逃。

好了，闲话休提，言归正传。今日的内华达州，早已经成功地“脱贫致富”了，据说，其财政收入的一半以上，是来自于赌城及旅游。但为了更“广开财源”，更快地刺激经济发展，州政府又想出了奇特的一招——简化结婚与离婚的手续，以“来赌城，快速离婚，闪电式结婚”为号召，这一招，果然又吸引了美国不少男女蜂拥而至。

原来，说出来你都会不信，在美国，婚姻法与其他的法律一样，都是深受英国普通法的影响，在很长的时间内，美国人不仅结婚难，而且离婚更难。在我们中国，小两口要结婚，只要拿着单位证明，到街道办事处去打个结婚证，半天就办妥了。但在美国，政府与教会却认为结婚是一件十分严肃的大事，把它提到“法律”的高度来看。因为一结婚，便产生了新的法律关系：首先，会有共同财产的出现；其次，有孩子的出现；最后，有继承权的问题出现。如果是异国情侣的跨国婚姻的话呢，则还会有国际关系的出现，总之，都是些极严肃的法律问题。因此，在美国，不提“结婚”二字，那就什么问题都没有，法律之外，男女关系，可以任由你闹得热火朝天、朝三暮四、轰轰烈烈、颠颠倒倒，绝没有人去说你半句。但倘若你情到浓时，真的想结婚的话，那么，这问题的性质就改变了，因为这就属于法律之内的事了。哪怕你双方爹娘都同意了，都还不算数，这时候，国家就一定要出来“狗拿耗子——多管闲事”，要出来“为民做主”。说出来很多人会不相信，美国人结婚时，婚姻登记处的官员一定会用怀疑的目光盯着你，并再三地追问你：你们认识了多久？相互了解有多深？你是否真的要和“这个人”结婚？你有无考虑过以上的法律问题？……左盘右盘、左审右审，仿佛恨不得“让天下有情人都不能成眷属”的样子。一切都问完了，你还不能拿到结婚证，按法律规定：双方婚前还必须要有一个“考验期”，该“考验期”在各州法律中长短各异，少则三天，长则15日。总之，在双方爱得发昏而准备“结昏”的时候，美国政府却硬要强行给你泼一盘冷水，让你们清醒慎重地再考虑一次，然后才批准你结婚。

至于说到美国人的离婚，那就更难了。我们中国人原先总以为美国佬都是些极潇洒的家伙，说“拜拜”就“拜拜”，其实，美国许多州的法律，由于深受基督教教义的影响，对离婚历来是深恶痛绝的。在美国，法定准许离婚的理由不但很少，条件很严格，而且，同样也有一个漫长的“考验期”，有的州规定至少一年，而最长的则规定要分居3年，才准你提出离婚请求。这种搞法，弄得生性好动而又急躁的美国佬怨声载道。

但各州婚姻法的严格，却无意中，造就了赌城的无限商机。1931年，内华达州就立法规定：凡在赌城登记结婚者，20分钟之内就可以结为合法夫妇；而凡在赌城居住满6个星期者，即可在该州的法院诉请离婚。此法一出，成千上万的怨侣们纷纷从美国各地涌进这片沙漠里，实行“迁居离婚”，赌城即刻就从几十个州中抢走了大笔的“离婚生意”！在拉斯维加斯的州法院里，只要你在赌城真的住满了6个星期，离婚判决3分钟就能完成，绝不拖泥带水。据说，每年都有几万对实在过不下去的夫妇在这里和气分手，各奔前程。

不过，另一个更吸引游客的内容则是“闪电式结婚”：一对外地来的男女，只要年满18岁，缴付35美元的结婚登记、发证费用之后，就可马上成为合法的夫妻。于是，赌城便马上又成为一个名扬四海的“结婚天堂”。我们在“Casino Center”赌场内，就亲眼看到了一个婚姻登记代办处，“结婚服务”的触角居然延伸到赌场里面来，这真是有点儿不可思议。而更不可思议的是：整个赌城里，有婚礼教堂40多座，从周一到周五，服务到凌晨12时，周末则24小时通宵营业，由此可见，此地的“婚姻生意”是多么的兴隆。

在赌城，我们还听说了一个有趣的故事：一对因家境贫穷而经常争吵不休的夫妇，一怒之下来到此地办了离婚手续。出了法院的大门之后，男的两手空空、四顾茫茫，便决定用仅剩下的20美元去赌场再赌一把，借赌消愁。当他随便挑了一台位置偏僻、无人问津的老虎机坐下，刚给它塞进一枚硬币时，那老虎机却突然大发神威，哇啦、哇啦地张口狂吐出一大堆如山的硬币，总共有10多万元。也可说是“心有灵犀”、“前缘未断”吧，无独有偶，他的前任太太恰好也来到了同一个赌场里，这汉子激动地抱着前任太太的双腿，跪下再向她求婚，于是，双方抱着一大袋子硬币又马上在赌场的代办处登记，再到旁边的小教堂里闪电式地再结了一次婚。

这种历来只会在小说里或电影上才能看到的“后腿未出法院大门，前脚又跨入结婚教堂”的神话，终于，在拉斯维加斯这个梦幻一般的赌城里，真的实现了一回。

法学链接

20世纪70年代以前，美国离婚法实行的是“有过错原则”。离婚被认为是对有过错一方的制裁和惩罚，及对无过错一方的解救和补偿。但近30年来，许多州的法律已抛弃了这个陈旧的观念，而开始实行了“无过错原则”——“婚姻破裂原则”。只要夫妻双方的婚姻关系已经确实破裂，不论有无过错，也不论归责于哪一方，法院都会无条件地准许一方或双方当事人的离婚请求。这种法律上的转变，反映了当代世界各国家庭法进步的普遍趋势，使严重的社会问题有了一个新的、皆大欢喜的解决出路。在这方面而言，赌城可算是“婚姻法”进步的先驱了。

巴西利亚：“法治之都”

> “共和国官员的手既是执行法律的力量，那么共和国官员的心就必须向人民负责。”
>
> ——17世纪英国法哲学家詹姆士·哈林顿：《大洋国》

这一节，我们的法律之旅终于来到了南美洲。第一站，是奔向足球之国、桑巴舞之国——巴西。

从巴西著名的海滨大城市里约热内卢出发，乘飞机往西北方向的内陆飞行，飞了一个多小时之后，机翼下，一团团白棉花般的云海里，突然出现了一片连绵无尽的红土地——巴西高原。巴西，这个“红木之国”的首都——巴西利亚终于到了。

从飞机上俯瞰脚下的荒原，我们惊讶地发现：这座城市的规划布局像极了一架飞机——它机头朝东，机尾在西，南北两翼沿着两个“>”字形的狭长湖泊展开，整个城市就像一架迎着旭日东升、昂首起飞的太空穿梭机。从来只知道巴西桑巴舞的热情奔放、巴西足球的激情美妙，而未到过巴西利亚之前，还真的不知道巴西人在城市建筑上，亦有如此浪漫的创意。

我们的飞机降落在这架“大飞机”的尾部。一下机，我们便乘车直奔巴西利亚的市区。我们的“法律之旅”来此地的目的，破天荒第一次，不是来追寻什么法律的故事，而是来游览市容。其实，就在我们来到巴西利亚之前，已久闻这座城市的建筑是处处按照着现代法学的理念来设计的，今日之行，我们正是要来实地领略一下这座闻所未闻的“法治之都”种种独特的法律风情。

在汽车上，边浏览着这座花园式的城市，边听着导游介绍着它

巴西联邦最高法院建筑和建筑前广场上的正义女神雕塑（下图），巴西雕塑师 Alfredo Ceschiatti（1918–1989）创作于 1959 年。

的历史。原来，历史上，巴西的首都设在东部沿海的萨尔瓦多和里约。为了带动西部的大开发，推动安第斯高原和亚马逊流域经济的发展，1957年，巴西人决定在这片有三条河流汇集的、海拔高度为1161米的荒野上建设一个新的首都。当时，在巴西全国还公开举办了一次征集“新都规划蓝图”的设计大赛，最后，从26名参赛者中，选中了巴西著名设计师科斯塔的方案——在三河汇集的下方筑起一条大坝，使三河的上游形成两个巨大的“V”字形的人工湖，整个城市坐落在突入人工湖的一个三角形半岛上，规划建设成一架向东腾飞的飞机，寓意巴西是一个迅猛发展、高速起飞的发展中国家。此方案赢得了绝大多数选民的投票，于是，新都建设，从拦河筑坝、蓄水成湖到主体落成、举行迁都典礼，巴西人前后只用了3年！

我们的车子沿着8公里长的首都中央大道，从“机尾”经过“机身”驶达驾驶舱的“机头”。机尾部分，是为首都服务的无污染工业区、印刷出版区。机身的后半部，则是文教区、体育城、电视塔和公共汽车中心。机身的前半部，是政府各个部门的大厦广场。马路两旁，整齐地排列着外交部、国防部、司法部等部门的办公大楼，这些大楼的建筑风格各异，绝无一座雷同，相同的是座座大楼都无围墙，楼外处处是绿树成荫、绿草如茵。看上去，很有一点像华盛顿似的感觉。

在中央大道的两侧，沿着南北两翼的湖畔，伸展着大片的公寓区、别墅区、使馆区和商业区。据说，巴西利亚在建城之初，就先制定了一部严格的《城市规划建设法》，按城建法律规定：公寓最高不得超过6层楼，湖畔只能建2层的别墅住宅，所有空地都必须绿化，种上四季常青的灌木墙、小花园和小草坪。因此，在巴西利亚的湖露的美女，但蓝天下，你却绝对见不到有一寸裸露的土地。这座“自由”与“法治”相结合的城市，看起来，就像一个人间的伊甸园。

现在，我们就来到了这架“大飞机”的核心部位——“机头”的位置。这“机头”位于巴西利亚半岛的最前端，面向着两个波光粼粼的大湖。这片碧水环绕的三角形地带，就是巴西的灵魂——国会、总统府、最高法院三大首脑机关建筑的所在地。它们三足鼎立，象征着西方法学中“三权分立”的民主法治精神，因此，此地的大名就叫作“三权广场”。

漫步在“三权广场”上，首先映入眼帘的就是那组醒目的议会大厦建筑群。只见在辽阔高远的蓝天白云背景下，高高耸立着两座并列的28层长方形大楼，其外观，酷似“9·11”事件中被撞毁的纽约世贸双子星大厦。但细看之下，却发现它们与双子星大厦又有所不同：这两座大楼之中有一条过道连通，远观就是一个英文字母“H”形。据说，无论在英文或是葡萄牙文中（巴西历史上曾是葡萄牙的殖民地），“H”都是“人”和“人类”的第一个字母。这国会大厦（立法机构）的造型构成一个“H”字，据说，是寓意着一切立法的目的都是“人”，都是保障“人权”的意思。“H”形大楼的右边，是众议院四层高的大厅，大厅的顶部造型，如一个白色的开口仰天的巨碗，据说，这象征着众议院的职能是“广纳民意”；而“H”形大楼的左边，则是同为四层的参议院大厦，而大厦屋顶的造型，则也是一个同样洁白，但碗口倒扣的巨碗，又据说，这又象征着参议院的职能是“集中民意”。两个大碗下面，就是参众两院的会议大厅，分别拥有1200个座位，内部设备据说不亚于联合国总部。我们的导游骄傲地对我们说：“这是世界上最大的议会建筑”。以我们在伦敦、巴黎、柏林和华盛顿等地的游历来看，所言非虚。

现在，我们就来到了“三权广场”的北面，一座造型简朴的、长方形玻璃盒式的建筑物面前。原来，这座名为“高原宫”的玻璃盒，就是巴西的总统府了。与美国华盛顿的白宫一样，这里看不到像法国的爱丽舍宫、英国的白金汉宫那样森严的警卫，游客和人民可以自由自在地在总统府门前散步，看鸽子飞翔，处处充满了一种和平宁静的气氛。据说，只有每逢星期五的下午，总统下班时，才会有两队穿戴着古代印第安人武士装束的卫队守候在大门的两旁，那时，往往会有许多巴西民众与外国游客伫立在此地，等着观看总统的风采。而总统出门时，也会亲切地在广场上散一会儿步，与在场的群众交谈几句。我们屈指一算，今天才是星期二，要想与巴西总统说声“Hello”，看来还得等上足足三天。

在总统府的对面，我们看到了一组气势雄伟的司法宫建筑群。世界各国的司法宫我们已经看得不少，但巴西的这一座却显得最为特别。司法宫即巴西的联邦最高法院，它虽不高大，但占地宽广，

14 根洁白的几何形石柱，承托着一个巨大的平顶，据说，寓意着司法的“公平”。三层高的审判大厅门前，一片鹅卵石铺地的广场上，矗立着一尊正义女神的石雕像。仔细一看，我们惊讶地发现，这尊正义女神像与我们在罗马、英、美及世界各地所见的正义女神像都极不相同：其他地方的正义女神都是立像，而这一尊却是奇特的坐像。其他地方的正义女神都是一手握宝剑、一手持天平，而这尊却只是手握宝剑，没有天平。只见她右手持宝剑，左手握剑鞘，整把宝剑平放在她的双膝上，正欲出鞘。与其他正义女神相同的，是她亦蒙着双眼，神情坚毅，腰身挺得笔直，一望之下，一种“执法如山”、“法律面前人人平等”的浩气扑面而来。

在巴西利亚一轮走马观花之后，我们的印象是：这座城市的规划、设计和它的建筑物造型，真的是处处都强烈地透露出一种“以人为本”、“平等法治”的精神，透露出这个民族一种强烈的法治理念。这座“法治之都”，真可说得上是举世无双。这些年来，走南闯北，周游列国，所到之处，名胜古迹看了不少，什么山水园林城市、方格棋盘状城市、古堡城市、钢筋水泥森林城市、汽车轮上的城市都见得多了，但从来就没有一座城市，能像巴西利亚这样，留给我们这么清新而又强烈的印象。在这个城市里，你绝对找不到一尊帝王骑马挥刀、耀武扬威的雕像，也绝对看不见那些亚洲式的深宫禁院、“大墙文化”，以及那种令人窒息的衙门官气。人们能感受到的，只有“三权广场”上那种开放、自由、宁静的气息，以及，由广场上那尊抽象派的赤脚、手持长矛的“印第安武士”铜雕所表达出来的一种民族团结、民族自豪感，还有，在处处建筑物中无声地流露着的那种浓郁的“文明法治”的信念。

走累了，坐在“三权广场”最东端那一张露天石条长凳上，小憩一下，凝望着那根高耸入云的旗杆和那面迎风飞舞的巴西国旗，旗杆下，有一群身穿各式民族服装的青年男女正在忘情地跳着桑巴舞（一种糅合了美洲印第安人、非洲黑人和欧洲葡萄牙白人舞蹈特点的土风舞），此时此刻，我的心，不知不觉，也随着这种欢快的鼓声和乐声，被带上了不断盘旋着的蓝天。

极乐岛传奇：声纹学的起源

> “如果我们不做任何前人没有做过的事情，我们就会永远待在一个地方，法律将停滞不前，而世界上其他事物则继续前进。”
>
> ——20世纪英国杰出的法官、司法改革家丹宁：《法律的训诫》

你知道什么叫“声纹鉴定”吗？如果你想知道的话，那么，你不妨跟我们一起去游览一下巴哈马群岛，去欣赏一下加勒比海的迷人风采。

1971 年，美国一家名为 MC Graw Hill 的出版公司，找到了一位在当时美国颇有名气的、叫克里福德·艾荣的作家，询问他是否有兴趣创作一部关于传奇人物霍华德·休斯的传记。当时，MC 公司许诺艾荣，传记还未动笔，便先预付稿酬 75 万美元，事成之后，再付他 75 万美元。

这样高的稿酬，在当时全世界的出版业中，都是非常罕见的。艾荣内心挣扎了 3 秒钟，便马上答应了，并马上动手开始了写作。

霍华德·休斯究竟是何许人也？为何他的传记会这么值钱？原来，此人是 20 世纪中期美国一位大名鼎鼎而又极其神秘的怪富豪。说他“富”，是因为 1968 年美国权威的《财富》杂志统计，把他与当时美国的石油大王小保罗·吉提并列为全美的榜首，身家财产总值，估算都在 20 亿美元以上。说他“豪”，则是因为他的商业帝国，在当时的美国如水银泻地、无孔不入——他在拉斯维加斯拥有 4 家赌场酒店，他拥有环球航空公司 77% 的股份，他在好莱坞拥有自己庞大的影片公司，而美国许多在太空中日夜运行的通信卫星、登陆月球的太空船以及在越南战争中所大量使用的激光制导导弹，则大部分都是他全资拥有的森玛公司的出品。他的保镖，都是前任美国总统的贴身保镖和中央情报局退役的高级官员，而他自己，也曾是世界航空史上的一位英雄——他身高1.88米，丰神俊朗，年轻时，曾独自驾机环球飞行一圈。这个“环球飞行第一人”的世界纪录，相信是永远不会有人能再打破的了。因此，在美国人心目中，他是一位“富豪式的英雄”，或者说，是一位“英雄式的富豪”。

仅仅是以上两点，就足够让霍华德·休斯的传记出版能够轰动一时了。但更令世人瞩目的，是这位传奇式的人物，在他生命最后的16年里，却竟然完全从世人的视野神秘失踪。于是，社会上便传言四起，有人说他躲在沙漠一家豪华酒店的顶层，遥控着他那个庞大的商业王国。有人说他因飞机失事心灰意冷，躲在一间豪华宫殿的斗室里卧床不起，性格也由此而变得很怪癖：不洗澡、不理发、不剪指甲，任由乱发垂腰、长须及胸，指甲和脚甲长得扭曲在一起，这一切使他看上去像个“三分像人、七分似鬼”的“人魔”。有人说，这个亿万富豪活得像个囚徒，吃得像个乞丐，只靠喝“金宝鸡汤”罐头过活，喝光了的罐头盒堆满了一屋。而他每日的生活，除了睡觉之外，就是在暗无天日的斗室里独自一人看电影，据说，他最喜欢的那部邦继电影《铁金钢勇破魔鬼党》，他反复播放了不下150遍，而百看不厌。由于害怕细菌感染，他宁愿不穿衣服，光屁股躺在床上，除了身边的几个侍卫保镖之外，其他人一概不见，连他的行政助理、替他打点那几十亿美元生意的高级助手们，也从来都只是在电话里“只闻其声，不见其人”。更有人说，其实霍华德·休斯早就死去了，他那班助理、保镖们秘而不宣，守着一具木乃伊而代他发号施令……不一而足。假如在这个时候，能有一部“如实”记述霍华德·休斯的隐居生活，直击披露他种种神秘失踪、隐居或死亡内幕的传记书籍出版，你想想，这出版商能赚到的金钱，将会是怎样铺天盖地的滚滚而来？

艾荣果然是一个创作小说的天才。他仅花了15天的时间，便写出了120页纸——“传记”的开头部分。MC出版社找来几个很熟悉霍华德·休斯的人来看了，都感到写得细节真实，人物性格栩栩如生。于是，MC 公司便马上发出了“新书预告”，大张旗鼓地宣传，全美各地书店的订单，果然像雪片一般地飞来。

出版前景，一片光明。MC 公司已准备好了开香槟庆祝。

但此时，传说中早已死去的霍华德·休斯，却突然像幽灵一般地出现了。某日，全美各大报馆突然接到 NBC 广播公司的一份传真，传真件中说：已失踪了 11 年的霍华德·休斯通过律师委托 NBC 公司，在某日，在洛杉矶好莱坞的别墅中召开记者招待会。

这真是“一石激起千层浪”。是日，全美各地大小新闻媒体的大小记者们蜂拥而至洛杉矶的贝弗利山上。谁知，会场上，记者们却到处都寻觅不到霍华德·休斯的身影，只是从主席台上的一个话筒里，传来了一把神秘的声音。这把略显苍老的声音，自称是霍华德·休斯，然后，就宣读了一个简短的声明——“我，霍华德·休斯，从来不认识艾荣这个人，也从来未授权委托过他写我个人的传记。我不知道他从哪儿得知那些事情，也想不起我有任何像他那篇奇谈中所描写的野性与妄想。总之，这部所谓的‘传记’，其实只是一部纯属虚构的小说，而整件事情，则纯粹是一个骗局。”

困惑的记者们沉默了许久。因为，他们根本无法知道，电话那头，那个令人有点毛骨悚然的神秘声音是否就真的是霍华德·休斯。有个记者终于开口问：“您现在在哪里呢？”电话里同样沉默了许久，然后，那个神秘的声音说：“我现在，在离洛杉矶三千英里远的地方。”

这声音说的没错。霍华德·休斯此刻，正是在美国南端佛罗里达州南面的加勒比海天堂国——巴哈马联邦的一个小岛——极乐岛上，隔着一整片美洲大陆，与美国西海岸的洛杉矶记者们通话。而有关他的传言，后来查实，也大部分是对的，不对的只有两点。其一，在他神秘失踪的 11 年里，他隐居的地方不是“一个”，而是遍布三大洲七八个国家的 30 多家酒店，每到一处，他都把一座豪华酒店最高的两层顶楼包租下来，或索性买下来，楼下一层空置着，以防有人窃听，而他的商业王国大本营，则随着他全部住在顶楼。而当时，他在巴哈马的极乐岛上，已经隐居了 4 年。其二，那就是——他真的未死。

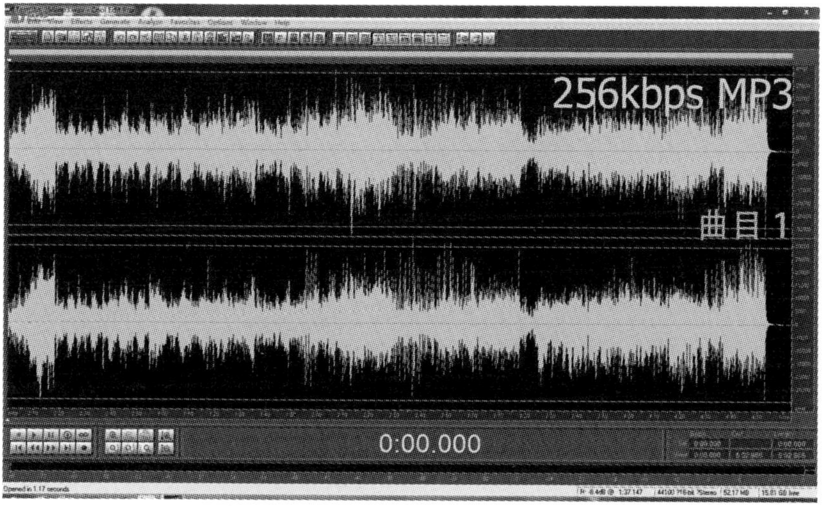

▎现代语音试验可以为人们提供多种分析数据。

但当时，远在5000公里之外的洛杉矶记者们却不能肯定这一点。于是，他们便纷纷向这个神秘人提了许多刁钻古怪的问题，但这把声音都一一对答如流。当记者追问他那些古怪的社会传闻是否属实时，他断然地全部加以否认，并说他很快就将重出江湖，再回洛杉矶拍电影，并打算过一点平民化的生活，然后就挂断了电话。这历时十多分钟的神秘的电话会议，当晚立即成为了全世界许多报纸的头条。

在大批记者的围追堵截下，艾荣开始心慌了，但他仍心存一丝侥幸："11年没人见过他！霍华德·休斯已经死了！这神秘的故事只是一个精彩的杜撰"。他声言要控告NBC广播公司。而NBC对这神秘的声音也是半信半疑，于是，他们决定向"声纹学"之父——劳伦斯·科斯塔请救，问他能否对电话里的神秘声音进行鉴定？于是，世界史上第一例"声纹学鉴定"的案例就因此而诞生了。

说起来，如同"指纹学"的起源一样，"声纹学"的起源，是源自于"通过声音来识别个体"这样一种想法。第二次世界大战时，美国的科学家们便对这项技术作过初步的研究，但战争结束后，这项技术就一直束之高阁。只有一个人对此一直是念念不忘，这个人就是贝尔实验室的工程师劳伦斯·科斯塔。科斯塔坚信：声音与指纹一样，都是具有强烈的个人特征的。他认为，每个人讲话的器官——舌、牙、咽喉、肺、鼻腔的形态尺寸差异都很大，因此，任何两个人的声音图谱一定会有差异。他给人们的声音图谱起了个名字："声纹"。通过多年的研究，他记录了5万个人不同的声音，找出了各人一些不同的声纹特征，并发明了一台音频图谱分析仪。此刻，正是对他的理论和发明的一次重大挑战。

要进行声纹鉴定，首先便需要有一份声音参照物。NBC公司翻箱倒柜，好不容易才找到一盒30多年前这位怪富豪在国会参议院里的演讲录音带。尽管人的声音在几十年内可能会有一些变化，但科斯塔坚信，一些固有的个别特征，仍然会永久地保留下来。于是，就凭着这一盒残旧的录音带，科斯塔开始了他艰难的工作。

磁带的声音被输入了他的仪器，被转换成各种声纹的图谱，例如音调、音质、高低区及其他各种元素，然后，再通过描笔将各种谱线记录下来。这样，科斯塔便得到了两种"声纹"："屏障纹"和"轮廓纹"，前者用来作鉴定，后者用来作计算机汇集归类对比。

经过一条线一条线地进行对比和分析，科斯塔最后得出了一个惊人的结论：电话那头的那把神秘声音，毫无疑问，正是出自霍华德·休斯本人。

在科学技术的力量下，MC公司和艾荣的骗局马上就崩溃了。一家瑞士银行因不想卷入这宗丑闻，此时破天荒地第一次打破了传统的"为客户保密"的规矩，主动向新闻界揭发了MC公司的一项罪证：MC公司曾以H.R.休斯的名义将75万美元存入该银行，然后，再转存到一个名为Helge.R.晓士的人的名下。而事后查明，此人正是艾荣的妻子。

1972年，艾荣被判"伪造罪"而锒铛入狱，非法所得全部没收。其妻因"串谋伪造罪"，也被洛杉矶法院判决入狱30个月。罪案的主谋MC公司，也因"诈骗罪"而被判罚巨额罚金，一场发财的春梦，就此而水流花落、烟消云散。

我们的世界法律之旅，现在就正漫步在极乐岛的海滩上。在我们身后的那座豪华酒店，正是霍华德·休斯当年在此地隐居了4年的不列颠尼亚沙滩酒店。这个岛又名为“天堂岛”，位置处于被誉为“加勒比海的明珠”的巴哈马群岛的首府拿骚的对面。岛上花木葱茏，椰林连绵，水清沙白，人迹罕至，真是顶级富豪们旅游度假的一个天堂。如果不是因为艾荣事件暴露了行踪，霍华德·休斯这个“怪富豪”很有可能就会把这个岛也买下来，并在此地终老。但“传记事件”在当时的世界上闹得沸反盈天，弄得巴哈马殖民当局很不高兴——原来这个怪富豪完全没有办任何出入境手续，就暗中在此地长期非法居留。当时，英国殖民当局得知此事，马上出动大批军警要将这名富豪缉拿归案。“小不忍则乱大谋”，霍华德·休斯闻讯，只好仓皇出逃，乘一艘快艇离开了这个天堂岛。此后，他一直在尼加拉瓜、加拿大、英国伦敦、墨西哥等地流浪。1976年4月5日，他在墨西哥死去。遗体被运回美国得克萨斯州的休斯敦故乡，安葬在他父母坟墓的旁边。

据说他下葬的时候，拉斯维加斯赌场的赌徒们，曾停止了一切赌博活动，为他默哀了一分钟。

而我们今天到这里来凭吊这位怪富豪，则是因为，他曾在此地为人类的法庭科学——“声纹学”的进步，作出过一个重大的贡献。当年，由他而引起的那宗“声纹鉴定”案例，成为全世界第一宗被法庭采纳的“声纹证据”而被载入法律史册。而今日，鲜为公众所知的是：“声纹鉴定”，已日益广泛地成为全球各国警方有力打击各种隐蔽性犯罪活动——贪污受贿、证券市场的内幕交易活动——的克星。

日本传奇：一宗没有被告人的冤案重审

> “在法的正义原则与现行的法律制度发生不可调和的冲突时，正义原则应占优先地位。”
>
> ——“二战”之后德国法学家拉德勃鲁赫对自己名著《法哲学》的反思

21世纪之初，一个春光明媚的人间四月天，我们的世界法律之旅，来到了日本最南部的九州岛。

这个时候，日本中南部漫山遍野的樱花都已经落尽，只有在最北部的北海道地区，还可能会找到一些她的芳踪。

不过不要紧，因为我们此次日本之行的目的，不是来欣赏樱花，而只是想到熊本县这个偏僻的海滨小城，来寻找日本法律史上一宗奇特的案例——“松尾政夫的冤案重审”。

说起来，熊本县这个地方，只是九州岛西部一个默默无闻的海滨小城。她的更西边，与美国投下了第二颗原子弹的长崎隔海相望，而她的南边，则与因核爆污染而震惊世界的水俣市鸡犬相闻。尽管此地是山海相依、风光优美，但在世人的眼中，长期以来，她只不过是一个位于日本边陲的“乡下地方”。

不过，1989年，一宗在此地发生的审判，不仅极大地震惊了日本的朝野，而且，也曾经极大地惊动了整个世界。

现在，我们就已经来到了熊本县地方法院的门前。

据有关资料的记载：1989年的某日，这家平时车马稀少的法院门前，鸦雀无声。但法院之内、第 201 号法庭里，案件还未开审，48 个旁听席上却都已坐满了人。

除了一个 77 岁的老妇人之外，旁听席上，全部都是从日本各地赶来的记者。他们怀着极大的兴趣，来亲眼目睹这一场日本法律史上史无前例的、破天荒第一次“没有被告人”的刑事复审案。

下午 1 点 15 分，法庭正式开庭。台上坐着的三位大法官，中间一人缓缓起立，宣布了判决结果：“根据日本国刑事诉讼法第 136 条规定：被告人因被威迫利诱而作出的口供，不能用为定罪的依据。本院判决：被告人松尾政夫，无罪。”

审判长松永昭次郎庄严的声音在201法庭里回荡着，可被告席上，那个本该有个人在欢呼的座位上，此刻，却空无一人。

而法庭上，也是一片寂静。

此时，人们的视线都转到了那个掩面抽泣的老妇人及其抱着的那张遗像上。看着看着，人们仿佛像看到，被告席上似乎坐着一个人，一个老实懦弱、淳朴天真而身负奇冤、执著倔强地申诉了几十年的人。人们都觉得，最起码，那儿应该有一个灵魂，法院就是在向那个谁也看不见，但确确实实是坐在那空空的被告席上的灵魂——赔礼道歉。

这到底是怎么一回事呢？原来，这就是那宗震惊日本朝野的、被逼供诱供铸成的、长达 34 年的“松尾强奸案”冤案。这宗冤案终于在松尾死后 4 个月内得到了平反昭雪。

说起来，松尾的案子还真的不算是什么大案子。

松尾政夫是个生活贫困，但从不发任何牢骚、一直老老实实地生活在社会最底层的平民百姓。除了老老实实地干活、挣钱、养家糊口之外，松尾什么坏事好事都没有做过。在松尾的一生中，从未想到过要去反抗社会或是造福人类之类的大事。但他怎样也想不明白，麻烦事怎么就会落到他的身上。

这故事说来就话长了——

1954 年 8 月 31 日，作为一个烧砖工人的松尾，好不容易才盼到了半个月一次的休息日。晚饭后，妻子说累了，工友说有事，松尾决定一个人去镇上看一场电影。

当年，看一场电影，就已经是普通人所能享受得到的一种最大的娱乐。一口气看完三部电影出来，已是晚上 10 点钟左右。松尾独自一人，轻松愉快地在砂川河防波堤下的小路上踏上了归途。

而麻烦就在这时发生了。

防波堤下的灌木丛中，大约 5 分钟前才刚刚发生了一起强奸案——一名歹徒刚刚逃跑，两名受害的女孩刚刚跑到前面一家小卖部呼救，而松尾就刚好在此时施施然而来，而身上穿的汗衫短裤又刚刚好与逃犯穿的是一模一样。不由分说，惊恐过度的女孩一口咬定："就是他"！于是，松尾便被送进了警察局。

在警察局里，惊恐万状的松尾把那句"我什么也没干"念叨了不知几百次。可警察越来越不耐烦，态度也越来越凶恶："胡说！""撒谎！""快痛痛快快招了吧！""非把他关几年大牢不可！""再胡扯就让你脱层皮"。五六个警察狂怒地挥拳头、戳背肩、拍桌子，展开了轮番的逼供。

凌晨 5 时，在连续被逼供 6 小时，头脑发麻、吓得缩成一团，肉体上精神上再支撑不住了之际，一个警察突然温和地问了一句："有老婆吗？"

老实怕事的松尾脑海里，马上浮现出妻子一个人在家孤零零等待的样子。警察不失时机地骗了一把："如果你坦白交代了，马上就放你回家。"

"真的？不是在骗我吧？""警察怎么会骗人呢！"所有的警察都打着哈欠，喷着烟圈，随声附和。松尾的心有点儿动了：姑且先认了，躲过这一关，日后再说出真实情况来，不是也可以吗？他只想着尽早回家与妻子团聚，没想到，这一失足，竟成了千古恨。

糊里糊涂的松尾开始了他的"坦白"。对犯罪的情节过程，警察想当然地胡猜一句，松尾就"唔唔、对的、是的"地招认一通。故事一编完，手印一摁下，一副冰冷的手铐就把他铐了个背朝天。

松尾的噩梦这才是刚刚开始。当他明白自己真的被骗了时，求生的本能令他不停地呼喊："我没干！我真的没干！"这句话，在其后的 30 多年里，他肯定对所有的日本警察、法官、检察官、律师，政府大小各级衙门、报社、记者、人权委员会、街坊邻里不停地呼

▎日本最高法院的建筑外观。

▎日本最高法院的大审判庭。

喊过几百次、几千次和几万次，可是，又有谁会认真地去听一听这微不足道的小人物的声音呢？这下子，松尾陷入了一个极度孤独的、恐怖绝望的无底深渊里。

一个刚从大学毕业的年轻检察官，在起诉审查中只会生硬地与松尾顶牛：“你干了”、“我没干”。一个由法院指派的律师，因松尾贫穷而对松尾漠不关心。一个冷酷专断、只会按冰冷的法条去办事的法官，在判了松尾三年监禁之后，还判其支付一大笔诉讼费用。看着皮包骨头、精神恍惚的松尾，就连拘留所的看守都起了恻隐之心，他们纷纷劝松尾早些服刑，养好身体，再想办法平反。

等松尾在狱中待足三年出来时，他已经41岁了。在此后的31年里，他不停地喊冤，不断地申诉，不停地被法庭驳回，但他仍不停地寄信，不断地流浪奔走，不停地对所有遇到的人说：“我没干，我真的没干”。直到有一天，他遇上了大名鼎鼎的相马律师。

相马达雄，日本东京著名的刑事律师，以为民请命、坚持正义而蜚声日本。他有句名言：“天塌下来也要把正义坚持到底”。他一眼就看出了本案中有五个重大的疑点：

一、据受害人证词，强奸犯往受害人求救的相反方向仓皇逃跑了，怎么又会不合情理地转回来，再沿着受害者求救的方向前行，施施然地自投罗网？

二、当晚虽有月光，但防波堤下灌木丛中漆黑一片。被害女孩与案犯纠缠多时尚且看不清凶徒面目，但比她先逃一步的女友，何以能十分肯定地说“就是他”？

三、最重要的一点是，被害女孩衣裤上的精液DNA，与松尾的精液NDA根本不同。

四、松尾的圆领衫、短裤，丝毫没有在草丛中滚打摩擦过的草汁、泥浆痕迹。

五、松尾虽作过一次认罪供述，但几十年来却无数次地奔走喊冤。且认罪供述漏洞百出，当初办案的警察肯定有逼供诱供的嫌疑。

必须申请“司法重审”！但申请“司法重审”又谈何容易？难题接踵而至。

首先是当年的审讯案卷，依日本司法界的惯例，五年后已被销毁。

没有案，谈什么翻案？当时，人们比喻打开“刑事案件重审”这扇门之难，好比是让骆驼穿过绣花针孔。30多年前，经过警检法各个机关层层认定，一审、再审、三审层层维持原判，且服刑完毕的一项判决，如果那么简单地就能被推翻的话，那么，整个日本的司法系统就会成为一个笑话，整个国家的司法制度就会被动摇，而整个社会的秩序就会崩溃。况且，像松尾这样毫无法律知识、老实得可悲的人，只会执拗地千万次地重复着“我没干，我真的没干”，这样去申请案件重审，就好比是一只小小的蚂蚁向一头大象挑战一样，滑稽而无望。

但凭着一腔法律学人特有的正义感，相马律师在百忙之余，在没有一分钱报酬的情况下，不仅耐心地倾听被人讥为疯老头的松尾语无伦次的叙述，还四处搜寻证据、勘察现场、遍访当年的当事人，而这一切费用，甚至连松尾的午饭钱都是相马付款的。经历过十年的奔走呼号，相马律师，终于争取到此案的司法重审。

但距审判重开的4个月前，松尾政夫的生命却已经走到了尽头。他一生坎坷，奔走呼冤，到此时，已因心力交瘁，一病不起，溘然长逝于医院了，享年72岁。

没有原告人，还可以找公诉机关代替。但没有原始起诉书、没有原始供词、物证等案卷，更重要的是，连被告人也没有（松尾死后，其妻因结婚40年一直没有办理婚姻登记，法律上不能成为其合法的代表人），这宗34年的冤案还怎么重审？这件小人物的小冤案，一时，引起了日本全国上下的震动和关注。

不过，在相马律师的智慧与11年艰苦的努力之下，这一切问题都已经不太是问题了。

相马律师成功地令检察院、法院相信：本案中，人证的可信度极低（科学方法现场试验，一米之外根本看不清人样）。物证全无。唯一能证罪的就是松尾自己的认罪口供。而这口供，任何明眼人都看得出：是警察违反了“沉默权”，用威迫利诱的手段编造出来的逼供诱供，在任何信守联合国司法公正准则的法庭上，都不能用作定罪的依据。可以说，这件案，从一开始就是一宗没有任何证据的、极其荒谬的、令人难以置信的冤案！

事实胜于雄辩。连警方也不愿再坚持自己原先的意见了。为了维护司法公正，也为了还松尾一个清白，熊本县地方法院的法官们毅然决定，绕开一切障碍，举行一场在日本历史上史无前例的、破天荒第一次“没有被告人”的重审。

重审的结果我们已经知道了——松尾政夫洗清了34年的冤屈。这个一度被社会完全抛弃、单枪匹马、徒劳挣扎但永远坚持呼喊“我没干”的小人物，赢回了他的人格尊严。

而在相马律师赢得了他的职业生涯中这场光辉的胜利的同时，我们不难发现，日本的法律界、司法界，也赢得了一场伟大的胜利，那就是——司法文明、司法公正的胜利。

众所周知，历史上，日本长期存在一种“封建专制加军国主义”的传统。即使在“明治维新”时候，以德国法律为蓝本进行过一次法律改革，但其法律文化中的“公平、正义”和“民主、自由”的基因，比腓特烈大帝时代的德国，不用说，自然是差了很多，而法西斯主义的野蛮兽性，则可说是“有过之而无不及”。但是，人们不可忘记：自第二次世界大战日本战败投降后，在美军占领时期，日本又曾被强制推行了一场民主改革。这次改革，在经济、政治和法律、法学等领域，终于全面扫除了封建专制的残余，全面向英美现代国家的民主政治、市场经济和法律制度学习靠拢，于是，30年后，从原子弹爆炸过的废墟之上，日本便再次腾飞，又一次成为亚洲的一条强龙。

而联合国的“司法公正”准则，和英美刑事诉讼法中的“保护人权”观念及刑事被告人的“沉默权”等先进的法律理念，便就是在此时随着美国宪法、美国宪法的第五修正案而流入了日本。

而“松尾政夫强奸重审”一案，就正好见证了日本的司法进步、“公民权利”观念随着英美法系的传播和联合国司法公正原则的传播而在日本不断得到强化的那个艰难过程。说起来，松尾只不过是为了维护做人的名誉而战，而相马律师则是为了维护人权、为了维护联合国司法公正原则和促进本国司法进步而战。

漫步在熊本县远离烦嚣的青山绿水之中，我忽然想起了一句古老的西方谚语：即使最微不足道的人，也是有他们的志气的。

又想起了同样古老的另一句西方格言：即使是一条狗，在一生中也应该会有几次机会。

松尾政夫及其妻子，这么一对常常面带微笑而又孤苦清贫、无依无靠的夫妇，悄然生活在熊本偏僻的乡下，一旦遭受到一场不白之冤和灭顶之灾，他们不是怨天尤人，而是互相扶持，执著地走上了一条漫长而又艰难的申冤之路。虽然总是徒劳，但他们总是怀着对司法正义的信仰。终于，随着社会的进步，司法的进步，他们的命运，也在不可思议的逆境中出现了一种不可思议的转机。这一对至卑至微的老夫妇对人生的积极态度，对“司法公正”的虔诚信仰，不也是很有点儿值得我们深思、值得让一切曾蒙受过冤屈的人内省、学习的吗？

在那个人间四月天的日子里，忽然，我仿佛看到熊本县的山野里，正绽放出一树一树美丽的樱花。

二十一世纪：“沉默权”风云再起

“在立法上，应当允许沉默权，而又要鼓励犯罪嫌疑人陈述，以利于查明案情，即采取‘沉默不从严，坦白要从宽’的政策。”

——中国法学会副会长、中国诉讼法学研究会会长、
中国政法大学终身教授、博士生导师陈光中：
《论中国刑诉法与国际准则接轨》

从来没有一项司法规则，会像“沉默权”规则那样，在国际司法界中备受争议而又戏剧性地高潮迭起了。

早在20多年前，由于受到恐怖主义组织爱尔兰共和军的频频袭击，在世界上最早创立了“沉默权”的国家——英国，便不得不开始去正视和考虑这样的一个问题：不利于查案、破案的“沉默权”，是否应该修理修理了？于是，在英国，一项名为“有限沉默权”的刑诉法新规则，便应运而生。

什么是“有限沉默权”？英国缘何会遭受到恐怖主义的困扰？看来，这故事还得要从头说起。

在烟波浩瀚的北大西洋海面上，星罗棋布地散落着上万个美丽的岛屿。其中，距离英伦三岛西面不远，有一个面积只有不列颠岛1/3的小岛，名叫爱尔兰。

中国素来有句古语，叫作“远亲不如近邻”。但英伦三岛与爱尔兰这一对近邻，却自古以来就是一对不共戴天的冤家。

虽然风光极其优美，但今天却依然贫穷落后的爱尔兰，在它千

余年的历史上，最显著的特点只有三个：音乐、宗教和苦难。千百年来，爱尔兰的“踢踏舞”风靡全球，而都柏林，则一直是享誉世界、媲美维也纳的“音乐之都”。但千百年来，爱尔兰却一直被其紧邻的英国地主们无情地劫掠、压榨和屠杀，再加上根深蒂固的天主教与英国新教的宗教冲突，是是非非、恩恩怨怨交织在一起，很不幸，令爱尔兰民族的血液中，世世代代，遗留下一种对英格兰人无穷无尽的仇恨。

更为不幸的是，历史曾无数次地证明过：在那些贫瘠落后而又充满仇恨的山沟里，长不出奶牛和蜂蜜——公平、正义、博爱等人类最伟大的理想；相反，却可以盛开出遍地如火如荼、美丽而有毒的罂粟花——恐怖主义。历史上，爱尔兰对英国的恐怖主义活动可说是源远流长了，虽然，你可说一手播下了这些邪恶种子的英国人是自食其果，但当年，爱尔兰共和军游击队策划的、无日无时的汽车炸弹、街头枪战、绑架暗杀、残害无辜等暴行，却实在也为全人类的文明所不容。

恐怖主义是对全人类生命和良心的藐视！恐怖主义是对全世界秩序与和平的挑战！于是，十余年来，英国刑事司法制度的钟摆，便从历来的偏向“保护公民权利”的那一边，开始反过来，向有利于“打击犯罪”的那一边倾斜。

追寻着世界法律观念演变的足迹，新世纪之初，我们的法律之旅又再次来到了伦敦。

1988 年，英国政府就以“沉默权严重阻碍犯罪调查”为理由，通过了一项《刑事证据法令》，对沉默权的适用范围作出了重大的限制。例如，假若在嫌疑人身上或住处发现与犯罪有关的物品或痕迹，又或者嫌疑人被发现在犯罪现场或附近，而他又不肯解释原因时，法庭都可以据此法令，而作出对嫌疑人、被告人不利的推断。

“一国两法”？此《法令》一出，全英国马上出现了一片激烈反对的声浪。当时，人们曾普遍担心，“有限沉默权”会导致警察暴力的滥用和冤假错案的增多。但在恐怖主义分子一片激烈的枪声、爆炸声中，慢慢地，支持“有限沉默权”的呼声便终于占了上风。1994 年 11 月，英国议会，这个一贯以保守著称的立法机构，终于毅

欧洲人权法院（European Court of Human Rights）的主审庭和建筑外观。欧洲人权法院设在法国的斯特拉斯堡，是一个全职的常设性机构。

然决定对英国发明的沉默权规则，进行一次颇具现实性的改革。当时，在大本钟下的这座英国议会大厅里，英国上议院曾以大比数票数通过了一部《刑事司法和公共秩序法》，该法律把《刑事证据法》中关于有限沉默权的4条条文，几乎是原封不动地明列在它的第34条至第37条中。

对此举热烈欢呼的，自然是英国广大的司法警员，还有，许多曾经蒙受过恐怖主义犯罪活动惨祸的受害者和被害人的家人。

但，打那以后开始，欢呼过后，英国的警察、法官们便要比别国的同行们多了一点麻烦，即当他们一方面要“依法”向被拘捕的人宣读“你有权保持沉默”的同时，另一方面，却又要“依法”向被告人说明——在某些特定的情况下，你“保持沉默”即是有罪——“您自己看着办吧！”

英国对沉默权规则的这一重大改革，不可避免地在国际法律界引起了极大的震动和广泛的批评。许多法学家批评它转移了举证责任，损害了“无罪推定”的人权原则，并批评它极容易导致警察权力、暴力的滥用，等等。有的法学家更悲愤地说：“沉默权这一古老的文明，将被消灭于曾诞生了它的那个国家！”而这时候，有一个犯罪嫌疑人更是趁机起哄，把英国政府告到了欧洲人权法院。一时间，欧洲法学界的空气变得紧张起来。

1996年2月8日，欧洲人权法院接到了一宗英国人默里（MURRAY）诉英国政府的上诉案。上诉人默里称：北爱尔兰地区法院依照英国那部限制沉默权的“恶法”，对他被拘捕审讯期间“保持沉默”的行为，作出了有罪的推论和判决，是对《欧洲人权公约》第6条（公正审判）明显的违反和侵犯。

欧洲人权法院本来对英国的“有限沉默权”也颇有微词，但出于审慎的考虑，却也不愿公开站出来对这一项改革说三道四。现在，默里的起诉，却把人权法院迫到了墙角！经过一番激烈的争议，欧洲人权法院十二名大法官最后以7∶5的多数票作出了一项巧妙的裁决。判决书说：即使英国法官对嫌疑人的沉默作出了“不利的推断”，也并不构成对《欧洲人权公约》第6条——“保证被告人能得到公开、公平、公正审判的权利”——的侵犯。“默里诉英国”一案，就此被连消带打地驳回。

“限制沉默权是否等于侵犯了人权？”对这一个尖锐的问题，欧洲人权法院终于给出了一个“不等式”的“说法”。

尽管世人对欧洲人权法院的判决批评为“模棱两可”，但“两岸猿声啼不住，轻舟已过万重山！”至此，英国“有限沉默权”的改革，看来，是已成功地经受了一次挑战和考验。

或许，英国司法改革的这一小步，日后，又势必会发展成为人类文明的一大步？

有趣的是，英国这边才刚刚风平浪静，而美国那边，“沉默权”问题却又风云再起。

风波的源头，来自于一宗著名的“迪克森诉合众国案”。

查尔斯·迪克森是一个银行抢劫犯。1997 年，他经不起几个损友的诱惑，参与了持械抢劫弗吉尼亚州的一家银行。但他的运气却是糟透了，才一动手，便被警察发现，接下来便是被缴械、被一副冰冷的手铐戴上了手腕。懊悔不已的迪克森，在警察还未来得及宣读他的权利时，便迫不及待地一五一十地对警察作了坦白认罪并供出同伙。后来，根据他的口供，在县法庭上，他被判处一项盗窃罪和三项非法使用枪支罪。如果四项罪名都成立的话，那么，这个倒霉蛋蹲大牢的日子，预计最少不会低于 20 年。

但此时，麻烦出现了。

这麻烦是什么？想读者们也一定早就明白。这麻烦就出在：拘捕了迪克森的那位联邦探员，事实上，从未有对迪克森宣读过他的权利，即依足程序告知他那条著名的“米兰达警告”——“你有权保持沉默”！

后来故事的发展，其全部情节，便几乎是与“米兰达案”一模一样的翻版。

先是一个律师找到了迪克森。然后，迪克森听到了一堂有关“沉默权”的普法教育课。最后，迪克森也如 30 多年前的米兰达那样地蹦了起来，狂叫：“告那家伙”！

弗吉尼亚州东部地区法庭很不情愿地受理了这宗似曾相识的上

诉案。案情一清二楚，答案一目了然，有大名鼎鼎的“米兰达案”的经典判例在上，任何美国法官，不管你高兴不高兴，你所能做的事，都只能是不假思索地遵循先例，把迪克森宣布无罪释放。

但弗州的法官们心有不甘：历年来在美国，像此类的案件实在是太多了！仅仅是因为警察在执法时犯了一点点无伤大雅的小错，仅仅是因走错了一小步程序，便要让那些罪证确凿甚至是恶贯满盈的罪犯们逍遥法外？更可怕的是，放虎归山之后，这些罪犯们绝少会从此洗手不干。相反，他们的反侦查经验更丰富、贼胆往往会更包天，日后再有恃无恐地去犯案，对社会势必会造成更大的祸害！面对着这些很不想放但却又不得不放的匪徒们，美国的法官们，往往是窝了一肚子的火。

于是，心怀怨愤的弗州法官，便一脚把皮球踢给了联邦第四巡回法庭。不出所料，第四巡回法庭的判决，果然是严厉地、毫不客气地给了迪克森当头一棒！

巡回法庭的判决书说：根据 1968 年美国国会颁布的《犯罪控制混合法令》：“被告人出于自愿的坦白，可以在审判中采用为对其证罪的证据，即使是未向被告人告知他们的权利”。据此法令，驳回迪克森的上诉：警员无错！迪克森还是有罪！还是该被投入漫长的牢狱！

迪克森和他的律师当场吓傻了眼。

原来，鲜为人知的是：在美国，居然还有这样一部与“沉默权”相反的法律！

原来，1968 年，也就是在著名的“米兰达规则”确立两年后不久，美国国会参众两院又通过了一部法律，就是上述巡回法庭援引过的《犯罪控制混合法令》（又称为 3501 法）。该法令规定：为了更有效地打击犯罪和控制犯罪，警员在执法的时候，即使没有向犯罪嫌疑人告知“米兰达警告”，法律也允许警察有权要求疑犯自动坦白罪行。

尽管在美国，这一把有利于警员的“尚方宝剑”尘封已久，亦几乎从来就不曾有人去认真舞动过，但，出于对“沉默权”规则放纵了不少罪犯的看不顺眼，联邦第四巡回法庭的法官们，便决心要

1986 年 9 月 26 日，经总统罗纳德·里根任命后，威廉·哈布斯·伦奎斯特担任联邦最高法院首席大法官，直至 2005 年 9 月 3 日去世为止。监誓人是即将卸任的沃伦·厄尔·伯格首席大法官。

重新擦亮这把宝剑，拿迪克森开刀。他们斩钉截铁地宣称：由于该法令的制定时间在“米兰达规则”之后，所以：依照惯例，可以认为：这一法律已经取代了“米兰达规则”。换言之，“米兰达规则”——“你有权保持沉默”的说法，早就已经失效、过时、下课了！送本 3501 法令给你，蹲在牢里好好读读吧。

法庭的判决一出，想象得出美国是一片哗然。许多民众暴跳如雷，而许多警察却是在热烈欢呼。而迪克森却是别无选择，不是鱼死，就是网破！于是，官司便不可避免地打到了联邦最高法院。

美国法律界，一场对“沉默权”规则史无前例的大挑战终于开始了。

想起来确实是有点儿好玩。世纪之交，正当中国人在地球的这边热烈地争议着“沉默权”应否上岗的时候，在地球的那一边，美国人却正在同样热烈地争议着——“沉默权”应否下课？

我们现在，又再次来到了华盛顿的联邦最高法院大门外。

2000 年 6 月 26 日，美国东部时间下午 2 时，联邦最高法院 9 名德高望重的大法官，在全球刑事司法界和民权组织的屏息注视下，开庭审理了沸沸扬扬的“迪克森诉合众国”一案。

本案开庭的时候，当年制定了那条家喻户晓的“米兰达规则”的沃伦大法官已经作古，此时的首席大法官、“九鸟之头”的宝座，已换了威廉·伦奎斯特来坐。伦奎斯特此人一贯以保守著称，在其数十年的法槌生涯中，曾无数次地对“沉默权”提出过许多杀气腾腾的批评。今次，“米兰达规则”的命运落在他的手里，规则是否会重新改写？

对迪克森这个倒霉蛋的命运，此时，已根本没人去理会了。美国人最关心的是：伦奎斯特大法官，是否会趁机抡起 3501 法的尚方宝剑，去废掉“米兰达规则”的武功？去让已有 30 余年历史传统的“沉默权”下课？许多热烈支持“沉默权”的美国民众，恐惧地等待着开庭；而许多激烈反对“沉默权”的美国警察，却是在暗暗想象着——明日世界各大报章的头条！

戏剧性的一刻，终于在傍晚时分出现——

“你有权保持沉默。你所说的一切都可能在法庭上用作不利于你的证供！”

首席大法官伦奎斯特在宣布判决前，出乎所有人意料地，慷慨激昂地高声宣读了这一举世闻名的规则。然后，他用所有人都深感意外的语调继续强调道：“30 多年前，由沃伦首席大法官领导的联邦最高法院，在‘米兰达诉亚利桑那州’一案中所确立的规则，植根于美国宪法之中，因此，不能为国会立法所废弃或取代……”

他语重心长地接着指出道：“米兰达规则，已成为我们国家文化的一部分，而已深深地铭记在警察的日常生活中……联邦最高法院借此案例（迪克森案）再次旗帜鲜明地表示：保护犯罪嫌疑人不得被强迫自我归罪，对于美国法律和美国生活来说，是不可或缺的！”

最后，他庄严宣布：“联邦最高法院对本案，以 7∶2 的票决，坚持那条具里程碑意义的规则。即再一次重申：警察对犯罪嫌疑人进行讯问之前，必须对其宣读‘米兰达警告’。”

迪克森终于侥幸地逃过了大难。

许多美国的民众，当场爆发出一阵阵巨大的欢呼！

而许多美国的警员，却长长地、重重地叹了一口气。

私下里，“全美警察协会”对此判决表示愤怒和失望！而公开场合，联邦总检察长、前司法部长雷诺女士则表示：对此判决保障了美国一项优良的司法传统而感到高兴。

或许，还是前纽约警察总监帕特里克·默菲说的一句话最有风度而又最耐人寻味。他说：“在一个民主社会里当警察，是我们特殊的荣幸”。而这句外交辞令背后的潜台词，却分明在无可奈何地叹息：在美国，警察这份工，真的不易混！

不管怎么样，“沉默权”在美国的命运，终于是“有惊无险”。

第一版后记

两千年来，中华法系一直是陷于停滞、僵化甚至与世界文明进步的方向背道而驰。因此，在一般的中国人心目中，对“法律”二字，是充满了种种神秘、恐惧和深深的厌恶感。亦是由此，写作普法书籍，一贯是一件吃力而不讨好的事情。

但当我写作这本书的时候，事情已经开始有了变化。因为近几年来，法律与中国人的关系是越来越密切，而许多中国人对法律，亦开始表现出了越来越多的关心。

特别是在我写的一本刑诉法原理普及著作《中国人，你有权保持沉默？》一书出版后，在许多不同的场合，都经常会遇到有人好奇地问我:“你是一位法学家吗？那真是太好了，现在，就请你告诉我，法律，究竟是怎么一回事？”

老实说，这样一个抽象而又复杂的问题，在三言两语间是很难解释清楚的。而且，同样老实地说，我也并不是一个什么法学家。我只是一个对人类过往的全部历史以及对隐藏在那些复杂历史现象背后的种种神秘动力，感到十分好奇的人。近几年来，我的确曾花费了不少时间去研究中国和世界的法律史，也曾专门研究过许多关于世界各国宪法、刑诉法、民诉法、行政诉讼法的法学问题，以致有许多朋友都以为我改了行去“搞法律”。其实，那只不过是因为在我看来：“法律”，和历史中的“生产力”因素一样，都是一种最能深刻地影响和决定了一个国家、一个民族的前途命运的东西，是现代任何一个想有成就的史学家，都必须要十分重视和努力去弄懂的东西。每当我简要地告诉问者：法即是“自由平等”，法即是“公平正义”，法律并不是用来限制或剥夺人民自由的东西，而应是一种用来保护和扩大人民自由的东西，法学，即是一种“权利”之学……的时候，我发现，他们有的人表现失望，但大多数人的反响，却往往是非常的热烈，无论他们的职业身份是官是民，是教是商，眼神里，那种对法律和法理的关心，都远远超出了我的想象。

这种情况，给我一个很大的触动——中国广大的人民群众，其实，已经开始在心底里萌动着一种对自己的权利、对中国的法治、对法律、对世界先进法律文化强烈的求知欲望了，而我们的许多专家学者们，却一直忽视了他们的这种愿望。

朋友们的鼓励，促使我产生了这样一个念头，即把我那些平时访问、研究、收集起来的世界法律真实故事的资料笔记，整理出来，用通俗易懂的虚拟“法学西游记”的形式，去讲给那些不同职业但又像我一样奔忙、甚至比我更忙，日日在人生旅途中匆匆过往而又不时对“权利法治”有一种朦胧梦想的普通大众来听，去讲述一些他们普遍关心的现代世界法治常识，去解说一些他们从不明白但又从未有人明白地对他们解释过的法律和法学问题，让他们在轻松愉快的阅读中，对自身有哪些“应有”、“应得”的公民权利，对人类社会有哪些已知、已有的进步，以及，对中国的政治文明该如何建设、中国的司法改革该如何发展等，有更多一点的了解，我想，在我们这个已经开始提倡“依法治国”的时代，这可能是一件有益的工作。如果这一项工作人人都不愿去做或不屑去做，那么，“虽万千人吾往矣”——那便由我来开始吧。

本书从来就没有想过要在法律学术史上有什么建树，或写成什么“法律史”的精品。相反，从一开始，我就决意要打破枯燥无味的、学院派教科书式的旧框框，而在中国开拓出一种创新型的普法新文体。因为我的目标对象很明确：它是写给这个时代千千万万普通公民看的一本法学通俗读物。因此，本书所选择的法律故事题材，都尽可能与当代中国建设一个法治社会的需要及公众的兴趣有直接的关系。但本书的篇章结构，亦尽可能与世界法律起源和发展的脚步，在时间上和空间上保持较大的一致。在本书里，我们可以看到西方历史上一个个经典的法律故事，见到各国社会一个个不同身份的人，例如——思想家、法学家、磨坊主、军人、罪犯、补鞋匠，乃至警察、法官、律师、国王、总统、富豪等各式人物，并透过他们在法庭上不同的遭遇、不同的问题以及他们对法律各种不同或相同的看法，而初步接触了西方法律文化的方方面面，并努力让读者有亲临其地、身历其境的感觉。现在唯一的问题就是：这本小书可能会令书店的经理们稍伤脑筋——该把它放在哪个书架上呢？法律？历史？散文、游记？还是哲学？都像，也都不像。如果一定要给这本“四不像”的东西贴个标签的话，那么，它只能说是在多个学科的边沿上撞击出来的一束火花。或许，它现在还不能称之为一种人文的科学，但你却不妨把它视之为一种人文的关怀。

而说到对祖国的前途、民族的命运、人民的幸福尤其是对广大贫苦人民的同情与关怀，那是千百年来中国知识分子群落中从未间断过的一种优良传统。因此，我还想再说一句的是：在我们今日这个中国社会的急剧转型期，在我们这个日日充满了变革、动荡、理想和迷惘的时代，我觉得，中国的文化人，应继续发扬这个优良传统，并勇敢地冲破彼此的学科界限，去挑战自己，去多点为促进世界各民族和文化间的相互了解而写作，为传播世界的先进法律文化而写作，长久以来，我始终心存的一个想法就是：法治，是众人之事。而从长远的眼光来看，中国人民的安居乐业，中国社会的繁荣富强和中华民族的重新崛起，我个人认为，真的是有赖于中国法治社会的建成，以及，有赖于全民族法律素质的提高。

谨将此书，献给我的母亲——刘贻凤女士的 80 寿辰。

余定宇

2003 年 2 月 18 日

广州，白云山下

第二版后记

一般而言，任何一门学科，都必须要同时具备了该门学科的基础理论、发展历史和应用技术这三种要素，才能被认定为是一个体系完备的独立学科。

法学也是这样。

据此而论：任何一个接受过专门训练的法律学人，也应该在深刻弄懂了“法理学”（法学的哲学基础）的一般原理、广泛了解了本国和世界法律史的基本史实，和熟练掌握了各种司法实务（例如刑事诉讼、民事诉讼）的基本技能之后，才能被认定是一个合格的法律学人。

但令人困惑的是：在现实生活中，事情却往往并非如此。无可讳言，在我们许多法律学人的知识结构中，大量充满着的，便只是许多对“法条”的机械记忆，而在“法理学”、“法律史”方面的涵养，则往往是一种相当贫乏的状况。由此看来，我们现今许多法律院校的教育工作，便可能真的还存在一些需要改进的地方。

好了，闲话休提。当初我写这本书的最主要目的，本来，只是想“在普通公民的日常阅读范围之内为‘法学’争一席之地”，而并非想为自己在法律院校的象牙塔里谋一席之地。但没想到：对这本以“法理学”和“法律史”为主体内容的、被许多人视为“无用”、“肤浅”的小书，最热烈的欢迎，却竟然是来自于那些法律院校里的大学生们。2007 年初，本书的责任编辑告诉我说：本书自 2004 年出版之后，在一年之内加印了 3 次，三年之内则重印了 5 次，而 90% 以上的购书者，便都是些痛感自己在这两方面的学识欠缺的法律院校的莘莘学子。

因此，为满足这一个庞大的读者群体的需要，出版社想让我将原书稿再修订补充一下，再出第二版。记得当时，我犹豫了一下，没有答应。

我犹豫的原因之一，是因为我的“文债”太多了。而且，我写文章的习惯，一向便有点儿像黄巢、李闯——总是喜欢不停地跨学科流窜，总是喜欢不断地迎接新的挑战，而同时，亦总是不愿意走回头路。因为，我一向都有一种错觉，那就是：在我前方的路上，可能还会有一些更令人着迷的风景。

但不久，重庆就发生了一起“中国最牛的钉子户”事件。本书那篇“德国磨坊主告国王”的故事，在引起了国人热烈关注的同时，也突然遭受到了几位读者的质疑。与此同时，事情便起了变化：为了对全体的读者（更主要的是对那群求知若渴的法学大学生读者们）负责，去彻底地查清楚此故事的真相，并借本书再版的机会，来纠正此案例记述中的一些差错，并深入去解释说明一下此案例形成过程中的一些“是是非非”，这时候，再版工作，就成为了我一个难得的纠错机会，以及，成为了我一种义不容辞的责任。

关于对“老磨坊案例”那些艰苦琐碎的考证、修订过程，在此就无须细说了。总而言之，本书的第二版，是将第一版的文稿全部都重新审视和重新打磨了三遍。除了对原稿中的个别文字作了些细微的修改之外，全书还增加了 4 个篇目。具体是：第二章增加了“伽利略之死”一篇，目的是填补了第一版时对欧洲中世纪“基督教会统治时期”法律介绍的一个空白；第四章增加了“大风车传说”及“风中的白玫瑰”两篇，前者主要是讲述了“老磨坊真相背后的真相”，而后者则是让读者对德国法律传统中的正反两面有一种更深入的认识；而第六章则增添了“日本传奇”一篇，其目的，是想令读者对一项著名的联合国司法公正准则——“沉默权规则”在全球范围内的传播过程，有一个更开阔的视野。或许，细心的读者可能会发现：二版所增添的这几个案例故事，几乎都是些关于“冤案平反”的故事。此语全中。而我在再版书稿中想借这几个案例去进一步表达的那些想法就是——在人类文明的发展史上，法律成长的道路，从来就不是一条直线，而是一条迂回曲折的曲线。实事求是地说：“司法不公”

和“司法腐败”，“侵犯人权”和“冤假错案”，无论在世界哪一个国家或民族里面，有时，都是一种极其难以避免的历史现象。但历史的经验又告诉我们：只要我们从上到下——从国家领导人到法官、警察，从法律学人到普通公民都具有一种对“公平正义”的坚定信仰、具有一种对“民主法治”的热烈期盼的话，那么，无论经历多么漫长而痛苦的等待，或抗争、建设，最后的结果，必定是世界各国的社会文明，都会悄悄地、以各种一点一滴地累积起来的改变，去实现那些最终必然会实现的巨大进步。

而此时此刻，在本书即将与读者“第二次握手”的前夕，我只想向许多人表示我衷心的谢意。

首先，我要深深感谢法律出版社的各位领导和杨克主任、吴剑虹编辑，以及感谢法律出版社内一大批默默辛劳的图书发行、推广策划人员。本书第一版出版后，曾获得了“中国首届华语传媒图书大奖”的提名和入围奖。2006 年，更入选了由国家新闻出版总署“向全国青少年推荐的 100 本优秀读物”书目，以及位居于由中宣部、文化部、国家教委等九部委联合主办的“第四届知识工程”向全国读者推荐的普法类书目榜首。五年以来，本书屡次成为了法律出版社向国家官员赠书的首选、成为了国家法官学院年年大量采购的参考书籍。经过版权交易，2008 年，台北博雅书屋还在台湾出版了本书的中文繁体字版本，使本书的影响力从此岸扩大到彼岸。这一切的成绩，首先，都要归功于你们出色的工作。

而同时，我更要感谢海峡两岸的全体华人读者。无论是从台湾的“海角七号”或内地的青藏高原、东北平原上纷纷给我来电、来邮赞扬本书的读者，还是在网上评论中对本书提出了一些批评性意见的读者，你们对这本文笔拙朴、思想沉重的小书，竟然会给予了那么巨大的关注和鼓励，老实说，在当今“风花雪月”一片繁荣，而严肃写作则“秋风萧瑟”的中国图书出版市场上，这本与成功、财富、玄幻、爱情完全无关的非主流读物竟然能吸引了那么多的目光，这便真的是给了我许多意外的惊喜，而同时，亦更令我对当代中国读者的知识追求和阅读品味，更增添了许多新的信心。

最后，我还要感谢我身边许多一直在热心帮助我的朋友们——

上海复旦大学的经济学教授韦森先生，是本书在“法治经济”问题上最热烈的支持者，他有许多关于“在发展经济的同时，必须同步去建设一个法治社会”的精彩见解，曾给予我许多深刻的启迪。在如何认识东西方法律文化的本质差异，如何从国情实际出发去探求一条有中国特色的法治道路等认识论问题上，长期以来，中国法律服务（香港）有限公司副董事长余万宁先生，便一直是我一位不可多得的良师益友。我更应该要感谢德国的汉斯先生和古卫卫小姐，他们曾不辞劳苦地为我搜集和翻译了大量关于老磨坊的德文文献资料。而多年以来环游世界，亦曾经与我一起风雨同路、畅游欧洲的《南风窗》杂志社社长陈中先生，不仅以其一贯提倡的关于传媒的“责任、良知、理性和建设性”等办刊理念（实际上也体现了全体中国作家应具的著作理念）引发起我的共鸣，而且，他更以其专业摄影家的优秀素质，为本书的再版提供了大量精美的照片。没有这些朋友们的热心帮助，多年以来，在我的行走路上，便不可能留下如此多的美好回忆。

因此，在本书即将再版的时候，对于许许多多在各个方面曾经给予我种种有益的思想启迪和无私帮助的人们，我还想再说的，便只有这两个字——“谢谢！”

余定宇

2009 年 6 月 19 日

广州，白云山下，“云山居”

图书在版编目(CIP)数据

寻找法律的印迹 / 余定宇著. —北京:法律出版社,2017.2

ISBN 978-7-5197-0646-3

Ⅰ.①寻… Ⅱ.①余… Ⅲ.①法制史—世界—普及读物 Ⅳ.①D909.9-49

中国版本图书馆 CIP 数据核字(2017)第 036592 号

责任编辑/吴剑虹 张心萌
装帧设计/乔智炜
插图编辑/贺维彤

出版/法律出版社
编辑统筹/市场研发部
总发行/中国法律图书有限公司
经销/新华书店
责任校对/晁明慧
责任印制/吕亚莉
印刷/北京嘉恒彩色印刷有限责任公司

开本/A5
印张/10 **字数**/280 千
版本/2017 年 3 月第 1 版
印次/2017 年 3 月第 1 次印刷

法律出版社/北京市丰台区莲花池西里 7 号(100073)
网址/www. lawpress. com. cn
投稿邮箱/info@ lawpress. com. cn
销售热线/010-63939792/9779
举报维权邮箱/jbwq@ lawpress. com. cn
咨询电话/010-63939796

中国法律图书有限公司/北京市丰台区莲花池西里 7 号(100073)
全国各地中法图分、子公司销售电话:
统一销售客服/400-660-6393
第一法律书店/010-63939781/9782 **西安分公司**/029-85330678 **重庆分公司**/023-67453036
上海分公司/021-62071010/1636 **深圳分公司**/0755-83072995

书号:ISBN 978-7-5197-0646-3 **定价:**68.00 元